秦岭的金丝猴。

西安

本书作者
孙澍 袁亮

中国地图出版社

目 录

计划你的行程

你好,西安 4
15顶级旅行体验 6
最佳行程 22
每月热门 32
新线报 36
获得灵感 38
省钱妙计 40
行前参考 42
和当地人吃喝 44
家庭游 48

城墙内 53
西安城墙 62
碑林博物馆 66

城墙外 101
陕西历史博物馆 110

西安近郊 151
秦始皇帝陵
博物院 160
临潼 162
蓝田 165
长安 168
鄠邑 177
咸阳 180

西安周边 189
唐高宗和
武则天乾陵 198
华山 200
华山及周边 204
唐太宗昭陵及周边 ... 208
汉武帝茂陵 211
周至 214
太白山
国家森林公园 218
法门寺 222
宝鸡 226
韩城 230
蒲城及周边 238
铜川 242

臊子面,见 47 页

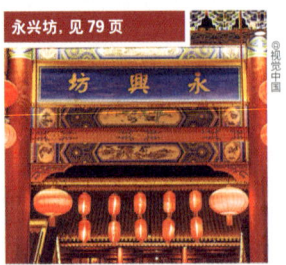

永兴坊,见 79 页

远望唐乾陵,见 198 页

生存指南

住宿	251
出行指南	259
交通指南	263
幕后	267
索引	268
如何使用本书	270
我们的作者	271

特别策划

五代到清朝，繁华渐逝的长安城	72
从历史古都到"网红"城市	78
秦腔秦调老秦人	92
东西南北看西安	118
丝绸之路的东方传奇	132
从摇滚重镇到音乐之都	140
秦岭动植物	170
关中民居	174
关中古塔	216
水利工程和八百里秦川	236
大唐帝陵今何在	238

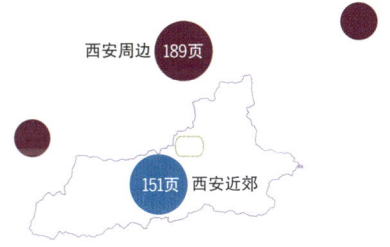

西安周边 189页

西安近郊 151页

城墙外 101页

城墙内 53页

你好,西安

探访西安也许会是一场心灵之旅,你会感慨人类文明的薪火相传有多么珍贵;也很可能是一段满载世俗快乐的轻松之旅,所见所享都是人们生活的幸福点滴。在尝试读懂这座城市的历史大叙事之时,也别忘了去尽情享受美食、娱乐等轻松愉悦的生活乐趣。

千百家如围棋局

11个世纪前唐长安城的样貌早已没了踪迹,但今天的西安市,仍然用横平竖直的棋盘式街区,展示着昔日东方传奇和世界中心的风采:青灰连绵的明清城墙环抱一圈,晨钟暮鼓的木构楼宇守护城心,东亚古城的外壳仍全然无损。碑林博物馆顽强地记录着历史档案,大、小雁塔幸运地躲过了时光追杀,唐长安城的脉络也未曾完全中断。但更多的仍然是未央宫和大明宫这样的历史遗址,时过境迁,需要有心人才能破解时光的密码。好在我们还有汉赋唐诗中的美妙辞藻,在那里长安永存,在那里财富不竭,在那里我们读着前人留下的文字,在西安重回长安。

长安城里太平人

曾经的"皇城根"变成了"城墙根",但西安从未退下西北重镇的庄严舞台。大历史的框架下,老百姓继续过着普通生活,寄希望于长治久安的同时,也将五味七情六欲的小日子过得津津有味。这

大雁塔及附近地区夜景。

座城市依旧抱负满满,在新时代的巨变中承接了高新科学技术产业和"一带一路"桥头堡的国家布局,近年来又将"网红"经济玩得滚瓜烂熟。大唐不夜城的璀璨灯光编织出美妙的中国梦,"八水绕长安"的生态园区招引来遥远的候鸟,唐城墙的遗址公园为市区戴上一圈碧绿的项链,光鲜明亮的创意街区也延续了长安古坊的名字。虽有天翻地覆的变化,在西安却总也挥不去历史的沉淀。

故国东来渭水流

长安的璀璨夺目,离不开关中平原的众星捧月;昔日的京畿三辅之地,也和西安城生息与共。南面的秦岭拔地而起,曾经的天然军事屏障变成了今天西安人的国家森林公园;华山和太白山一东一西高耸入云,并肩护卫着"秦岭四宝"的栖息地。北面的黄土高原同样连绵起伏,汉朝和唐朝近30位帝王将身后事托付于这里的黄土岩石深处,华夏古人的死亡观在这里得到了阐释。而在两道山脉之间,肥沃敞阔的关中平原仍然是老陕们的故土家乡。这是一片黄土飞扬的古老大地,先民们的耕种传统和民俗工艺、酸甜苦辣和喜怒哀乐都被保存了下来,一嗓子高昂的秦腔,道不尽当年事。

长安的回忆,依旧浮动在西安的上空;
西安的剧变,同样承继着长安的文脉。

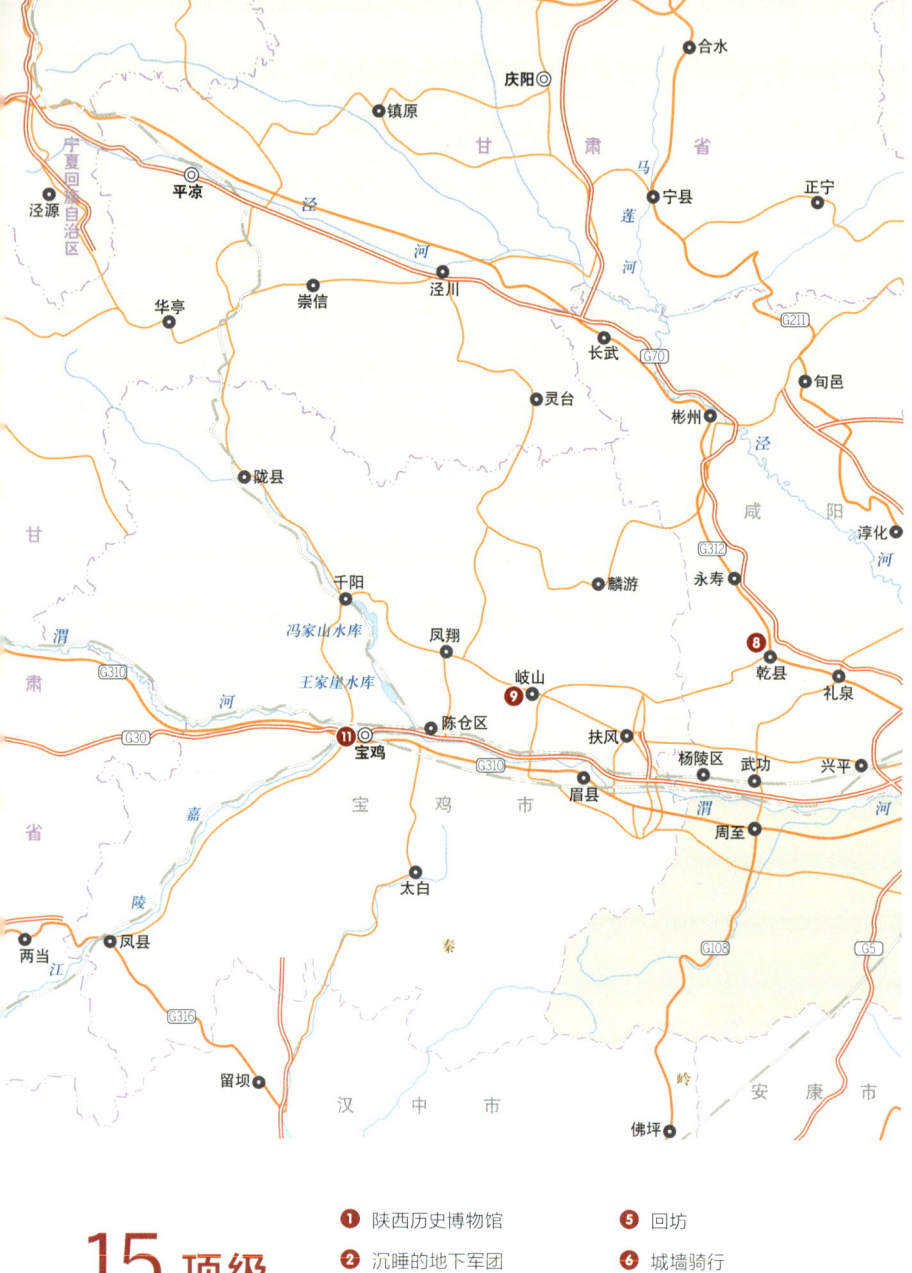

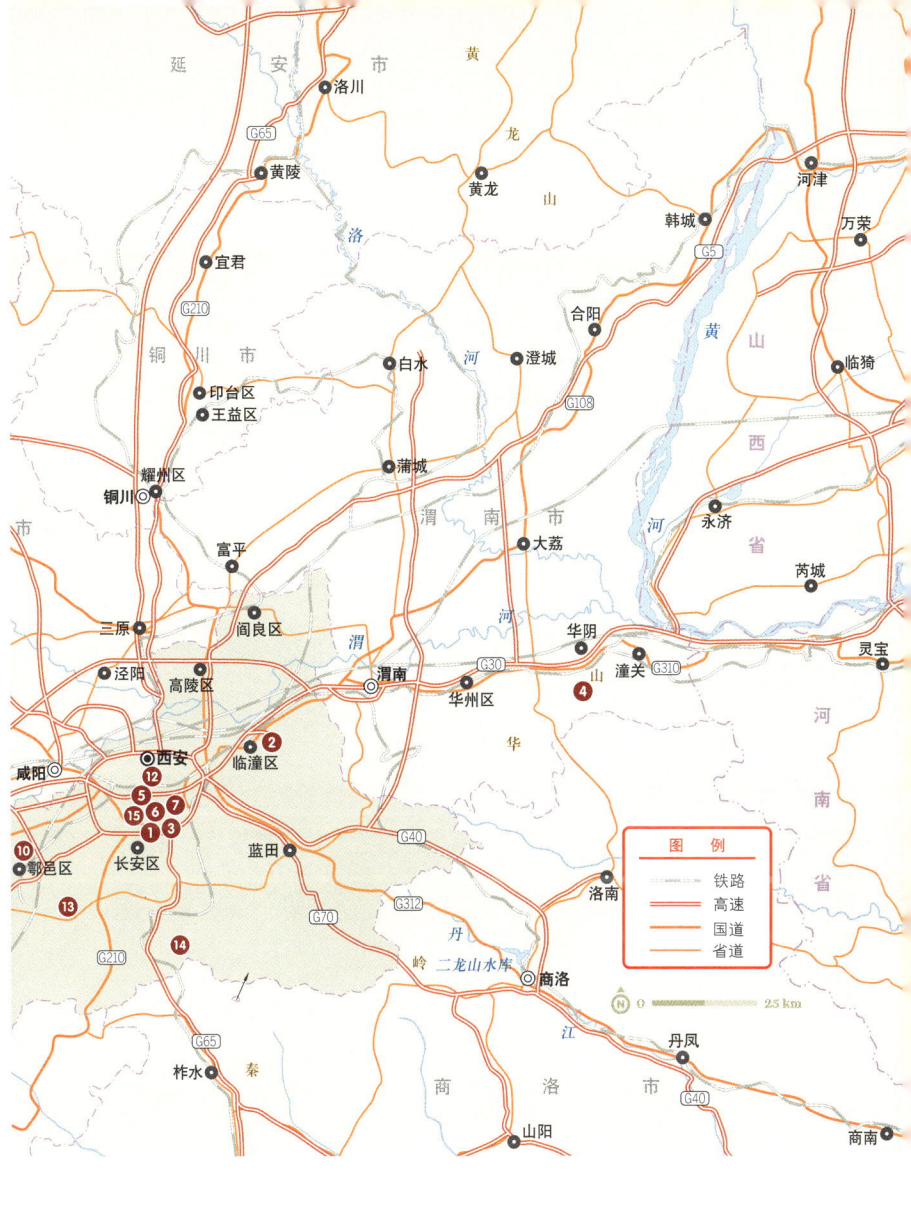

- ❾ 吃遍关中
- ❿ 民俗寻趣
- ⓫ 青铜文明之光
- ⓬ 遗址公园
- ⓭ 山原古寺
- ⓮ 户外秦岭
- ⓯ 丝绸之路起点

计划你的行程
15顶级旅行体验

陕西历史博物馆

这座国家级博物馆几乎每个开放日都人潮涌动,但比起和诸多国宝级文物对视时的震撼,所有的等待和拥挤都算不得什么。即使不去何家村大唐遗宝馆、唐墓壁画珍品馆这两个收费特展,也能在馆内看到半坡陶盆、战国虎符、汉代铜灯、唐三彩骆驼俑、北宋耀州瓷等以往只能在课本中了解的实物原件,还有一支秦始皇陵兵马俑"小分队"等你检阅。而在新设置的国宝厅,尽情期待究竟是哪一件陕西籍贯的超级国宝会与你相遇吧!(见110页)左图:三彩载乐骆驼俑;右图:明彩绘仪仗俑。

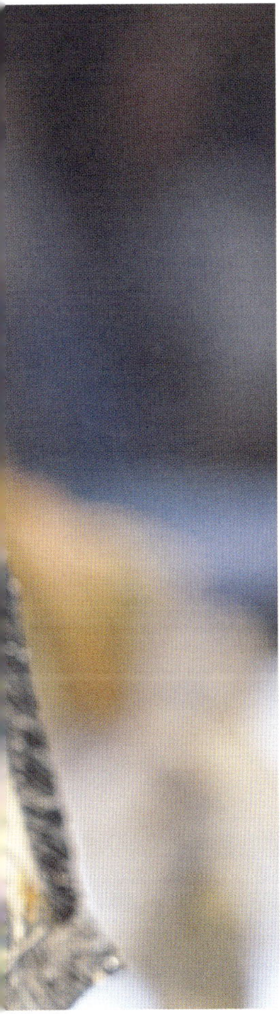

15顶级旅行体验 计划你的行程 9

沉睡的地下军团

多少人到了西安就直奔秦始皇帝陵博物馆？这里有一支在黄土地下埋了约2200年的神秘军团，至今仍列阵以待，而他们身后，还有成千上万的将士仍"沉睡"在守卫帝国的幻梦之中。文物陈列馆中的铜车马向世人展示着秦人精湛的青铜冶炼与制造技艺，持续不断的考古发掘工作又带出更多的惊喜——似乎从一开始，秦始皇陵就注定将成为震惊世界的东方奇迹。（见160页）武士俑

雁塔新景

阅尽沧桑的**大雁塔**（见118页）是唐长安城的幸存者。它当之无愧地成为全城关注的焦点，也对环绕其膝下的景观变化习以为常。北广场的音乐喷泉依旧气势蓬勃，而跟着南广场的玄奘铜像一起眺望，在**大唐不夜城**（见121页）一眼望穿千年：科学技术营造出梦回大唐的光影世界，新唐风街区的表演则被观众围得水泄不通。古塔向东不远处，**西安电影制片厂旧址**（见120页方框）也将这座城市的昔日骄傲，转化成了时髦又文艺的新景致。上图：大雁塔及广场上的喷泉；下图：曲江池。

4

自古华山一条路

无限风光在险峰，这样的经典体验千百年来未曾变过；像前人一样沿着“自古华山一条路”鱼贯而行，正是对“天下第一奇险山”的致敬。你将在回心石面临一场抉择，鼓足勇气就踏上了千尺幢、百尺峡的崖壁石梯。顶着狂风爬过绝壁上的苍龙岭，你已然超越了“勇夺三军之帅”的韩愈。而在关中八景之首的“华岳仙掌”观望一番，金锁关的红缨铜锁和华山古松即将见证你的登顶成功。意犹未尽就去走一遭长空栈道，为华山之旅画上惊心动魄的感叹号。（见200页）

华山下棋亭。

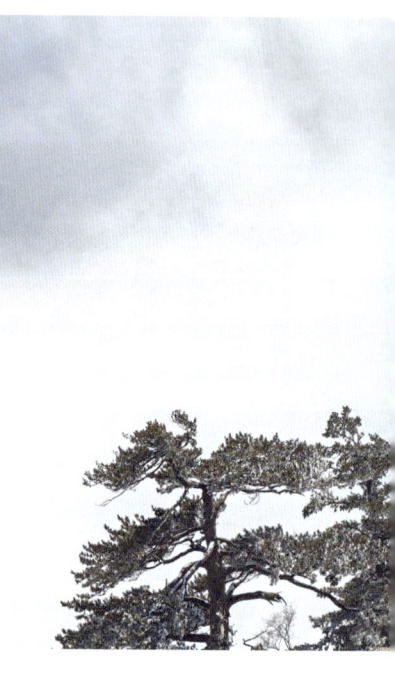

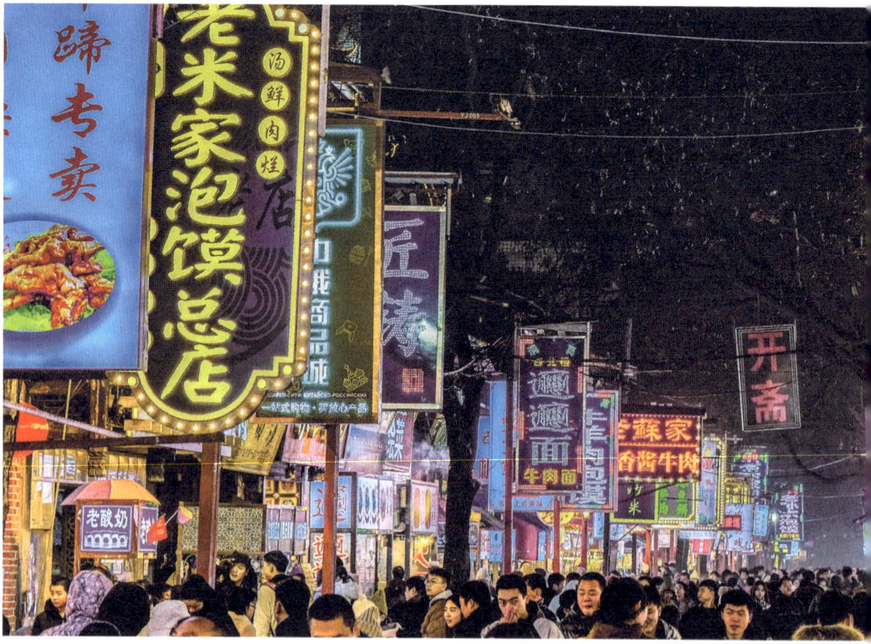

©视觉中国

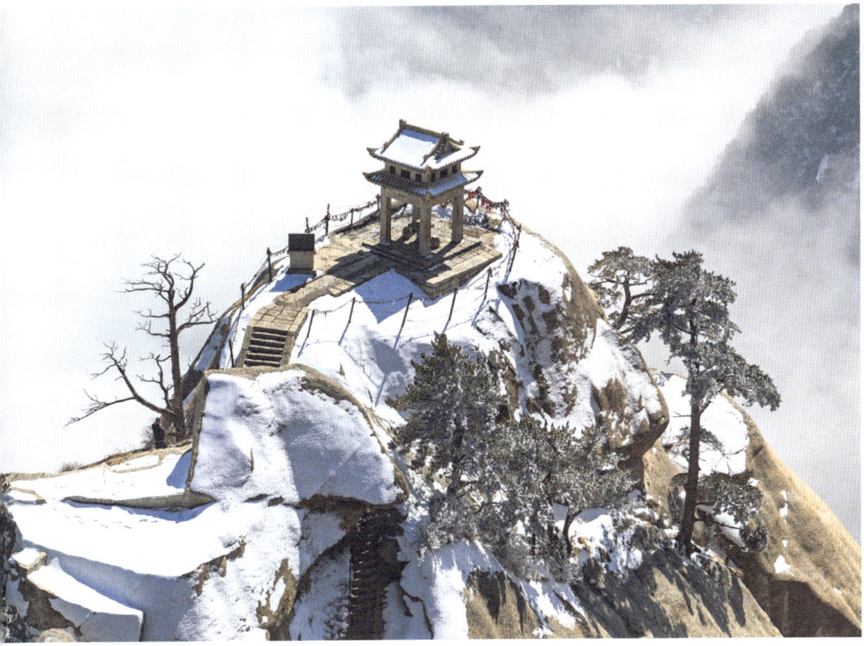

©视觉中国

5

回坊

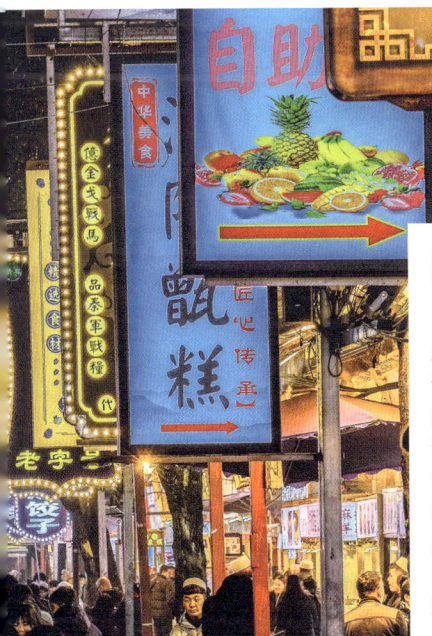

简单的**回坊**（见70页）二字，浓缩了这里的两大看点。“回”族风味的清真美食让本地人也会相约来此解馋，羊肉泡馍和铁签烧烤都令人食指跳动；几座清真寺更是古城墙内难得幸存的中国传统古建筑，礼拜时的诵经声营造出可贵的清净世界。“坊”的街道结构，据信沿袭自千年前唐长安城的里坊制，不妨离开摩肩擦踵的游客区，钻入僻静的胡同深处探寻一番。时间充足就来一段**漫步回坊**（见74页），拜访一座座清真寺的同时，还有佛寺、道观和儒家官邸，切换着你的文化频道。回坊的店招。

城墙骑行

城墙上的"空中之旅"会让你立马对西安着迷——只有在够宽够长够完整的**西安城墙**(见62页)上,才能感受这样独树一帜的骑行体验。环行一圈在各处停车驻足,可以全方位地感受古城西安的脉搏;从墙下不时蹿上来的几嗓子秦腔,还会为你的旅途配上独特的背景音乐。你也可以将骑行道挪到地上,通过更接地气的**骑行城墙根**(见82页)走街串巷,将顺城南路的家长里短、环城公园的特色风情、各式各样的冷门景点一一阅尽,让你的古城之旅更加深入。在城墙上骑行。

古韵碑林

这里有唐长安的另一处地标《开成石经》：114块青碑刻录着儒家经典，可谓唐朝的国家档案馆，如今和大、小雁塔三足鼎立，一同传承着盛世记忆。一位位如雷贯耳的书法名家的真迹赫然眼前，一座座古碑呈现出篆、隶、楷、行、草等字体演变，书法爱好者在这里泡上　整天也不嫌够。佛陀或道君的石像、浮雕或圆雕的石马、刻有诅咒语的石棺……这些则强化了这座石质藏品博物馆的内涵，青铜铸造的大唐景云钟、木头构筑的孔庙建筑群也在此享受着国家级的保护。（见66页）碑林拓碑。

8

寻访帝陵之旅

风水宝地“东方帝王谷”，埋葬着从周至唐数代帝王。**汉武帝茂陵**（见211页）前的“马踏匈奴”讲述着凿空西域的伟业，**汉景帝阳陵**（见181页）的“地下王国”凝固了帝王生前的荣华，**唐太宗昭陵**（见208页）、**唐高宗和武则天乾陵**（见198页）、**唐睿宗桥陵**（见238页）的神道上，雕刻精美的石像还在守护着盛世大唐。如果有时间，不妨去原上走走，寻觅那些尚未开发的汉唐帝陵，黄土垄中，这些帝王的魂魄仿佛从未远离故国长安。汉阳陵陪葬人俑。

©视觉中国

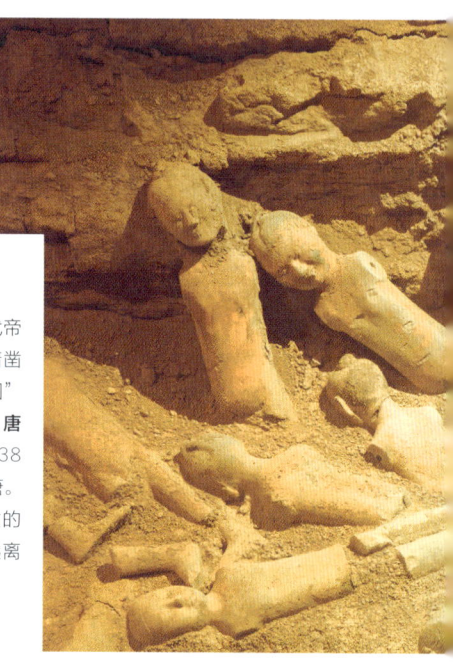

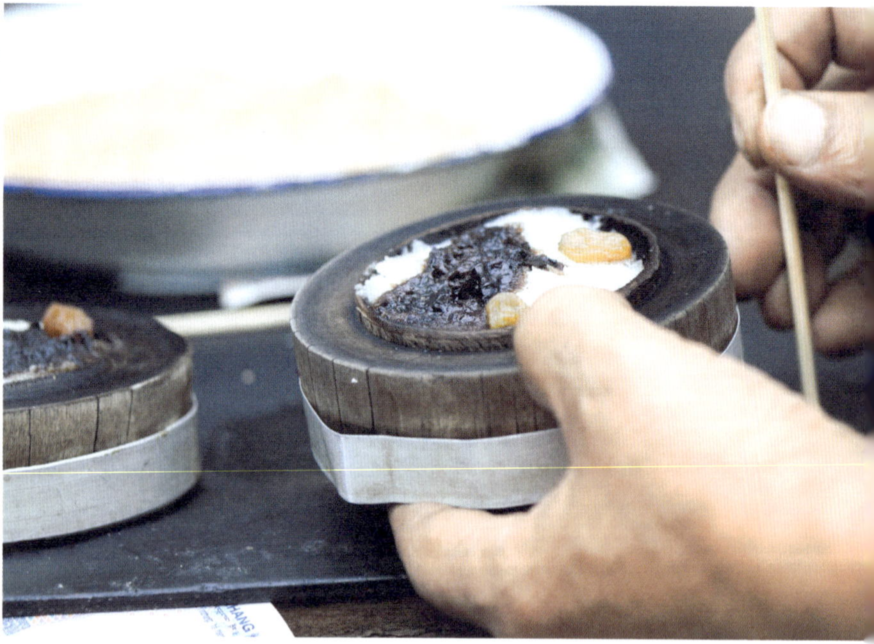

©视觉中国

9

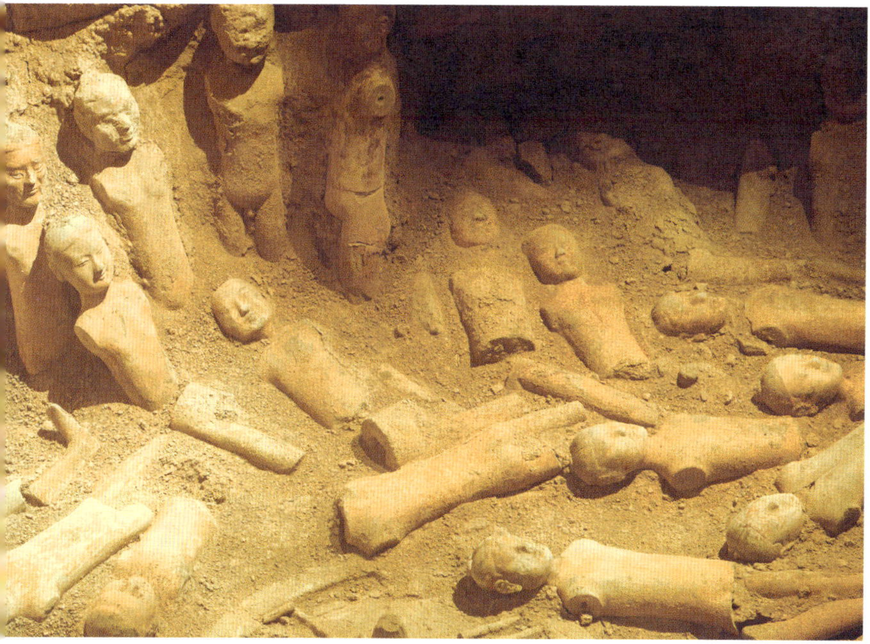

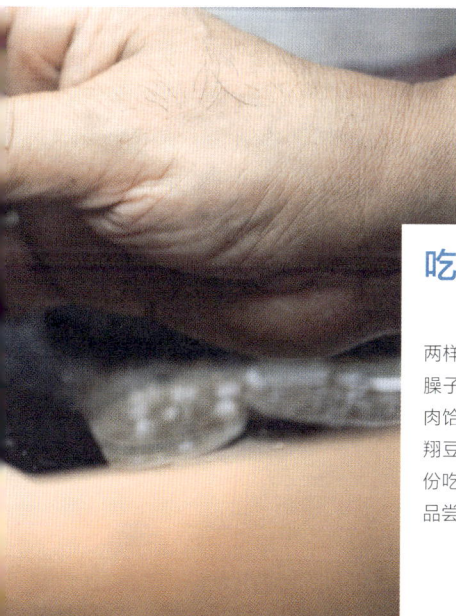

吃遍关中

关中人最爱的无非是面食与羊肉，可单单就是这两样，便能做出百般花样，且各地有各地的特色，岐山臊子面、扶风一口香、秦镇米皮、潼关肉夹馍、韩城羊肉饸饹、三原油饼、澄城水盆羊肉、咸阳锅盔牙子、凤翔豆花泡馍……这些以地方名冠名的小吃，就如同一份吃货攻略，你只需要跟着这些名字走遍关中，一定能品尝到最正宗的当地美食。

镜糕。

©视觉中国

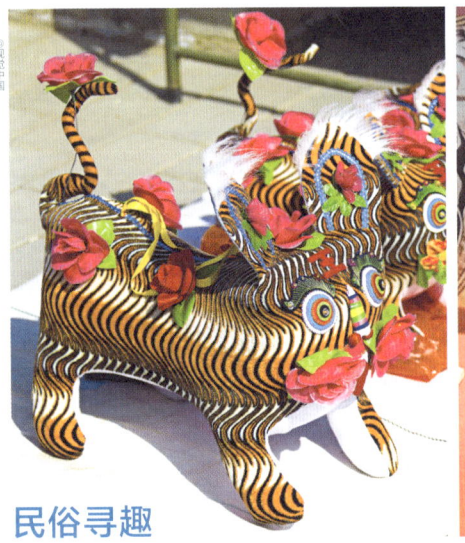

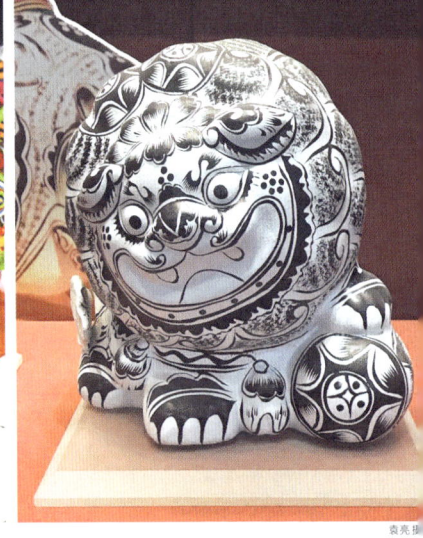

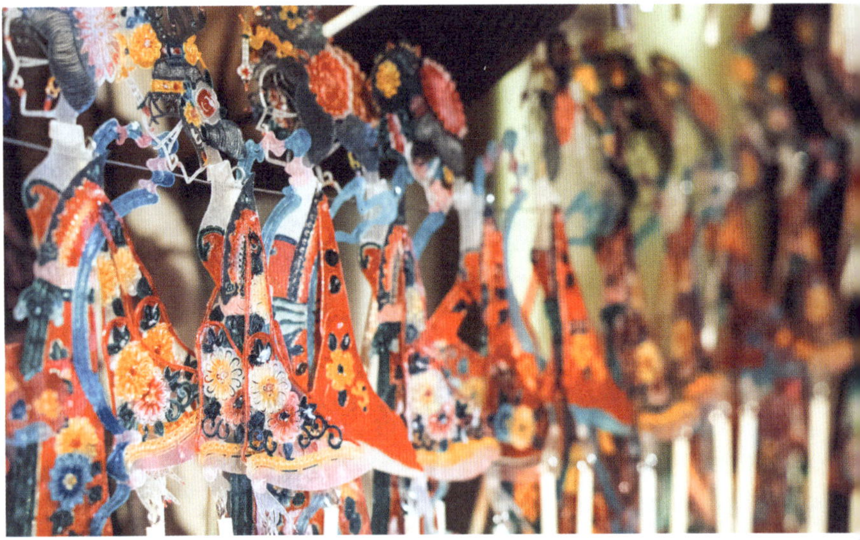

©视觉中国

袁亮摄

民俗寻趣

黄土地上吼出的秦腔，苍凉而高亢；婆姨手中剪出的窗花，喜庆又夸张，深入关中各地的村镇，你会发现这片土地上生长着如此绚丽而奔放的民俗之花。春节、二月二、端午、中秋，各地的庙会和社火仍然热闹，皮影、剪纸、泥塑、版画，大红大绿的色彩与憨厚朴实的造型中流露着关中人对生活的向往，在**宝鸡民俗博物馆**（见227页）、**鄠邑区农民画展览馆**（见179页）和**凤翔六营村**（见228页），你都能深深感受到关中民俗之美。上图：皮影；左下图：凤翔的布老虎；右下图：凤翔泥塑狮子。

青铜文明之光

从烧制陶器到冶炼青铜，人类跨入了一个更为先进的文明时代，你在**宝鸡青铜器博物院**（见226页）见到的这些曾经深埋地底的青铜器上，就铭刻着商周时期的华夏文明之光。人们在何尊的铭文"宅兹中国"上看到了"中国"最早的出处，也在纹饰繁复的折觥上感受到了周人冶金技术的精湛，如果还想对青铜文明有更多了解，**宝鸡周原博物院**（见224页）、**梁带村芮国遗址博物馆**（见232页）等地也有不少青铜器珍品等待你前往。宝鸡青铜器博物院外观。

遗址公园

时光的肃杀无情，在关中大地尽显无遗。西安市区的四面八方各有遗址公园，见证着往昔的辉煌和后来的落寞。**大明宫国家遗址公园**（见130页）的高大台基曾是亚欧大陆东部的权力中心，**汉长安城未央宫遗址公园**（见134页）的前殿夯土也凝存着民族骄傲。历经劫难、重获新生的**青龙寺**（见126页），其间栽植的樱花已成为一年一度的约定；养在深闺、重见天日的**天坛遗址公园**（见122页），则在摩天写字楼的玻璃幕墙环抱中尤显空寂。青龙寺。

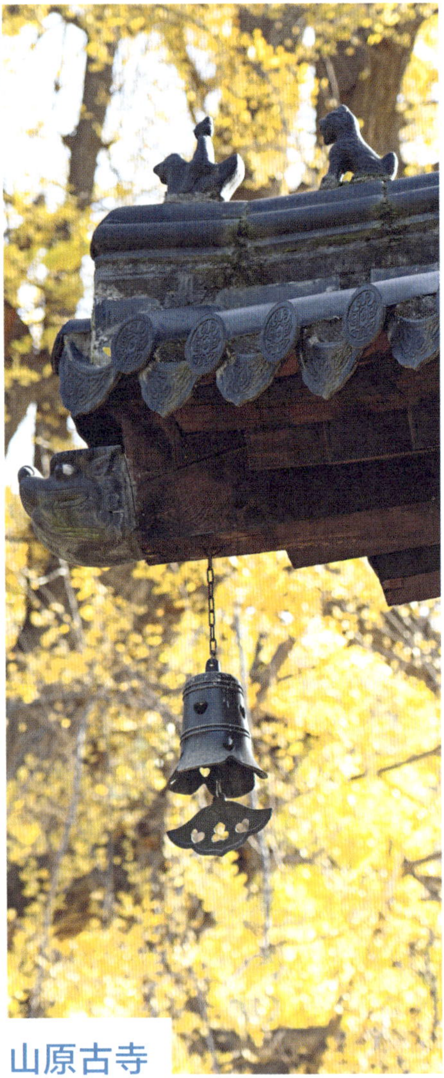

@视觉中国

@视觉中国

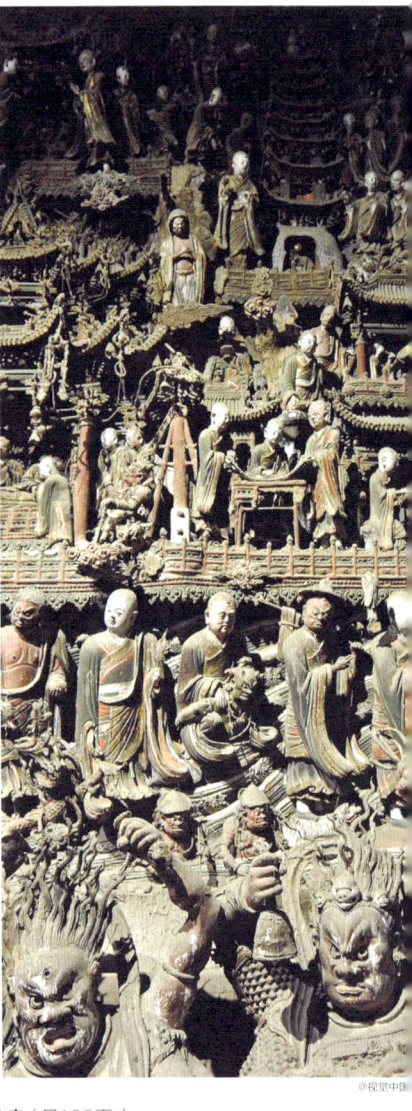

山原古寺

秦岭山麓和黄土原地遍布古寺。在**华严寺**和**兴教寺**（见168页方框）中，矗立着唐代高僧大德的数座灵塔，**草堂寺**（见177页）里的鸠摩罗什舍利塔据说是西域各国奉送的八色玉石雕凿而成。再走远一点，黄河边上的**大禹庙**（见234页）中有保存完好的明代壁画，王顺山下的**水陆庵**（见165页）小殿里珍藏着五代彩塑，如果你在11月到来，还能在**古观音禅寺**（见169页）中看到相传为李世民手植的千年银杏重披黄金甲。左图：古观音禅寺；右图：水陆庵彩塑。

户外秦岭

连绵高峻的秦岭是中国南北的天然分界线,也为西安户外人士提供了取之不尽的行山资源。**长安区终南山**(见176页方框)的户外路线已经足够丰富,只需告别钟楼30余公里,便能一头扎进深山老林,享受七十二峪、高山草甸、终南隐士和"小华山"的另类风情。**登顶太白山**(见221页方框)在户外圈拥有"南武功、北太白"的美誉,是一代代驴友必修的进阶课;而在20世纪50年代,这座海拔3771米的秦岭主峰更是中国登山队登顶的首座山峰,堪称我国现代登山运动的摇篮。南五台的灵应台。

丝绸之路起点

让我们将时间倒转千年,和丝绸之路的胡商一起向西踏上征程。先去**大唐西市博物馆**(见132页)的棋盘状街市,在帛市绢行置办齐全畅销货物。路过开远门旁的"西极道九千九百里"路碑,驼帮的身影化作了街心花园中的**丝绸之路群雕**(见124页方框)。长安前往金城(兰州),我们选择泾河流域的北线走法,10余世纪后这条古道变成了西兰公路;好在当你与彬州**大佛寺**(见213页方框)的释迦牟尼佛像对视时,依然有和唐时商队一样瞬间屏息的感觉。大唐西市博物馆。

最佳行程

第1天

游转古城

古城墙环抱一圈，围出了老西安的地理方位和心理归属。回坊、碑林、西安城墙和钟鼓楼都是必游景点，前三者各需花费2~3小时。

❶ 回坊（见70页）

清晨赶到回坊，钻入老字号羊肉泡馍馆，享受一碗热乎乎的"羊羹"。饭饱后用双脚丈量这片特色街区，横平竖直的小道延续了"里坊"格局，一座座清真寺拥有中国传统建筑的风格。别忘了在夜宵时返回，香喷喷的烤牛羊肉等你"次番"。

➡ **吃喝落脚点**

一碗羊肉泡馍的吃法（见86页方框）也有不少讲究，再来一份甜食（见88页方框）别提多滋润。

❷ 钟楼和鼓楼（见68页和69页）

钟鼓楼坐守西安老城最中心的位置，从明初到清末也一直为西安人授时。如今这里每天仍有编钟、击鼓等仿古表演，传统木构之美也值得驻足观赏。登上钟楼还可俯瞰交通环岛上的滚滚车流，瞬间融入西安的时尚节拍。

➡ **实用信息**

通常鼓楼的每一次表演比钟楼的早30分钟，可先去鼓楼再去钟楼。

❸ 碑林博物馆（见66页）

这里不仅是书法爱好者的朝拜圣地，也能寻觅到历史人文的诸多线索：匈奴的石马、李渊的石犀牛、景教的十字架、孔庙的格局、关中的八景……让人犹如穿越时空。通往碑林的书院门是"文房四宝"一条街，能为你的碑林之旅预热。

➡ **实用信息**

碑林和西安城墙有100元的联票，旺季比单独购票省19元。

❹ 西安城墙（见62页）

明清的西安府城墙几经拆修终于连贯完整，斑驳的老城砖讲述着西北重地的历历往事。可以沿着城墙根散步，或去外围的环城公园逛逛。登上城墙，最酷的玩法是骑行一圈，风驰电掣之际，一时看尽西安老城的四面八方。

➡ **实用信息**

做好规划，大部分城门19:00（冬季18:00）关门，中山门21:00，南门24:00。

左图：鼓楼夜景；右图：钟楼。

最佳行程

第2天

穿越城南

若铺开古今地图做对比，会发现唐长安城与今天的古城相比，其主体大都在南部。两座千年佛塔、两座博物馆和一条唐风步行街都在城南，也是你西安行程不可错过的另一重头戏。

❶ 小雁塔（见117页）

这里和西安博物院共处一院。古塔是唐长安的幸存者，博物院则用模型和文物梳理了古都的变迁。古典寺院和现代园林连成一片，如今的小雁塔虽残缺了两层，但仍挺拔向上、钻出树荫，其密檐式更和大雁塔的楼阁式同为中国塔的两种基本结构。

➡ **吃喝落脚点**

来碗建基泡馍（见138页），或在回坊吃完再出城。

❷ 陕西历史博物馆（见110页）

虽然永远的人头攒动、不变的嘈杂环境让人有些无奈，但要以此为理由放弃陕西历史博物馆，那将是天大的遗憾。灿若星辰的展出的文物，诉说着从蓝田人到清朝末年的三秦历史，西周青铜器、汉唐金玉器、北宋瓷器都是精品，两个收费展览同样物有所值。

➡ **实用信息**

若想获得免费票或30元大唐珍宝展票，一定要提前在官网预约。

❸ 大雁塔（见118页）

四方楼阁式的大雁塔，无疑是盛唐气度的绝佳注脚；唐僧玄奘和这里的深厚渊源，又让它享受着普通老百姓的万千敬仰。在北广场看音乐喷泉，在西廊看公孙大娘起舞的雕像，在东南侧的大慈恩寺遗址公园中感受唐诗里的氛围。

➡ **吃喝落脚点**

子午路张记肉夹馍（见137页）、天下第一面（见137页）

❹ 大唐不夜城（见121页）

和南广场的玄奘铜像一同向南看，便是他在取经路上魂牵梦绕的"故国大唐"。当然，大唐不夜城不过是一条新唐风主题商业街区，但现代光影电效果运用得颇有水准，各种景观小品和实景演出也摸准了当今社会的审美倾向，很适合拍照录视频。

➡ **实用信息**

大唐不夜城自然要晚上来才好，通常在夏季18:30、冬季18:00亮灯。

左图：大雁塔前的喷泉；
右图：陕西历史博物馆中的明彩绘仪仗俑。

最佳行程
第3天

深入遗址

在西安城区的其他方向,不同朝代也留下了不同的历史痕迹,各类遗址公园可根据自己兴趣选择一二,或者直接出击兵马俑、华山等热门景点。

❶ 大明宫国家遗址公园(见130页)

唐高宗和武则天时代建成的大明宫,是中国历史上最辉煌的一座宫殿。毁灭1100多年后只剩下残土遗迹,但作为第一批国家考古遗址公园,这里的文物保护和旅游开发维持着不错的平衡,交通又很方便,可作为西安同类景点的首选。

➡ **实用信息**

不远处的大华1935是最具人气的创意街区,可顺路一游。

❷ 半坡博物馆(见128页)

在有大半个足球场大小的遗址大厅,6000多年前的古人类聚居群落遗址,保持着几十年前刚出土时的模样。不用担心新石器时代的历史看不懂或过于枯燥,博物馆对半坡人的远古生活和仰韶文化进行了深入浅出的阐释。

➡ **吃喝落脚点**

地铁1号线返城,可半路绕去王魁腊汁肉(见139页)夹个馍。

❸ 青龙寺（见126页）

《妖猫传》中日本僧人空海求法的高门大寺就是青龙寺。最初的建筑早已不复存在，仅余一些柱础和台基的遗址，但重建的庭院再现了唐朝风貌，日本捐赠种植的樱花更在春季摇曳出满园缤纷。这里又位于李商隐诗里描写的《乐游原》上，日落时分适宜怀古。

➡ **实用信息**

青龙寺平时颇为清静，但每逢樱花季便会迎来数不清的游人，避开双休日为妙。

❹ 汉长安城未央宫遗址公园（见134页）

将时间轴从唐朝再往前拨700多年，去市区西北角的汉城，在占地更加广袤的未央宫遗址，探访青青麦田中的汉宫夯土。登上仍有20余米高的前殿遗址，遥想大汉天子在这里接受百官朝贺的威武场面。

➡ **实用信息**

未央宫面积很大，骑单车环游一圈是最尽兴的游览方式。

左图：大明宫国家遗址公园微缩景观；
右图：雪中的大明宫国家遗址公园。

最佳行程

第 4~5 天

探索近郊

西安近郊包括临潼区、长安区、鄠邑区、蓝田县和咸阳市，景点众多，且相对比较分散，可根据自己的兴趣偏好，安排1~2日行程。

❶ 秦始皇帝陵博物院（见160页）

上午从市区前往临潼，参观秦始皇帝陵博物院及丽山园，亲眼目睹兵马俑千人千面的艺术魅力；下午可以去华清宫看看杨贵妃沐浴过的海棠汤池，再登上骊山一览临潼景色。如果预算充足，晚上在华清池看一场《长恨歌》实景歌舞也是不错的体验。

➡ **实用信息**

如果下一站是华山，在临潼住一晚，第二天直接乘车去华山也很便捷。

❷ 南五台（见170页）

长安南五台就像是秦岭山水风光的一个"标本"，花上一天时间，从文殊台、清凉台、灵应台、舍身台一直向上，爬到最高处的观音台，脚下便是水墨秦岭的层叠山峦和翠玉一般的石砭峪水库。若有幸碰上雨后初晴，云海浮动间佛寺显露，更是宛若仙境。

➡ **实用信息**

建议留出一点时间顺道参观山脚下的关中民俗艺术博物院。

❸ 草堂寺（见177页）

草堂寺是佛教传入中国后的第一个国立译经场，寺中的国宝级文物鸠摩罗什舍利塔便值得你专程前往，它由西域各国供奉的八色玉石所建，葬有鸠摩罗什真身舍利。漫步寺中，耳边唯有梵音清幽，而远处便是终南山的青翠山影。

➡ **实用信息**

从草堂寺返回西安不妨乘坐928路公交车，中途在秦镇下车，深入老街吃一碗地道的秦镇米皮。

❹ 汉阳陵和咸阳

汉景帝阳陵（见181页）的发掘，为世人打开了一座"地下王国"，10座丛葬坑内的陪葬物包罗万象，让人大开眼界。汉阳陵半天即可游完，之后可乘坐公交车前往咸阳，欣赏咸阳博物院（见182页）里的西汉兵马俑，你还可以比较一下两座汉陵兵马俑的不同之处。想继续探索咸阳塬上的唐代帝陵，还可转车去唐顺陵遗址公园（见183页）看看造型雄伟的走狮。

➡ **实用信息**

从西安前往汉阳陵的游4路班次不频繁，最好提前查好发车时间。从汉阳陵有5路公交车前往咸阳火车站，如果时间规划得当，可以无缝衔接转去咸阳。

左图：唐顺陵走狮；右图：南五台。

计划你的行程
最佳行程
第6~8天

周边主题游

护卫着西安城的关中平原,是周秦王朝的发迹之地,也是汉唐帝国的都城所在地,从东、西、南、北四个方向出城,都可以欣赏到精彩的人文景观与自然风光,同时体验淳朴的民俗和地道的美食。

东线

第一天以饱满的精神去挑战西岳**华山**(见200页)的艰险,体力好的话,10小时即可登顶往返。不过对于大多数旅行者而言,还是要借助索道才能完成这一"壮举"。

第二天去黄河边上的**韩城**(见230页),古城中的古建筑以及城外的大禹庙、司马迁祠都是访古好去处,晚上在**党家村**(见235页)住上一晚,享受世外桃源般的宁静。

返回西安时可在**蒲城**(见238页)停留一天,城中有唐宋古塔和几处关中明清老宅,城外则有4座唐代帝陵,保留着雕刻精湛的神道石刻。

➡ **实用信息**

华山上饮食很贵,建议带上一些高能量食品和功能饮料。韩城和蒲城则以羊肉出名,可以品尝一下地道的羊肉饸饹和水盆羊肉。

西线

西出长安,有西府三县,凤翔民俗艺术首推**六营村**(见228页)泥塑,**岐山**(见224页)周公山、中国周原景区、钓鱼台等地可追忆商周王朝往事,顺道品尝臊子面、擀面皮、烙面皮等西府美食,扶风**法门寺**(见222页)则珍藏了佛骨舍利和大唐珍宝。终点是**宝鸡**,宝鸡青铜器博物院(见226页)收藏了周秦时期的国之重器,民俗博物馆(见227页)则能欣赏到丰富的民间艺术。

西线的另一种玩法是从咸阳往西,大唐十八陵有半数坐落在北山各县。**唐高宗和武则天乾陵**(见198页)值得一看的是神道石刻和博物馆出土文物;礼泉县**唐太宗昭陵**(见208页)附近还有"关中民俗体验地"袁家村;**汉**

武帝茂陵（见211页）的看点是园中的汉代石刻以及国宝级出土文物。

➡ **实用信息**

西安至宝鸡有高铁可达，食宿可安排在这里，**西府老街**（见230页）上各种关中小吃都能找到。咸阳以西看帝陵可在袁家村住一晚，回民街和小吃街能让你不虚此夜。

秦岭线

从西安到周至，可先去**楼观台**（见214页）看看老子传播《道德经》的"天下第一福地"，再继续深入秦岭山脉，隐匿在秦岭腹地的**老潼关**（见205页）仍保留着世外桃源般的宁静。翻过秦岭，北麓**太白山国家森林公园**（见218页）是户外运动爱好者的天堂，普通旅行者也可借助观光车和索道登顶天方地圆。

➡ **实用信息**

这条线比较适合自驾，也可乘坐从西安直达太白山国家森林公园的班车，只玩这一个点，返程时乘班车去周至游览楼观台。

北线

西安以北的**铜川**以耀州窑闻名于世，可在**耀州窑博物馆**（见243页）欣赏从唐代至清末民初以来耀州窑出品的瓷器，探访烧制出这些作品的唐宋窑遗址和唐三彩窑址；再去**陈炉镇**（见243页）上看看那些仍在生产倒装壶、公道杯的传统烧瓷作坊。耀州城郊的**药王山**（见244页）传说是药王孙思邈最后隐居的故里，这里收藏的碑刻与西安碑林相比也毫不逊色。

从西安出发来个铜川一日游非常轻松，但我们建议你在耀州住一晚，回程时去看看**三原城隍庙**（见212页），保存完整的明清建筑物上的砖雕、木雕及琉璃极为精美。

➡ **实用信息**

住宿可安排在耀州区，这里的咸汤面、窝窝面极有特色。

左图：党家村；右图：西府六小碗。

计划你的行程
每月热门

1月至2月

越来越多的旅行者选择在寒假期间来古城西安，过一个传统年味儿十足的新春。西安的冬天常在零下10℃到零下5℃之间，但对南方旅行者来说有暖气的室内令人倍感幸福。

春节

城墙灯会、兴庆宫公园灯会和大唐芙蓉园灯会既能看热闹也能品美食，还可去半坡博物馆参加"钻木取火"祈福活动，或去关中民俗艺术博物馆看华阴老腔演出。东府韩城、西府宝鸡等地的社火演出将持续到元宵节。

太白山滑雪

冬季太白山景区会暂时关闭，但山下的滑雪场却热闹起来。这里是陕西面积最大、自然雪季最长的滑雪场，拥有最宽的百米雪道。

泡温泉

一边享受着热气蒸腾的汤池，一边看着天空雪花飘落。蓝田的东汤峪、眉县的西汤峪（太白山脚下）都是有名的温泉胜地，如果不想跑远，骊山脚下也有温泉可泡。

3月至4月

春天来临，阳光明媚，是时候出去踏春了。不过要小心倒春寒，3月上半月还有可能天降小雪。赏花时需留心花粉和柳絮过敏。

药王山庙会

每年农历二月初二"龙抬头"的铜川药王山庙会源自唐朝，除了朝山祭拜药王孙思邈之外，还有热闹的社火表演和美食展示。

楼观台庙会

农历二月初八到初十，被誉为"天下第一

福地"的周至楼观台会举办古庙会,祭拜在此著《道德经》的老子,部分景区免门票。

✈ 踏春赏花

三月底,青龙寺樱花绽放,落英缤纷。四月上旬,鄠邑太平国家森林公园紫荆花开遍山谷。徒步秦岭,有漂亮的花儿做伴。

❋ 华山祈福

农历三月上半月,是华山传统的民间登山祈福季节。农历三月十五是朝山盛会日,西岳庙会举办盛大的祭典,玉泉院等道观也会诵经参拜白帝少昊。

✈ 西安城墙国际马拉松赛

游客可以和运动员一起参加5公里、10公里和半程马拉松比赛。可关注微信公众号"西安城墙国际马拉松"了解具体时间。

最佳节会

- ❋ 春节 农历正月初一
- ❋ 元宵节社火 农历正月十五
- ❋ 西岳庙庙会 农历三月十五
- ❋ 佛诞节 农历四月初八
- ❋ 南五台香会 农历六月十九

5月至6月

西安满城石榴花开,天气不冷也不热,游人也不算多。太白山上高山杜鹃相继盛开。

❋ 四月初八佛诞节

西安是汉传佛教八大宗派之中的六大宗派祖庭所在地,各大寺庙在佛诞节都会有各种

左图: 古观音禅寺里的银杏树;
右图: 韩城社火锣鼓。

宗教活动。法门寺在佛诞节会举行施粥、祈福等活动。

西安草莓音乐节

文艺青年和年轻人们的音乐狂欢盛会，每年5月中旬在西安举办，详情可查询摩登天空网站（www.modernsky.com）。

石榴花节

临潼盛产石榴，每年5月下旬，石榴花开，临潼会举行石榴花节，具体时间可上华清宫官网查询（见162页）。

7月至8月

气温和人潮一样飙升，还会有超过40℃的高温天气。好在有酸梅汤和冰峰汽水可以解暑。

南五台香会

农历六月初一到十九，长安区南五台中的寺庙会举办一系列活动，农历十九香会达到高潮，不少信徒前来烧香拜佛，登高望远。

猕猴桃、苹果上市

秦岭山下的周至和眉县是全国有名的猕猴桃产地，北山的礼泉、白水和陕北的洛川则盛产苹果，七八月间正是果实丰收时节。

秦岭避暑

8月中旬前后，正适合去秦岭各个景区玩水避暑，再在周至老县城住上一晚。

9月至10月

秋高气爽，正是西安最佳的旅游时间。丰

狗头枣。

收的瓜果物美价廉,登山看日出也少有落空。

🍴 瓜果季

蜜瓜、柿子、狗头枣、石榴等一系列北方出产的瓜果相继上市,不要错过。

🏃 西安城墙中秋赏月晚会

西安城墙上,流光溢彩的灯光、延伸向远方的红灯笼映着一轮圆月,伴着秋风阵阵,不禁让人怀有"但愿人长久"的美好祝愿。

🏃 少华山红叶节

10月下旬至11月中旬,少华山满山红叶,红叶旅游节也如期举行。登上潜龙寺,还能从另一个角度远眺华山绝顶的三座主峰。

🏃 祭窑神

每年9月,铜川陈炉镇会举行祭窑神活动,是一睹民间曲艺、表演的好时机,具体时间可电询景区(见243页)。

11月至12月

气温开始向0℃甚至更低跌落。12月是游客最少的月份之一,不过陕西历史博物馆、兵马俑等热门景点仍然人潮涌动。

🏃 银杏季

11月中旬,长安区古观音禅寺的银杏树、鄠邑区重阳宫的银杏树重新披上黄金甲。大慈恩寺遗址公园、杜陵、汉景帝阳陵里的银杏树下,满地金黄落叶。

城墙灯会。

新线报

计划你的行程

本书中,我们的作者为你搜罗到了西安及其周边最新鲜的景点、最热辣的资讯与最新涌现的潮流。请看以下推荐:

"网红"西安

短视频媒体当道,催生了一批爆点十足的"网红"城市,西安名列前茅。我们无法确定大唐不夜城的"不倒翁美女"能红多久,但却能够肯定,陕西历史博物馆收藏的"杨贵妃香囊"、终南山古观音禅寺的千年银杏等历史见证,一定会给西安带来永不衰竭的关注度。

陕西历史博物馆升级

2018年完成了基本陈列"陕西古代文明"的重新布展,将石峁、梁带村等分列当年"全国十大考古新发现"的出土文物补充进去,并设置了专门的国宝厅,轮展国宝级的陕籍文物。2019年下半年,陕西历史博物馆启动所有票务都要网上预约的新规;如无提前预约,现场可能要买270元的壁画馆门票才能进入。

兵马俑兴建铜车马新馆

狭窄的铜车马展厅里人山人海的景象将不复存在,全新的秦始皇帝陵铜车马博物馆已在丽山园动工兴建,预计将在2020年内开馆。新馆将利用多种手段、多角度展现铜车马的精湛技艺和科技内涵,并利用VR等数字技术提升参观体验,让观众零距离感受国宝魅力。

崭新景点,更多免费

尘封多年的东岳庙、天坛遗址公园终于对外免费开放,未央宫遗址公园按计划也将在2020年内正式开园。改造后的西安电影制片厂和秦岭和谐森林公园,能让游客一窥昔日的神秘地盘。寒窑、秦二世陵、广仁寺、园博园等面向全民免费开放。大明宫、西安城墙等也在每

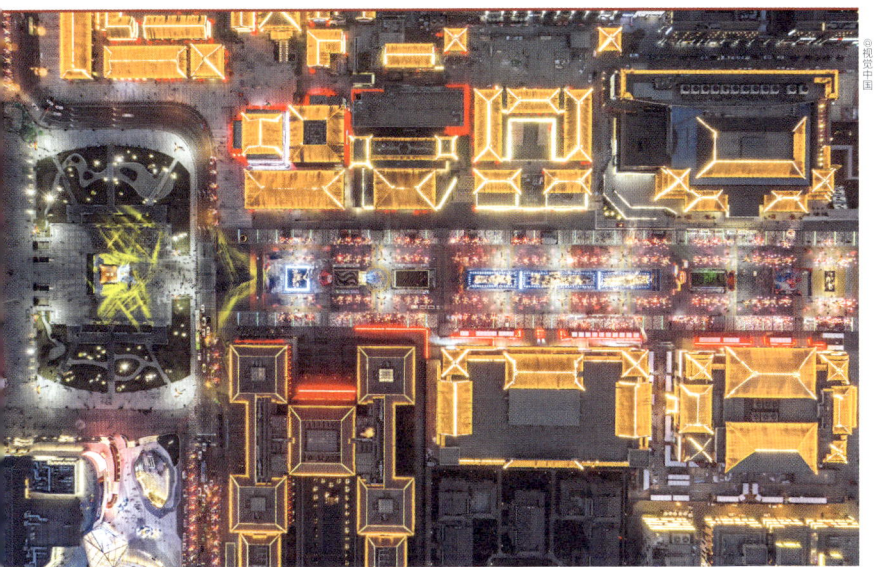

月各设免费开放日,但目前只面向西安市民。

手机讲解员

除了人工讲解员和电子导游仪,参观陕西历史博物馆、西安博物院、碑林博物馆、西安城墙等处,还可扫描二维码下载相关App后获得收费语音导览。记得自备耳机。

交通大变样

地铁1号线开到了咸阳地界,5号、6号、9号线计划于2020年底全线或部分开通。郊区的长安公交被西安公交收编为新线路,前往终南山不再需要依靠班次稀少的环山线公交。去兵马俑除了在火车站坐车,纺织城客运站、大雁塔也有班次。复古"铛铛车"开通,前期有鼓楼—大雁塔和环城墙两条线路,票价只需2元。

机场城际铁路(见265页方框)运营,未来还将形成以西韩、西法等为框架的关中城际铁路网。2020年底西银客专按计划将投入使用,从西安北站可乘车直达礼泉、乾县、彬州等地。

更受欢迎的相声

老牌的青曲社在西安已开有3家店面,每晚各有夜场相声献艺。相声新势力作为后起之秀也在西安迅速布局,更年轻的艺人带来不一样的相声享受。

都市新风情

小寨的赛格购物中心和民乐园的万达广场成了西安人的商业新宠,大华1935、咖啡创业街区和众多精品书店则是文艺界的新地标。

左图:铛铛车;右图:俯瞰大唐不夜城。

计划你的行程
获得灵感

书籍

《长安十二时辰》（马伯庸 著）在扣人心弦的情节之外，作者用文字还原了唐时长安城的宏大布局以及唐朝人的生活细节，根据小说拍摄的电视剧再一次带火了古城西安以及水盆羊肉。

《白鹿原》（陈忠实 著）西安城东南的黄土塬上，白家和鹿家的恩怨情仇贯穿半个多世纪，也演绎出大时代下的关中历史。

《废都》（贾平凹 著）在国内颇具争议的小说，描写了20世纪80～90年代西安充满"废都气质"的市井生活。

《老西安》（贾平凹 著）收录了贾平凹在西安生活数十年的随笔，以及他在2000年夏行走丝绸之路的考察经历。

《唐诗三百首》唐代诗人笔下的长安城从来都充满魔力，这些诗句也为人们梦回大唐、梦回长安提供了精确坐标与最佳参照。

《一眼识大唐》（刘传铭 著）以十二幅名家字画讲尽长安与大唐在289年间发生的故事，一方面花团锦簇，另一方面迷雾重重……

《大唐帝陵三百里》（秦岭、叶子胜、秦朴 著）通过那些拍摄于10多年前的照片，能更清晰地看见大唐帝陵曾经的凄美与苍凉。

影视作品

《妖猫传》（陈凯歌 导演）剧组据说花费6年时间按真实比例还原了一座长安城，你可以从中看到大明宫、宣政殿、青龙寺等古迹当时的盛况。

《狗十三》（曹保平 导演）发生在西安城里关于少女成长的青春残酷故事，不少外景地都是熟悉的西安街景。

《大明宫》（金铁木 导演）不可多得的纪录片精品，电脑CG技术还原了大明宫的富丽堂皇。

《新丝绸之路之西安：不朽之都》（日本NHK电视台）通过日本奈良时代遣唐使

的视角,让我们再回唐都长安。

《东方帝王谷》(陈方平 导演)20集大型史诗纪录片带你一览长眠于关中大地的周秦汉唐数十位帝王的陵阙。

《那年花开月正圆》(丁黑导演)以泾阳安吴堡吴氏家族史为背景,讲述了陕西女首富周莹的人生故事,剧中真实还原了晚清泾阳风情和关中民居。

音乐

《西安人的歌》(范炜和程渤智)将西安的鼓楼、钟楼、城墙、火车、高楼大厦、泡馍等都写进了歌词,唱出了西安人眼中的西安模样。

《华阴老腔一声喊》(谭维维和老腔艺人)这首老腔和当代摇滚完美结合的新潮作品,似乎在证明西安才应是中国摇滚之乡,华阴老腔就是千年明证。

《我思念的城市》(许巍)西安人的乡愁是什么味儿的?从西安走出来的歌手许巍给出了最好的答案。

《长安长安》(郑钧)郑钧的五年蓄势之作,一段秦腔后,郑钧未加修饰的粗粝嗓音依然锋利,依然血性。

网站

西安市文化和旅游局(http://wlj.xa.gov.cn/)官方网站,有交通、景点、酒店等信息。

悦西安(微信号:just-xa)当地人最认可的公众号,能在第一时间获取新鲜热辣的西安资讯。

华商论坛(http://bbs.hsw.cn/)户外板块可以找到丰富的户外活动信息。

没时间

时间太少?就从下面的书籍和影音作品中贴近西安吧。

《从长安到罗马》(中国中央广播电视总台)百集4K微纪录片,聚焦古都长安和古城罗马,讲述东西方文明兼容并蓄、交流互鉴的故事。2020年1月播出的第一季中就出现了西安大雁塔、碑林、大明宫遗址等著名景点。

《关中故事》(陈忠实 著)短篇小说集,10余分钟就能读完一个关中小故事,平淡的日常生活中总有小幽默,本地人的性格也缓缓流露出来。

《陕西美食》(黑撒乐队)西安人气最旺的方言乐队,可以一边听这首RAP,一边记下你去西安要吃的美食。

左图:唐乾陵神道;
右图:白鹿原影视城。

计划你的行程
省钱妙计

在西安和关中地区旅游,景点门票的开销占据相当比例,旺季的住宿成本也较高。找一些方法少花冤枉钱,省下来的"银子"可以更尽兴地吃喝玩乐。

门票

西安历史是重头,除了必去的陕西历史博物馆,西安博物院、大唐西市博物馆和西北大学博物馆也都免费开放,曲江池、天坛、未央宫、青龙寺等遗址公园同样不用花钱,可酌情安排。

利用优惠政策,比如学生票、碑林博物馆和西安城墙的100元联票,还有曲江艺术博物馆每月第一个周五的免费参观日。

陕西旅游年票(见261页方框)包含的景点越来越少,但仍可根据自己的旅行目标,考虑是否入手一张。大西线旅游年卡(见222页方框)对于关中西线的旅行者更适用。

在大唐不夜城可以逛仿唐风情街,看梦幻夜景秀。去南门洞听一场免费的乐队演出,会获得一次很有"西安味"的体验。

住宿

独自出行最好选青旅,五六十元就能住在钟楼旁、城墙根或四合院,还能认识新朋友,结伴包车、吃饭更方便。

几乎所有住宿都能在去哪儿、天猫、携程等网站上获得折扣;连锁酒店更推荐在品牌官网上预订,直销价格更便宜。

非旺季在私营民宿长居,通常可以和老板直接议价;大酒店则有可能获得最低折扣,或者办张会员卡,首次办卡说不定还有十分优惠的体验套餐。

遇上春节、"五一""十一"等热门假期,酒店价格可能日日攀升;一般来讲越早预订,心痛和后悔越少。

餐饮

面食是关中特色,性价比也高;biángbiáng面、臊子面……都是热食,10来块钱就能搞定一顿饭;面皮、冰峰、肉夹馍的"三秦套餐"一般也不超过20元。

➡ 在大馆子吃饭,可关注餐馆微博签到,或发朋友圈集赞,都有机会获得折扣;团购网站上的套餐也较实惠。

➡ 在游人如潮的热门区域,避开团队扎堆儿的食肆,多走一条街去本地人的馆子,既便宜又好吃。

交通

➡ 预订假期机票越早越便宜,通常提前一个月最好;淡季不妨多观察近期机票走势,可能提前半个月或一个礼拜买票最划算。

➡ 使用微信或支付宝的"长安通""西安地铁"乘车码不仅方便,还能和实体卡享受同样的公交5折、地铁9折优惠;有时候还会有周票、双周等套餐。

➡ 共享单车在西安、咸阳、宝鸡等城市覆盖情况良好,可合理利用去探访古城、游览渭河,开通月卡或周卡更实惠。

➡ "十一"等黄金周期间,西安北站和临潼兵马俑、华清池等景区之间可能会开通免费接驳大巴,详情可致电景区。

购物

➡ 直接从村镇匠人处买手工艺品,通常更便宜也能直接造福当地;书院门、永乐坊、回坊有碑帖和食品出售,但在书店、超市的特产专柜也有可能找到,一般也更实惠。

旅行淡季

➡ 大部分景区执行淡旺季制度,淡季票价通常只有旺季6折左右,自然风景区的感官体验会受一些影响,但人文景点不但没什么区别,反而因客流量减少而体验更好。

➡ 常规淡季的冬天(除去春节),住宿、机票等各方面开销都比旺季便宜很多;或者赶在"十一"黄金周后,价格一般会跌很多,但秋高气爽的北方,极其适合旅行。

左图:曲江艺术博物馆内藏品;
右图:肉夹馍。

计划你的行程
行前参考

何时去

西安

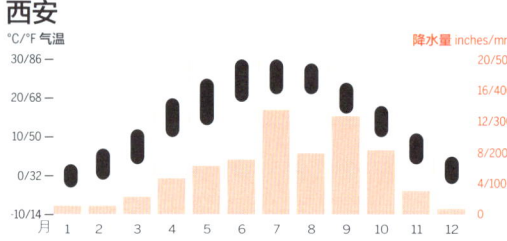

西安位于秦岭北麓的关中平原,四季分明。春、秋两季气候舒适,最宜来访。暑期炎热,但也正是旅游旺季。冬天气温跌破零摄氏度,除了春节外游人都较少。

春季(3月至5月)

春寒料峭,如对花粉和柳絮过敏可要做好准备。门票恢复到旺季价格,但游客不算多,酒店、机票价格常有惊喜。从前常见的沙尘暴,近两年几乎消失。

夏季(6月至8月)

旅游旺季同样火热的还有气温,7月底到8月中旬常有40℃高温,一场暴雨也起不了多少降温作用。周末环山线的农家乐,住满了避暑的城里人。

秋季(9月至11月)

9月常有"秋老虎",但一阵秋风一阵凉。秋高气爽的北方总是很怡人,悬铃木和银杏披金撒黄。秦岭户外进入最佳时期,漫山遍野的红叶赏心悦目。

冬季(12月至次年2月)

北方的冬天总有雾霾作伴,气温在零摄氏度上下浮动,近年来降雪总是姗姗来迟。博物馆和大部分人文景点的参观不受影响,过年期间的灯会、社火热闹无比。

语言

本地方言为西安话,属于关中方言的一种,外地人并不难懂。普通话通用无碍。

电话区号

西安和咸阳: 029
宝鸡: 0917
渭南: 0913
铜川: 0919

人口

西安: 1000.37万人

支付

银行网点和ATM到处可见,商场、热门景点、中高档酒店和饭馆都可刷卡消费,支付宝和微信支付更能走遍全城。

移动网络

4G网络的覆盖情况良好,即使在华山、翠华山、楼观台、太白山等秦岭景区,只要不出常规游览范围也上网无忧。

每日预算

经济：250元以下

➡ 住青年旅舍的铺位（40~70元），靠共享单车、地铁、公交等出行（市内日均15元），就餐有吃不完的小吃（每餐15~30元），各大博物馆、许多寺庙免费参观，碑林、城墙、兵马俑等必游景点也不会太破费。

中档：250~500元

➡ 住宿可在快捷、商务酒店和中档民宿之间选择（120~250元），市内出行可适当打车（日均50元），在小吃、烧烤、炒菜间换换口味（每餐20~60元），购票游览大部分景点，晚上可以去看相声或者听秦腔（100元）。

高档：500元以上

➡ 四五星级酒店和高端民宿（300元以上），出行打车为主（市内日均100元），吃饭随便挑馆子，去陕西历史博物馆看地下壁画展、华山和太白山双程索道、人文景点请讲解、汤峪泡温泉、看华清池的仿唐乐舞演出。

行前提醒

提前30天　"十一"黄金周或暑假去西安，热门住宿最好提前一个月预订。

提前15天　查询特价机票，计划去秦岭参加户外活动可以在相关论坛寻找活动组织了。

提前7天　翻阅"陕派作家"的作品，看纪录片、历史剧或穿越题材作品，酝酿"梦回长安"的情感，预订陕西历史博物馆的门票。

提前1天　准备行李，看一集《武林外传》，熟悉一下佟掌柜的西安话。

带什么

预防水土不服的医药　西安气候干燥，吃饭又以咸辣为主。可适当准备腹泻药、唇膏、维C片等。

舒适的鞋　带上运动鞋，以防没有计划登华山、却在西安临时改变主意。若还要去太白山等地，登山鞋更佳。

驾驶证　长安区串游佛寺和沣峪，去蓝田泡温泉，探访周至老县城，在咸阳探访汉唐帝陵，租车自驾更便利。

理智和情感　城市各有性格和弱点，若遇出租车司机拒载、餐厅服务员怠慢等不尽如人意处，可选择投诉或一笑置之。

抵达西安后

➡ **西安咸阳国际机场**（见263页）

城际轨道　16元到北客站，19元到钟楼

机场巴士　25元到钟鼓楼、陕西历史博物馆、火车站、西稍门、南稍门等地

出租车　120元到西安市中心

➡ **西安站**（见264页）

公交　2元到钟楼，手机支付1元

➡ **西安北站**（见264页）

地铁　3元到钟楼

➡ **陕西省西安汽车站**（见264页）

公交　2元到钟楼，手机支付1元

　　更多信息请参见263页"交通指南"。

网络资源

陕西省文化和旅游厅（微信公众号：sxtours）虽然源自官方但内容做得还不错，常有令人惊艳的美景推荐。

老妖带你吃西安（微信公众号：laoyao dainichixian）几乎每个西安年轻人都有关注，跟随他寻找记忆中的味道。

西安本地宝（微信公众号：xianbdb）更新比较及时，会发布不少景点的最新动态。

西安城记（微信公众号：xianchengji）聚焦西安历史人文和规划发展的脉络相承。

西安潮生活（微信公众号：xacsh029）吃喝玩乐一网打尽。

华商论坛（bbs.hsw.cn）陕西省最大的本土社区论坛，有户外板块。

更多信息请参见250页"生存指南"。

高家大院。

和当地人吃喝

西安和关中的历史绵长高昂,孕育出的美食也是酸香绵绵、辣味激昂,对面食的开发更是自成一体、蔚为大观。这里的美食远称不上玉盘珍馐,但正如陕西人的性格一般,粗犷豪放又实实在在。陕菜也不像其他几大菜系那样能紧跟时代,对传统的坚持和自信仍是主流,老陕们的一句"嫽咋咧(好吃)"就是最好的评价。尽情敞开胃口,也许你会将西安评为"北方最好吃城市"之一。

酸辣二重奏

在西安走进餐馆,桌上永远会摆放着两个调味瓶。

一瓶是**醋**。老陕吃醋虽不如山西那么有名,但山川相连,同样偏爱酸香这一口。宝鸡市岐山县酿醋最有名。这里号称"陕菜之乡",是周王朝的发祥地,相传岐山醋的历史就可追溯到那时,当地还有姜子牙自封醋坛神的传说。岐山臊子面的灵魂便是用香醋燣(lán)的肉臊子,酸味渗入肉丁让人食欲大开,也起到了天然防腐剂的作用,可以保存好几个月。很多老陕家里会常备一瓶肉臊子,调面、炒菜、夹馍……随时取用。

另一瓶是**油泼辣子**。"陕西八大怪"中的其中一"怪"就是"辣子是道菜",贾平凹也写过"没有辣子嘟嘟囔囔"。制作油泼辣子各家各有秘方,精心选择的辣椒面、芝麻、各种香料必不可少,有的还会加入白糖;油温的拿捏全靠经验,低温、中温、高温,三次分别泼熟、泼香、泼红。这样泼出的辣子颜色特别鲜艳,但通常不会太辣。蒸馍夹上油泼辣子可以当成一顿饭,各家凉皮受欢迎程度的重要标准,也要看他们的油泼辣子是否合胃口。

面条就是饭

"调一碗粘面喜气洋洋"正是"没有辣子嘟嘟囔囔"的前句。如果说酸辣是陕西美食的精神所在,那么面食就是实实在在的物质基础了。"八百里秦川"的关中平原是中国第四大平原,温带季风性气候让这里尤其适合种植小麦。哩(dié)面正是关中人的饮食根本,聪明的人们也顺势将其发展成了一种文化。

在老陕眼里,面的薄厚、宽窄、嚼劲儿都是重要的影响因子。机器压面只是为了赶时间的无奈之选,好面条一定得先花功夫把面团反复揉上劲,有了手的温度,吃到嘴里才暖心暖胃。每年6月中旬收割麦子,晾干后磨成面粉的新麦固然好吃,但也比不过去年的老麦,它们"出过汗"才更有筋度。

岐山臊子面在陕西面食大家庭中举足轻重,在《舌尖上的中国》第一季就早早亮过相。最正宗的吃法是"一口香",也就是一小碗汤只有一筷头的面,一口就能吃完,捞干净了配菜和臊子,就可以换下一碗了。邻县的**扶风臊子面**也小有名气,因臊子的做法不同,面不辣也不是特别酸,口味较平和。

扯面更家常,过去几乎每家媳妇都有一手扯面的好工艺。扯出的面条劲道、口感佳,因此衍生出五花八门的吃法。"陕西八大怪"里的**裤带面**就是一种扯面,状如其名,像裤带一样宽。**油泼面**指面煮熟后装碗,再放干辣子面、葱花和时鲜青菜后泼热油进行二次加工,最常用的面正是宽扯面或裤带面。

biángbiáng面其实也是油泼裤带面,不过面已被揪成了一段段10余厘米长的面片,配菜也丰富一些。

关中各地都有拿得出手的面条,比如鄠邑摆汤面、合阳踅面、大荔炉齿面、杨凌蘸水面、武功旗花面、礼泉烙面……还有菠菜面、醋糟粉等,是在面粉中相应加入了其他材料;而在靠近陕北黄土高原的地方,韩城羊肉饸饹也是远近有名的美味。除了条状的面食,还有坨坨面、麻食、漏鱼儿……吃一年都能不重样。

小吃还是面

面粉到了陕西人手里变化出无数可能,除了面条,肉夹馍、羊肉泡馍和凉皮这西安小吃"三巨头",也都是以面粉为主体。

肉夹馍似乎语序有误,但西安人会告诉你,这是古汉语"肉夹于馍"省略了介词。夹馍是一种全球通用的吃法,老陕把它发展得登峰造极,内外组合眼花缭乱。

● **腊汁肉夹馍** 肉要在老汤里熬得软烂醇香,馍要外酥里软的现烤白吉饼。

● **潼关肉夹馍** 俗称热馍夹凉肉,馍是油酥饼一样的千层烧饼,夹凉肉口感更佳。

● **臊子肉夹馍** 西府宝鸡各县的特色,臊子肉酸香过瘾,红油渗到馍里也增味。

● **锅盔牙子** 咸阳老城里的特色吃法,可以看作精致版的肉夹馍。

● **清真夹馍** 回坊的穆斯林有腊牛肉、腊羊肉夹馍,以及荷叶饼夹粉蒸肉。

● **XXX夹馍** 什么都可以夹,鸡蛋、土豆片……甚至还可以夹擀面皮。

羊肉泡馍也有着悠久历史,北宋大美食家苏东坡说的"秦烹唯羊羹"便是指它。外地人熟悉的是回坊里的"煮馍"吃法,其实整个关中大地的老百姓,都爱泡着吃。

● **羊肉泡馍** 用"死面馍",这也是粗犷的关西大汉为何要将馍掰得指甲盖大小的原因。

● **小炒泡馍** 配菜丰富,还会添加醋和油泼辣子，因此味觉和视觉都比较"重口味"。

➡ **水盆羊肉** 渭北汉族地区流行的泡馍，月牙饼可泡汤，也可以捞肉夹进去吃。

➡ **葫芦头** 西安城里的名吃，葫芦头是猪大肠的雅称，泡馍、小炒都可以。

➡ **豆花泡馍** 听起来很奇葩的组合，但是让西府凤翔、宝鸡等地的人们爱不释口。

➡ **羊肉泡** 和羊肉泡馍只差一个字，但泡的是锅盔或麻花，流行在宝鸡、咸阳一些地方。

➡ **凉皮** 是更加脍炙人口的陕西小吃，随便找一个小摊小店，叫一份凉皮再配上一瓶汽水就是一次快餐，再就着一个肉夹馍，就成了标准版的"三秦套餐"。

➡ **麻酱凉皮** 口感较软，但也是用面做的，浇在上面的芝麻酱是味觉的点睛之笔。

➡ **擀面皮** 口感偏硬，有些人偏爱这种嚼头，喜欢的话可以再叫一份呱呱。

➡ **烙面皮** 正如其名是烙出来的，尝着有些脆，和擀面皮一样在西府小店更地道。

➡ **秦镇米皮** 终南山下峪水丰富可产稻米，秦镇用米浆蒸的凉皮丝毫不逊于面皮。

➡ **汉中热米皮** 秦岭南麓过来的陕南小吃，通常还会再伴着一份菜豆腐。

怡情甜与酒

➡ **水晶饼** 被誉为秦式糕点之首，德懋恭所产最正宗，慈禧太后返京后钦点为贡品。

➡ **蜂蜜粽子** 南方人的粽子在大西北变得秀气起来，放凉了再抹上蜂蜜格外甜糯。

➡ **甑糕** 源自于甑这种古老炊具的糯米甜糕，配料还有红枣、红豆等甘甜果实。

➡ **镜糕** 也是以糯米为主，但放在小巧竹笼中蒸出来，外形玲珑，也没那么黏牙。

➡ **酸梅汤** 历史名城的酸梅汤，也有从长安宫里传入民间的说法，古名土贡梅煎。

➡ **冰峰汽水** 西安版的北冰洋橘子味汽水，顽强延续到这个时代的地方饮品。

荷叶饼夹肉。

➡ **黄桂稠酒** 米酒的浓稠升级版，加入甘醇的桂花提味，相传"李白斗酒诗百篇"饮的就是它。

➡ **西凤酒** 共和国初评"四大名酒"赫赫在列，"凤香型"口感十分浓烈，有一股辣味。

学着老陕吃
十二时辰美食令

西安人一日三餐都可在面食界打转。许多外地人会把分量十足的羊肉泡馍放在午餐或晚餐来吃，但在老西安的传统里，泡馍要赶早吃，清晨的羊肉汤也更鲜美。

午、晚餐常在油泼辣子biángbiáng面和"三秦套餐"间随意调换。等面时记着问伙计要一碗面汤、几瓣生蒜。就着生蒜，面吃得差不多了，汤温度刚好，俗语"原汤消原食"。

宵夜是烧烤和涮牛肚的天下。近年西安夜市整治得很厉害，好在城北的龙首原夜市历

经整改辉煌依旧。你也能在一些路口和居民社区外找到小规模夜市,或者还是去回坊。

走街串巷找老店

这是放之四海而皆准的道理。在回坊,避开北院门、西羊市,就有望找到并不是一心想红的老字号食肆。大皮院、洒金桥已开始"网红"化,试试往小学西巷、西仓等地找一找。

南门旁的大车家巷,天主南堂旁的五味什字和夏家什字,东门旁的尚俭路,小寨旁的红专南路都是老店云集。西安人常说"能摆出来的都好吃",居民楼下的小店就卧虎藏龙。

这些老字号和小店大都没有强烈的服务意识。很多事情都需要自助,但老食客喜欢的就是这种老地方、老伙计、老味道。这里完全不用拘束,尽可以大声说话,大口吃饭。

地道还是原产地

岐山、宝鸡、乾县、蒲城、鄠邑等以美食臊子面。

闻名的城镇,或有民俗村,或在农贸市场辟有小吃区。随便找一家,也要比西安城里打出当地招牌的店更地道。

关中很多乡镇的街道如今还在定期举办露天大集,卫生情况可能欠佳,但体验十分原生态,并且能看到本地人端着碗、跐(蹲)着吃。

陕菜要去大馆子

陕菜并未包含在中国八大菜系之中,但随着传统美食的复兴,也慢慢有了重新发展之势,近年来还出现了很多以新派陕菜为卖点的"网红"餐厅。葫芦鸡、烩三鲜、带把肘子都是关中道上的菜肴,同时也将陕北的羊肉、陕南的山珍河鲜等收纳进了陕菜名单。陕菜主味突出,滋味纯正,有一种四平八稳、量大实在的感觉,大馆子质量更有保证,比如西安饭庄这样的老字号,或者醉长安等"网红"连锁店。

秦岭金丝猴。

家庭游

为何去

十三朝古都西安是中国最成熟的旅游城市之一,食宿和交通配套设施完善,华山、西安、咸阳、宝鸡等地已经纳入全国高铁网,西安周边城区均可由高铁或高速公路通达;在秦岭的护佑和黄河的滋养下,西安及周边气候适宜,物产丰饶;而精彩纷呈的人文景观、花样繁多的关中美食、丰富多彩的西府民俗,再加上成熟的旅游市场,都非常适合来一次家庭出行。

计划行程

家庭出游不能是一场说走就走的旅行,计划行程非常重要,最好先征求孩子或老人的意见,或与他们一起规划行程。孩子出行多在寒暑假期,不要一味追求教育意义,别让他们在作业之外增加更多强迫学习的负担。出发之前,让孩子先熟悉目的地地图,给他们讲几段发生在西安的历史故事,增加孩子对西安的兴趣。有老人同行的行程不宜安排得太过紧密,注意劳逸结合,住宿最好提前预订,让家人有充裕的休息时间,以适应陌生的旅途环境。

出发前不妨读一读Lonely Planet 推出的《带孩子旅行》和《带父母旅行》,书中有很多实用的旅行建议,教你在家庭出游中如何玩得健康、安全又尽兴。

健康和安全

总的来说,西安地区在健康卫生方面是比较安全的旅游目的地,但也不能就此掉以轻心。

携带物品建议

根据孩子、长辈的年龄与健康状况，需要携带的东西也会有所不同，但以下物品应该能让你的旅行更顺利。

➡ 家庭小药箱，放入泰诺、黄连素片、创可贴、达克宁、藿香正气液等常用药品。

➡ 免洗洗手液、消毒湿纸巾等，让贪玩的孩子也能注意个人卫生。

➡ 一台轻便的微单相机，随时捕捉家庭出游的快乐场景。

➡ 一个小钱袋，让孩子与长辈在身上备点零钱。

➡ 保温良好的水壶，让老幼能随时喝到热水。

➡ 塑料密封袋，可以装玩水时湿掉的衣服。

➡ 冬天带上保暖贴，夏季记得带上帽子等遮阳用品。

出发之前，确保家庭成员都处于健康状态，不要带病上路。如平时患有某方面疾病如心脏病等，则旅行时需格外小心，最好选择气候宜人的春秋两季前往，在决定出发之前征询医生意见，出发时带上病例、用药记录等文件。行李中装上止泻药、消炎药、感冒药、晕车药等家庭常用药品。

西安地区较少出现极寒极热天气，但夏天也有可能出现持续高温，暑假期间带孩子和老人出行，备齐防晒霜、驱蚊液和藿香正气丸等物品，做好防晒措施，避免晒伤和中暑。关注天气预报，如遇雷雨天气请暂停行程。在秦岭众多森林公园游玩时，请加强告诫和看管，避免孩子在登山和水边出现意外情况，同时也要注意避免孩子被蛇袭击和昆虫叮咬。

出发前最好为全家人购买旅行意外险。如果规划了户外活动，可选择承保多种热门户外运动项目的险种。

如果选择自驾出行，要为适龄儿童配备安全座椅；多走高速及国道省道，路况较好；深入秦岭山区，在狭窄山路上行驶时要注意安全，尽量选择观景台停车拍照，要注意夏季暴雨可能带来的山区路段地质灾害。

住宿

西安旅游酒店业极其发达，各种住宿档次都有。品牌连锁快捷酒店通常能提供快速入住及退房服务，地段位置较好，不少都在地铁口附近，尤其适合拖家带口出行。不少快捷酒店会提供家庭房，通常是一张1.5米宽的大床加一张1.1米宽的小床，请提前咨询并确定。袁家村、党家村等地农家乐和民宿提供的大炕床也比较适合一家三口入住。

西安及周边有不少温泉度假村、生态度假酒店，环境清幽，亲近自然，更适合带长辈出行或预算较为宽裕的家庭。如果家庭出游计划在西安呆较长时间，可考虑在Airbnb（zh.airbnb.com）上预订短租公寓，自己做饭，在旅行中也能享受家庭氛围。

需要注意的是，在春节、国庆长假和暑期等旺季，西安各地房价普遍上涨，且房源较为紧张，建议提前预订并支付房费。

更多住宿内容见250页生存指南。

餐饮

西安及关中地区食物以面食和牛羊肉为主，口味偏酸咸，点餐时可以关照厨师少盐少辣。回坊的特色甜食，如甑糕、黄桂柿子饼、鸡蛋牛奶醪糟、绿豆糕等，比较适合老人的口味，孩子们还可以尝尝醪糟味的冰激凌。总的来说，在西安地区不用担心家人的就餐问题，只是要注意，这里的饭菜分量都偏大，点餐时不要浪费，此外，部分牛羊肉食物偏油腻，请适当控制食量，孩子与老人的肠胃可能适应不了。

交通

西安城区地铁与公交车四通八达，绝大

多数景点都有公共交通可达,滴滴等打车软件使用也非常方便。近郊多数景点都有景区直通车可达,适合举家出游,省时省力。若与家人去周边游玩,自驾是较方便的选择,西安咸阳国际机场、西安火车站、西安北站、鼓楼等地都有租车门店,支持异地还车。

更多信息见263页交通指南。

折扣

西安地区多数景区对儿童和老人执行门票优惠政策,一般而言,65周岁以上的老人(需出示身份证)、1.2米以下或6岁以下儿童可以免票,1.2米以上儿童或6岁至18岁学生,持学生证或户口簿可以享受门票半价优惠。

带孩子坐客运班车,不单独占座、身高1.2米以下儿童免票,需在购票时向售票员说明情况。身高1.2~1.5米的儿童可买有座位的半价票,请在客运站售票处购票,以保障孩子座位权益。

乘坐火车时,1.2米以下的儿童免票(不占座位或铺位),1.2~1.5米的儿童可买半价票。但儿童如果要单独占铺位,基价(相当于硬座票价)以上的部分是不打折的。

孩子们的西安
人文景观

孩子们的西安之行可以从**陕西历史博物馆**(见110页)开始,在这里阅读每一件文物背后的历史故事,然后再去**大明宫**(见130页)考古探索中心亲手体验发掘的快乐,去**半坡博物馆**(见128页)尝试像史前人类那样钻木取火,去**秦始皇帝陵博物馆**(见160页)看看秦帝国的军队是如何列阵的,或是去西安**碑林博物馆**(见66页)欣赏笔墨书写出来的中国书法艺术史。西安不少博物馆在暑期都会举行各种主题研学活动,可事先在官网上查询或电询具体时间。此外,事先与孩子沟通好博物馆参观礼仪很重要,比如不大声喧哗、不触摸文物、不随意拍照等。

华山上的同心锁。

自然课堂

不要错过秦岭山脉这座天然地质博物馆,在**翠华山**(见168页),孩子们可以一边游山玩水,一边实地了解到各种奇特的地质地貌,夏季可以在这里滑草,冬天可以滑雪。**太白山国家森林公园**(见218页)为孩子们提供了真实的高山博物课堂,在**秦岭**(见170页方框)中孩子们将有机会亲近包括"秦岭四宝"在内的很多只有在书中和动画片中才能看到的动物。大一点的孩子,可以带他们去爬**华山**(见200页),身体力行"华山天下险"的刺激。

游乐世界

当然,也不能让孩子的西安之行都在各种学习中度过,**大唐不夜城**(见121页)、**白鹿原影视城**(见166页)、**中国·周原景区**(见225页)、**袁家村关中大观园**(见210页)等地有各种游乐设施,就让他们尽情地撒欢儿吧。

秦腔演出。

与"银发族"同游
怀旧慢行

西安城区非常适合带父母来一次慢旅行,漫步**城墙**(见62页)之上,将东、西、南、北风景尽收眼底,或者干脆走进城墙根下的**环城公园**(见65页),体验一回老西安人的慢生活,再去**回坊**(见70页)品尝关中小吃、清真美食。西安城的夜晚也不仅仅属于年轻人,可以带父母去**青曲社**(见91页)坐坐,一杯清茶就一段陕派相声,或者去**易俗社剧场**(见92页)听一曲沧桑的老秦腔。

西安近郊和周边适合老人前往的目的地也很多,**华清宫**(见162页)西安事变遗址、鄠邑区农民画展览馆(见179页)等地很容易让他们回想起20世纪诸多风云往事。

休闲养生

陪老人欣赏秦岭山水,徜徉于古寺佛塔,很适合放松身心。再走进**关中民俗艺术博物院**(见172页),穿行于明清古宅中,再现"悠然见南山"的旧日生活。带父母去**楼观台**(见214页)拜一拜各路财神,无关迷信,就是图个开心;或者带他们去**药王山**(见244页)上走一走,说不定还能学到一两招养生之道。玩累了,就在东西**汤峪**(见167页)找家酒店住一晚,泡泡温泉。

在路上
本书作者 孙澍

骑行到北城墙时已近黄昏,陇海铁路的列车鸣笛悠悠,我的影子也被夕阳拉得格外长。继续向东,火车站的"西安"两字灯光渐亮;它们看起来很像"面皮",让我顿时饿了起来。

进一步了解我们的作者,见271页。

钟楼和鼓楼。

城墙内

城墙内

"十三朝古都"西安有幸保存了中国最完整的一座古代城池。高墙深河构筑的防御体系、钟楼鼓楼定义的封建规章、碑林石刻记录的不朽篇章、回坊老街散落的深巷古寺……都将国家第一批历史文化名城的风采展露无遗,日新月异的现代化发展也无法抹除时光的印迹。而在大历史的框架下,城墙根的百姓生活简单又充实,同样处处映射着文化的传承。清晨在羊肉泡馍馆和邻桌谝闲传,一边慢悠悠地将馍掰成绿豆大小;午后环城公园的树荫下最适合乘凉,抬眼就能看见连绵不绝的青灰垛口;晚上再赶一场秦腔或相声,用传统曲艺作为一天精彩生活的结尾(为便于陈述,紧贴城墙外的环城公园也放在这一部分介绍)。

☑ 精彩呈现

西安城墙 62
碑林博物馆 66
钟楼 68
回坊 70
就餐 84
娱乐 91
购物 94

何时去

➯ **12月至次年2月** 从春节前到元宵节,城墙、都城隍庙、永乐坊都在认真过年。

➯ **3月至5月** 春暖花开,百年槐树抽枝发芽、新绿一片;2021年至2028年的开斋节也都在春季。

➯ **6月至8月** 气温可达35℃以上,西安夏季并不好过,但挡不住汹涌的游客潮。

➯ **9月至11月** 卧龙寺、环城公园都有银杏落叶铺地,秋雨过后在城墙上远望,终南山格外清晰。

城墙内 55

城墙内亮点(见58页)
1. 西安城墙 2. 碑林博物馆 3. 回坊美食
4. 陕派相声 5. 钟鼓楼 6. 建筑上的"中国风"

实用信息

地铁4号线的火车站在调研时尚未开通;注意钟楼西/南、南门里/外之类公交站点的区别,它们可能相隔较远,别下错站。

在我们看来,每晚都去回坊吃喝也嫌不够;永兴坊虽是纯商业开发,但能尝到陕西各地特色;五味什字等居民区小路藏龙卧虎。

顺城南路的客栈、青旅可让你体验住在城墙根下的感觉;钟楼住宿档次齐全;回坊里多为小旅馆,晚上可能受到夜市影响。

如果你有

1天 上午在回坊漫游,除了美食记得挑一两座清真寺拜访。之后登临钟鼓楼,再由含光门上到西安城墙,并完成环城一圈的骑行之旅。晚上去永兴坊打卡"网红"店。

2天 "一日之计在于晨",上午就留给碑林吧。下午沿城墙根骑行,网罗其他小众景点,同时感受环城公园的风采。晚上听一场欢乐的陕派相声,再到回坊享受夜宵的乐趣。

西安交通大学的梧桐树。

当地人推荐
用镜头记录西安

常立为,旅游达人,摄影发烧友。

哪里能拍出更具"西安味"的照片?

我比较喜欢回坊的"档子",也就是西仓那一片,每逢周四和周日都有热闹的露天集市,可以拍到老西安人买卖的场景。和其他大城市一样,西安的老街巷保存得也不多了,除了回坊,在习武园、下马陵等地也能偶遇一些零零散散的怀旧街景。我还很推荐在南门城墙上回望钟楼,南大街的高楼大厦和整齐路灯,引导着机动车流通往钟楼,这里拍一张照片就能阐释出很多经典主题。拍摄城墙也是南门这一带最好的角度,往东或者往西1公里范围内,重重叠叠的马面很好构图,从瓮城或城门看出去,也有不错的视角。

"网红"城市带来什么样的新风景?

除了大唐不夜城这样的"网红"景点,我认为一大亮点便是"汉服风景线"——汉服虽是传统文化,但也是时下的"网红"。比如在曲江池,水景公园点缀着仿唐风格的楼阁,身着汉服旅拍的外地游客穿梭其间,十分应景。小雁塔、大兴善寺、青龙寺等几座不算很热门的寺庙,以及大雁塔旁边的大慈恩寺遗址公园,也是汉服拍摄常去的地方;不过青龙寺要避开樱花花期,那几天人实在太多了。郊区的世

西仓花鸟市场。

界园艺博览园和鲸鱼沟,草长莺飞或者"幽篁里"的自然环境同样很有古韵,也有不少汉服爱好者前往那里。

能否再推荐几处拍摄地?

西安交通大学的校园就很值得一拍。那里有很多高大笔直的法国梧桐,每年也有一段樱花季;校园里还能遇见各种学生社团活动,拍照主题因此也更丰富。浐灞国家湿地公园隔河就是高陵区,地处偏远但也更好地复现了"八水绕长安"的风情,冬天还有许多候鸟筑巢于此,可以去那里拍鸟。

☑ 不要错过
◎ 最佳历史景点

➔ **西安城墙** 虽是明清的府城墙,但历史可以追溯到唐长安的皇城,由于明初对西安的重视,城墙建得无比坚固。(见62页)

➔ **碑林博物馆** 什伐赤、白蹄乌、特勒骠、青骓——哪怕只冲着"天可汗"李世民这4匹战马的浮雕原件,也值得一游。(见66页)

➔ **大学习巷清真寺** 明代大航海家郑和主持重修的历史背景,为这座中式传统建筑风格的古寺平添了几分传奇色彩。(见71页)

✗ 最佳特色美食

➔ **高家烤肉** 背街胡同里的老字号,艳俗的霓虹灯牌充满年代感;虽然价格已有上涨,但仍然实惠又好吃。(见84页)

➔ **一真楼** 面对"坊上"五花八门的羊肉泡馍馆,不妨跟着陈忠实的推荐走进这家地道老店;一定要慢腾腾地手动掰馍。(见87页)

➔ **白翔甜食店** 尝过烤肉和泡馍的肉香,随着穆斯林对甜食的执着,在这里开启一片崭新的味觉天地。(见88页方框)

◎ 最佳人文体验

➔ **漫步回坊** 吃固然重要,也别忘了体验唐朝里坊制的遗风,还能在伊斯兰教、佛教、道教和儒家氛围之间快速切换。(见74页)

➔ **骑行城墙根** 游完碑林和城墙那样的大景点,再抽出半天时间,踩着共享单车在城墙根"扫荡"小景点。(见82页)

➔ **青曲社** 西安的老牌相声社,虽名气不及德云社,但票价要便宜多,捧哏、逗哏间的默契配合也是不遑多让。(见91页)

城墙内亮点

❶ 西安城墙

这是中国古代保存至今最完整的城墙，平直端正又有4座碧瓦朱甍的老城门。最酷莫过于骑行城墙这种极具西安特色的玩法，用车轮感受那凹凸不平的青砖颠簸，环绕一圈将西安老城的东、西、南、北尽收眼底。若要融入老西安的日常生活，还请下到城墙根，在顺城南路感受老街坊的闲适和笃定，在南门城门洞的夜色中听"野生live"，在环城公园看遗产保护和城市发展如何并行不悖。（见62页）

❷ 碑林博物馆

书法爱好者会在这里寸步难移，从小就开始临摹的经典字帖的原初版本让人目不转睛。其他人也能在这座中国最大的石刻宝库收获乐趣：如雷贯耳的历史人物真迹就在眼前，《论语》《诗经》的名言警句组成迷宫；石碑上刻画的"关中八景"令人向往，拓碑揭纸时四溢的墨香引人围观；还有那石犀石马记录着功过是非，断臂菩萨则勾起无限遐想。碑林号称有19件国宝，数一数你找到了几件。（见66页）

❸ 回坊美食

沿着丝绸之路来到长安的穆斯林，繁衍生息千余年，早已和这座古都融为一体。他们定居在"最市中心"的钟鼓楼旁，酸甜咸辣的清真美食正是回坊最出名的标签。善于经商的回族将美食经济玩得滚瓜烂熟，但只要告别北院门等飘着旅行团小旗的热门地带，便能找到许多当地人解馋的馆子。在这里最具烟火气的体验，就是和晨祷后的白帽老人一起，慢悠悠地在羊肉泡馍馆掰馍。（见70页）

左图：西安城墙及护城河；
右图：永宁门夜景。

④ 陕派相声

叫一份瓜子果盘，捧一杯茶水，享受2个多小时的曲艺乐趣，看传统的"哏"遇上流行的"梗"能碰撞出什么样的火花，让你一路捧腹，体验西安夜生活的另一种方式。主打"喵汪二人组"的**青曲社**（见91页）在全国相声界闯出了一片天地，欢快间"青云直上，曲故情长"。更年轻的"鲈鱼组合"创办有**相声新势力茶馆**（见92页），能让你突然切换到《欢乐喜剧人》的频道。

⑤ 钟鼓楼

"晨钟暮鼓"的报时功能早已消失，西安市区的范围也超出了城墙很远，但钟鼓楼仍是西安人心中的中心。据称它们初建时朱元璋有迁都西安的设想，因此遵循了国都级别的规格，成为全国明清官式建筑的代表。大气开朗的**鼓楼**（见69页）宣示着"文武盛地"的豪迈气概，乐高积木般的**钟楼**（见68页）更拥有东方文化完美的四面对称造型。登上钟楼俯瞰4条大街的车水马龙，西安现代感的一面跃然眼前。

⑥ 建筑上的"中国风"

海纳百川的长安，所有建筑不论出身，几乎都会沾染上"中国风"。回坊的清真寺反倒成了西安城内保存最好的中式古建筑群，**化觉巷清真大寺**（见70页）的飞檐斗拱、砖雕照壁是主旋律，伊斯兰文化的特征只作为点睛之笔。**五星街天主教堂**（见77页）也在你走近时，一步步揭开它"西安人"的身份。**围绕钟楼的近代建筑**（见69页方框），其苏式主体同样能找到中国风格的屋顶和浮雕。

碑林石刻艺术馆的佛像。

回坊中售卖秦椒辣椒粉的摊位。

青曲社的相声演出。

鼓楼。

化觉巷清真大寺。

★ 最佳景点
西安城墙

西安古城墙仿佛一枚印章，仍牢牢地戳在西安市的中心。它标记着长安城的历史方位，护佑着一代代西安人心底的归属感，也用清灰古朴的连绵城垛，将从现代交通工具上下来的旅行者迅速拉入历史文化名城的情调中。百余年前的晨钟暮鼓、马帮驼铃不复响起，高楼大厦和现代交通日新月异，但中国古代的城市体系、建筑经验等密码仍能从这些方方正正的城池格局中读出。"中国明清城墙"申请世界遗产已提上议程，西安城墙正是其中的实力代表。

（各城门见95页地图；☏8727 2792；www.chinaxiancitywall.com；门票54元，和碑林联票100元；◎见各城门；Ⓜ见各城门）

西安城墙夕照。

从长安皇城到西安城墙

唐朝末年长安城居民流散，城市凋敝不堪。公元904年，后来的后梁太祖朱温胁迫唐昭宗迁都洛阳。留守长安的佑国军节度使韩建审时度势，放弃了外郭城和宫城，只保留皇城作为新的长安城。之后的五代、北宋、金代和元朝，长安城垣都维持了这一规模。

明初出于各种考虑，朱元璋十分重视关中的地位。他不仅设立西安府，还将次子朱樉分封为秦王，并下令扩建西安府城池。城墙分别向东、北扩展约1/3，形成了如今所见的规模，因此也被后世称为明城墙。16世纪末，城墙外壁和顶面砌上青砖，土城变砖城。

近代山河破碎，西安城墙也频受损伤。抗战时期日机轰炸西安，城墙上一口口防空洞以另一种方式护佑着苦难的人民。中华人民共和国成立后，西安城墙差点步北京的后尘被完全拆除。好在西北财力不足，当年西安城墙最大的损失是火车站广场在扩建的过程中，附近的500多米墙体被毁。

20世纪80年代，西安被列入全国第一批历史文化名城，修复西安城墙成为全民参与的另一场政治运动，如今的青砖也大都是在那时补上的。当2005年火车站段城墙合拢，明城墙又成"完璧"。作为中国现存规模最大、保存最完整的古代城垣，西安城墙实至名归。

九方城门登城墙

西安城墙共开放了9个登城口，最受欢迎的是**南门（永宁门）**（◎8:00~24:00；Ⓜ永宁门）。随着2013年南门箭楼的重建，这里成为各城门中唯一一座闸楼、箭楼、城楼三楼齐备的。南门每天有3场免费的仿古演出，分别是9:30的开城仪式和10:30、16:30的武士军阵表演。夜落灯起，永宁门的交通盘道化作免费秀场，城门洞中的"野生live"是最具西安特色的现场音乐演出。这里的"听南门说"和"长安里"两大土生乐队已在网络上做出品牌，他们通常在周三、周五、周六的22:30开始献唱，和拥趸们一同伴着音乐狂欢到半夜。

除了南门和**含光门**（见64页含光门遗址博物馆），南城墙另外2个登城口是**文昌门**（5月至10月 8:00~19:00，11月至次年4月 8:00~18:00；M永宁门）和**和平门**（同文昌门；M和平门）。文昌门下就是碑林，这一段的城墙上也建有护佑功名的魁星楼；和平门上则可向南眺望大雁塔。

西城墙只开放了**西门（安定门）**（同文昌门；M玉祥门）。瓮城里有甜水井，旧时西安许多井都是咸卤水，而这里甘甜的井水滋养了好几代人。西门可溯源到唐长安皇城的顺义门，每逢夕阳将门洞染得金黄，仿佛将有西域各国的使臣从丝绸之路的时空隧道中走来。

北门（安远门）（同文昌门；M北大街）的城楼在辛亥革命时被毁，今天所见的是复建品；这里号称"古城第一门"，可俯瞰墙外铁路、高架、大街组成的现代交通景观。西安火车站旁的**尚德门**（同文昌门；M五路口）也可登城。

东城墙2个登城口**东门（长乐门）**（同

亮点速览

➡ 用自行车的双轮压过青砖，完成城墙上的时空之旅。

➡ 逛西南、东南城角下的环城公园，过城墙根下的生活。

➡ 在北城墙西段看"西安人的城墙下是西安人的火车"。

➡ 凝视含光门的唐城墙遗址，数一数黄土层的历史年轮。

➡ 深夜走进永宁门的城门洞，用手机充当荧光棒，照亮"野生"音乐派对。

文昌门；M大差市）和**中山门**（8:00~21:00；M朝阳门）离得很近。中山门下就是近年来人气爆棚的民俗美食街区**永兴坊**（见80页）。

重温大唐的两种形式

玉祥门向南不远处开始，由此到西南城角再折往文昌门附近，这段西、南城墙藏在包砖

含光门遗址博物馆。

下的黄土墙体，可追根溯源到唐长安皇城。

你可以在**朱雀门**遥想唐长安城中轴线朱雀大道（天街）的景象，但钻入不远处城墙里的**含光门遗址博物馆**（☎8763 8548；莲湖区含光门内；持西安城墙门票参观；🕗8:00～19:00；Ⓜ省人民医院·黄雁村），亲眼见证唐代遗址更为直观。含光门是长安皇城的三座南门之一，遗址博物馆的**五期城墙断面**层次分明，如同一组展示隋唐、宋元、明清及近现代时期不同风貌的年轮密码；"镇馆之宝"**隋唐过水涵洞遗址**就是长安城地下供水管网中的一段，一些专家认为它的先进程度甚至超出了目前某些城市的相应设施。城墙上下都有通道可进入这座博物馆。

重金打造的实景演出《**梦长安——大唐迎宾盛礼**》（☎8728 3602；碑林区南门广场和瓮城；票价260元，含西安城墙门票；🕗4月初至10月底 每周四至周日 20:30～21:20，"五一""十一"黄金周期间有加演场次；Ⓜ永宁门）虽说运用的都是现代科技的光影音舞，但依托着气势恢宏的南门景观带，还是在一定程度上达到了普通游客们对盛唐气象和丝路风情的期待。作为西安城市形象主打的大型品牌节目，这场演出也号称"国宾级"，曾接待过克林顿、莫迪等各国政要。

玩转城墙水陆空

通高12米的墙体、重新疏浚的护城河、绿意环绕的环城公园，提供了西安城墙的全方位游览方式。

西安城墙环绕一圈13.74公里，顶宽12～14米。城墙上有**电瓶车**（30元/站，120元/圈）代步，但毫无疑问，"空中骑行"才是最流行的全景玩法。东、西、南、北四门的城墙上都设有**自行车租赁点**（2小时内 单/双人车45/90元，超出后每10分钟加收5/10元，押金200/300元，可手机支付），注意19:00前可至任何一个租赁点还车，但19:00～22:00之间必须回南门还车。骑行时别一味追求速度，记

最佳景点 65

环城公园。

游览小贴士

➡ 城墙上缺少遮拦物,日落前1~2小时登城可避开暴晒,还能欣赏夕阳西下和华灯初上。

➡ 除了便利岛和咖啡屋,城墙上还有自动售货机,但补货不及时,建议自带零食饮料。

➡ 若从南门登城,建议走南门外,也就是地铁站这边,正方向入城更能融入历史氛围。

➡ 南门团队客过多时可走其他城门,唐代遗址的含光门、碑林对面的文昌门都很近。

➡ 步行最推荐文昌门至含光门(2公里),或南门到中山门(3.5公里),下去就是永兴坊。

➡ 去城墙逛春节灯会、赏中秋月、跑马拉松、过音乐节,体验更多元(见82页节日和活动)。⑩

得在西北城角、东门停下来,俯瞰广仁寺、东岳庙的参差屋檐,北城墙的西半段还能望见陇海铁路上进出西安站的火车。

环城公园(免费参观;⊙春夏季6:00~23:00,秋冬季6:00~21:00)是西安的另一个骄傲。梁思成梦想中的北京环城公园从未实现,好在另一座古都在半个世纪后完成了他的设想。最漂亮的是南墙外,**东南城角**(Ⓜ和平门)还被赞为"最美城角"。拐过圆弧形的**西南城角**(Ⓜ边家村),环城西苑也适合闲逛,一街之隔的**西北大学博物馆**(见127页方框)更是意外之喜。

缺水的西北重镇重新疏通了护城河,但目前只在南墙外的一段开设有**护城河游船**(票价40元,和西安城墙联票75元;⊙10:00~19:00)。南门、建国门、朱雀门外都设有登船码头,可乘坐画舫随波赏玩城墙,可惜不到20分钟的游程远远不够过瘾。

⭐ 最佳景点
碑林博物馆

磐石方且厚,"羊毫纫如丝"——内柔外刚的汉字是中国文化精神的体现。西安碑林的一座座石碑,从唐代国子监时期便被珍重收藏,在后世的宋、元、明、清又像石质辞典一般,与时俱进地收录着新的名家大作,最终书写了一部活生生的汉字艺术史。20世纪现代考古学和博物馆学兴起,三秦大地收罗、抢救来的文物也被安置于此,碑林变成了最早的陕西省博物馆。尽管在1992年和陕西历史博物馆分家,碑林留存的石刻类文物仍然如星空般渊薮灿烂。而为了提高观展效果并进一步保护文物,碑林博物馆的改扩建工程已于2019年启动。

(见96页地图;📞8721 0764;www.beilin-museum.com;碑林区三学街15号;门票旺季3月至11月65元,淡季12月至次年2月50元,和西安城墙联票100元,讲解100元起;⏰旺季8:00~18:30,七八月延长至19:00,淡季8:00~18:00,闭馆前45分钟停止售票;Ⓜ永宁门、和平门)

碑林拓碑。

唐碑巅峰

挂着"碑林"匾额的碑亭里,陈列着雍容华贵的《石台孝经》(国宝级),四面文字都是由唐玄宗李隆基撰文并书写的。有趣的是正面右上角的序文中,第一行恰巧排列出"朕略萌"三个字。

步入第一展室,镇馆之宝《开成石经》(国宝级)包含了114块石碑,内容涵盖十三部儒家书经。除清代增刻的《孟子》外,这套巨大的石书都是唐开成二年(837年)刻制的,为中国仅存的一套石刻儒家经典。漫步在迷宫般的巨石阵中,不时能读到学生时代背诵过的"子曰"等名句。

第二展室同样唐碑荟萃,最著名的《大秦景教流行中国碑》(国宝级)是研究东西文化交流史的重要文物:景教是基督教的聂斯脱里派,5世纪被东罗马帝国禁绝,反倒沿着丝绸之路在中西亚和大唐兴盛一时;这块石碑上保留着古叙利亚文,碑额的十字架被莲台、飞云和螭龙环绕。《唐集王羲之圣教序碑》(国宝级)是古人"集王"系列的首推之作,上面的碑文由唐代僧人怀仁历时25年,从王羲之真迹中一字字集募而成。

书法瑰宝

第二展室的唐碑已展示了虞世南、褚遂良、欧阳询、张旭、颜真卿、柳公权等大家风采,第三展室陈列的各代石碑上,篆、隶、楷、行、草等书法的演变更让人眼花缭乱。《曹全碑》(国宝级)和《仓颉庙碑》汉隶字体秀密,《颜勤礼碑》(国宝级)和《臧怀恪碑》唐楷挺拔雄肆、《肚痛帖》和《怀素千字文》草书惊心动魄……收藏于此的书法名碑不胜枚举,漫步其中,精神食粮源源不断。

剩下4个展室中,由宋至清的碑石也不乏

精品，苏轼、黄庭坚、米芾、赵孟頫、董其昌、林则徐等名家真迹闪烁其间。除了书法作品，线刻画题材也占据了一定比例，《关帝诗竹》体现了文人墨客的艺术情操，《关中八景》则是对秦地旅游资源的一次归纳。第四展室还常常飘扬着墨香的味道，可以看到工作人员现场拓碑——为了保护文物，只有明清以后的碑帖才允许拓印；这些拓片也对外出售，有一定的收藏价值。

国宝盛宴

看完石碑，惊喜远没有结束。让人魂牵梦绕的**昭陵六骏**（国宝级）浮雕，有四幅原作就在西侧的石刻艺术室。六骏以唐太宗李世民征战时驭过的六匹有功战马为蓝本雕刻而成，相传由著名画家阎立本设计。它们本来安置在昭陵祭坛两旁，近代有两块被偷盗出国，留在国内的这四匹骏马身上也有被偷盗者打碎的裂纹。

东侧的石刻艺术馆设有"长安佛韵"主题展览。其中出土于大明宫遗址的**唐代断臂菩萨残像**身姿婀娜，能勾起你"东方维纳斯"般的无限遐想。

碑林所在的**西安孔庙**是一组清幽典雅的明清古建筑群，本身具有很高的文物价值，照壁、牌坊、泮池、棂星门……遵循着孔庙的固有格局。戟门后的庭院里，曾在钟楼服役多年的**景云钟**（国宝级）是为数不多保存完好的唐钟之一，钟壁上的铭文为留墨不多的唐睿宗李旦所写；大钟对面的**大夏石马**（国宝级）是匈奴政权大夏国的作品，风姿不逊于昭陵六骏和霍去病墓前的"马踏匈奴"。

亮点速览

➡ 在唐碑前感受"颜筋柳骨"的大唐风采。

➡ 徜徉在儒家十三经组成的"开成迷宫"中。

➡ 就着墨香，现场观摩传统的拓碑工艺。

➡ 打量昭陵六骏和大夏石马的傲骨雄姿。

鼓楼。

◎ 景点

钟楼   **历史建筑**

（见96页地图；☎8727 6420；东西南北大街交会处；门票 30元，和鼓楼联票 50元；◷4月1日至10月10日 8:30~20:30，10月11日至次年3月31日 8:30~18:00，闭门前半小时停止售票；Ⓜ钟楼）将西安城墙比作方形的表盘，"晨钟暮鼓"的钟鼓楼就是恪守中心的轴盘。始建于明洪武十七年（1384年）的钟楼，和最早出现于洪武二年的地名"西安"几乎同岁，相依相伴走过了600余载时光。如今的它仍保存着最初的四角攒尖顶重檐三滴水结构，是明清官式建筑中的杰作；万历十年（1582年）从鼓楼西侧整体搬迁至今址的经历，更是古代工程技术史上的奇迹。

今天的钟楼被车水马龙环绕，也许是最具中国特色的一个交通环岛。本地人经过这里大多是在车上匆匆路过，或相约在旁逛街——西北角的下沉广场最受喜爱，夜色初降，常有音乐爱好者在此献唱，闲逛者三三两两地坐在台阶上看他们的演出。2019年底，为了防止过度亮化会对古建筑有损坏，钟楼的主体照明设施已关闭，改为外围泛光照明，玲珑翡翠般的夜景不复存在，未来能否恢复尚不可知。

对于游客来说，钟楼仍是西安必去的景点之一。登楼口在环形地下通道，由此拾级而上，即可登上方形基座。西墙镶嵌的《钟楼东迁歌碑》记载了那段传奇的搬家故事，西北角悬挂的大钟为复制品（原物唐代景云钟现藏于碑林），门扇上共64幅古代故事浮雕更是美轮美奂。当然，这里最壮观的景象是从楼上俯瞰四方车辆往来盘旋，充分体会身居市中心的感觉。

钟楼每天9:10、10:30、11:30、15:30、16:30、17:30会有编钟表演，9:00及15:00则提供免费讲解。

人民剧院。

西半城

鼓楼 历史建筑

（见98页地图；☎8727 6420；莲湖区北院门74号；门票30元，和钟楼联票50元；◷同钟楼；Ⓜ钟楼）和东南方向的邻居钟楼相比，鼓楼还要年长4岁；而和四角攒尖顶的钟楼不同，同为重檐三滴水的鼓楼是歇山顶，更显宽广威严。作为中国现存最大的一座鼓楼，西安鼓楼的两块蓝底金字木匾也以面积巨大而闻名于世——南匾"文武盛地"、北匾"声闻于天"道尽了万丈豪情，只不过都不是原物。同为重制品的还有楼内的大鼓。围绕木楼一圈的24面小鼓上书写了小篆，对应二十四节气。

我们调研期间，鼓楼的夜间亮化设施也已停止工作。这里背面就是回坊主入口的北院门，踩着晨昏守候日出或日落时的曼妙光影，再去回坊早餐或者宵夜，再合适不过。

鼓楼每天也有例行的击鼓表演，除了

另辟蹊径

围绕钟楼的近代建筑

作为西北地区的中心城市，西安在共和国初年建设了不少"地标建筑"。那时西安城规模不大，这些带有浓烈时代印迹的公共建筑也大都分布在钟楼附近。

钟楼邮局（见96页地图；☎8727 5463；新城区北大街1号；◷9:00~17:00；Ⓜ钟楼）位于钟楼环岛东北，主体为庄重大气的苏式结构。这里仍行使着中国邮政营业厅的职责，出售明信片和**陕西旅游年票**（见261页方框）。

人民剧院（见92页）在钟楼邮局向北300米处，东西方风格融合的造型很大胆。它和东南方向不远处、纯中式建筑风格的**易俗社剧场**（见92页）同为西安的传统文艺地标。如今这两处也继续作为剧院使用，经常有演出上映。

报话大楼（见96页地图；新城区西新街28号；Ⓜ北大街）整体为苏式风格，充满了方方正正的简单美。顶楼的"大钟表"接替了钟鼓楼的功能，从1965年至今，早6点至晚10点之间每逢整点用《东方红》的乐调开启报时钟声。

钟楼书店旧址（见96页地图；新城区东大街377号；Ⓜ钟楼）在钟楼东150米，也为苏式建筑风格，但南立面有中国传统浮雕和毛体"新华书店"四字。书店已搬迁到端履门，这栋旧址楼有西安市文保碑做证，黄色的外观也很好认。

人民大厦（见96页地图；新城区东新街319号；Ⓜ五路口，大差市）距钟楼稍远，目前为**索菲特传奇酒店**（见81页）使用。它拥有欧洲古典主义的构图原则，以及"民族形式"倡导下的主檐八角攒尖琉璃瓦顶，是西安近代建筑的巅峰作品。

回坊参观礼仪

➡ 清真饮食的禁忌较多，忌酒忌大肉（猪肉）是基本要求，千万不要手捧稠酒、肉夹馍等步入回坊甚至落座清真餐厅。

➡ 参观清真寺有着装要求，短袖、短裤或短裙都不合适；可在贴着"乜帖"字样的小箱子略表心意，"乜帖"是阿语"心意"的音译。

➡ 礼拜大殿是清真寺的核心，非穆斯林不得入内；如遇信众礼拜，请勿拍照或干扰，一些清真寺也会在此时挂出禁止参观的告示。

➡ 斋月为伊斯兰教历九月，信众会在白天封斋，但回坊中只有很少一部分餐厅歇业，并不影响旅游。2021年斋月从4月13日开始。

9:10那次与钟楼编钟表演一致，其他场次分别都比钟楼早30分钟，如果钟鼓楼一并参观，可以先去鼓楼再去钟楼，两边的表演都不落下。

回坊　　　　　　　　　　　　街区

（见98页回坊地图；莲湖区鼓楼西北侧；Ⓜ钟楼，北大街，洒金桥）俗称**回民街**的这片老城区，因千滋百味的清真小吃而成为风靡全国的美食街。人们来此大快朵颐的同时，也会抱怨人满为患、摩肩擦踵的困扰。不过只要走出游客聚集的北院门和西羊市，其他街巷的人潮就会松动许多。也正是在这半厢，才有机会和心情体会这片历史街区的独特魅力：窄路深巷两旁，凌乱的民宅、小吃店和传统中式风格的清真寺彼此为邻；每天5次的礼拜，陕西话、阿拉伯语或普通话的阿訇的发言随喇叭远播寺外；除了头戴白帽的回族，还能看到东南亚、南亚、西亚面孔的礼拜信徒……

据信最早到长安的穆斯林是唐代沿着丝绸之路东行的外国使者和商人，他们多居

回坊卖小吃的摊位。

住在开远门和西市一带，如今的回坊在那时位于皇城内部，为官署驻地。唐朝灭亡后长安城缩小规模，穆斯林也随之迁入昔日的皇城内。明朝设立西安府，回坊的基本空间形态在这一时期定型，并最终形成了"七寺十三坊"的格局。

有趣的是，也许出自穆斯林族群的相对独立，唐长安"坊"的城区结构不仅在这里遗留下来，还得到了一定程度的强化。如今走一趟"坊上"不仅能在宗教和美食之间兜兜转转，获得的还有千余年前里坊生活的另类体验。

化觉巷清真大寺　　　　　　　清真寺

（见98页地图；📞8729 5212；莲湖区化觉巷30号；门票旺季 3月至11月 25元，淡季12月至次年2月 15元，穆斯林免费参观；⏰8.00~19:00，夏季或延长至20:00；Ⓜ钟楼）这里又称东大寺，或直接简称为大寺，

大学习巷清真寺。

是回坊唯一作为收费景点开放的清真寺,也和兰州东关大寺、银川南关大寺、喀什艾提尕尔清真寺并称中国西北四大清真寺。因寺内有一块落款于唐天宝元年的《创建清真寺碑》,大寺曾被认为始建于唐朝。但经过古今许多学者的考证,大寺确凿无疑始建于明朝初年。

跨过东端的正门,步入这座中式传统风格的清真古寺,便可从砖雕照壁开始,沿东西向中轴线,依次参观古色古香的四进院落,最终在可容纳千人礼拜的大殿外(非穆斯林不能入内),达到宗教信仰的高潮。院内不同朝代、多种文字的碑刻,以及米芾和董其昌等人的墨宝都是珍稀之物,清真元素则通过屋脊斗拱、木雕砖雕等方方面面,和华夏文化进行了有趣又迷人的融合,八角攒尖顶的邦克楼、天蓝色琉璃瓦的屋顶、伊斯兰艺术立体手笔刻画出的花草图案……即为明证。同样迷人的还有这里幽静的园林景致,和一墙之隔的喧闹商业街相比宛若天方,弥漫着"清则净,真则不杂"的宗教氛围。

大学习巷清真寺　　清真寺

(见98页地图;莲湖区大学习巷94号;免费参观;8:00~19:00;M钟楼)这里相传在公元684年由大唐开国元勋尉迟敬德奉旨监造,寺内也有块石碑称其始建于公元705年。唐朝大小学习巷一带是外交机构的礼部主客司衙署和鸿胪寺所在地,外国使臣也在这里学习中原文化和礼俗,学习巷之名由此而来。有人相信便是从那时起,伊斯兰教于此扎根生长。

因在化觉巷清真大寺西边,且规模为回坊第二大,这里又被称为西大寺。寺内最宝贵的文物是南碑亭内的《郑和碑》(即《重修清净寺碑》),碑文记载:明永乐十一年(1413年),郑和第四次下西洋,精通阿拉伯语的大学习巷清真寺掌教哈三作为船队的随行,凭借其聪明才智多次帮助船队化险为夷；回国后他不要官爵，只求重修清真寺，于是郑和亲自主持了这次大修。

小皮院清真寺　　　　　　　　清真寺

（见98页地图；莲湖区小皮院31号；免费参观；◉8:00~19:00；M北大街、钟楼）这里是回坊第三大清真寺，因为在化觉巷大寺的北面又称"北大寺"。和其他几座清真寺一样，这里的建筑风格也融合了中国古典官式和伊斯兰寺院的特色，细细端详门厅、歇山顶、照壁、砖雕等，就会发现古兰经的元素无处不在。寺内有董其昌、慈禧太后和白崇禧等人题写的牌匾，三进院中还有雕着五爪龙的皇家御道，专供皇帝与皇后通行——虽然外面用有机玻璃保护了起来，但依然能看到其无比讲究的雕工。

小皮院清真寺也是一处有着很大成就的教学场所，培养了大批穆斯林宗教学者，是西北地区名望与规格都非常高的清真寺。

小学习巷清真营里寺　　　　　清真寺

（见98页地图；莲湖区小学习西巷；免费参观；◉8:00~19:00；M广济街）顾名思义，营里寺就是军营里的清真寺，根据历史记载，也正是在元代回军驻守长安时，为方便穆斯林官兵朝拜，朝廷专门建造此寺。而和回坊其他清真古寺类似，这里也有上溯唐朝的传闻：相传郭子仪平定安史之乱从西域借兵，一些信奉伊斯兰教的军官士兵最终安置于此，建寺礼拜。

寻找营里寺的过程颇有曲径通幽、柳暗花明的感觉。从庙后街向南拐入小学习巷，静谧的巷道不再是游客的天堂，只有骑着电瓶车的当地住户往来匆匆。路过**小学习巷清真中寺**（小学习巷86号）再向前折进右首的小巷，朴质的关中民居样式门楼上镶嵌着清乾隆年间题制的"清真寺"门匾。这最后一段青石铺就的小巷，相传曾是军械库为方便运送箭支而开辟的"箭道"。

🕮 五代到清朝，繁华渐逝的长安城

唐朝在907年结束，对于大多数中国人而言，长安值得关注的历史似乎也在这一年结束。虽然从此中国的经济中心彻底东移，政治文化中心也随之而去，但长安的历史地位和战略意义仍不可忽略。从其后千余年的历史进程中，随时可以察觉到这两大因素对城市发展的深刻影响。

五代和北宋时期的政治中心曾在洛阳和开封之间短暂拉锯；伴着辽和金朝的崛起，北京也加入了这一竞争行列。长安虽然式微，但在这350余年的悠悠岁月中，这里的更高一级行政区划几乎一直延续着唐时"京兆府"的称谓，如此高高在上的名字也算是一笔政治遗产。但更现实的背景是，历经唐末和五代的藩镇战乱，关中生态再度受到了巨大打击，长安城也缩小到了不到唐朝规模的十分之一。随着党项羌的西夏国在

左图：西安城墙东段；上图：夕阳下的西安城墙。左图：©视觉中国；上图：©视觉中国。

贺兰山下兴起，踞关中以挟西夏的长安，成为宋王朝西北的军事重镇。长安一度挂起了"永兴军"的名字，驻扎于此的西北禁军是北宋最具战斗力的一支军事力量，泾河流域保存至今的多座宋塔，也是那时修起的军事瞭望塔。

蒙古人创建了一个横跨欧亚大陆的多民族大帝国，京兆府之名不再属于长安。这里先更名为安西府（路），战略地位使然；后又用了奉元路的名字，政治意图明显。其间还有一段重要的插曲：中国历史上少有的有资格争夺皇位的穆斯林，便是袭封长安的安西王阿难答。他是元世祖忽必烈之孙，也是一位信奉伊斯兰教的蒙古贵族，最终在和元武宗争夺帝位失败后被杀。《马可波罗游记》出现过的安西王府如今早已化为齑粉，大体位置就在今西安东北胡家庙至浐河一带。

明朝为中国带来了又一次翻天覆地的变化，西安之名便出现在明初。不过长安之名仍未被抛弃，长安县是西安府的附郭县。出于战略考虑，朱元璋将次子朱樉分封秦王，就藩西安。而为了强化军事功能，这里扩建并加固了西安城墙。朱元璋晚年还派遣太子朱标考察陕西，据说是为迁都秦中做准备。但朱标返回南京没多久就病逝了，这沉重打击了年过花甲的朱元璋，迁都无人再提；但更深刻的原因，还是偏远落后的西安已无法承担首都的重任。

中国帝制朝代逃不出的"300年规律"在明末的陕西尤为惨烈。嘉靖年间的关中大地震据称死亡人数达83万之多；万历年间陕西田赋十八省中排行第四，比河南、湖广、江西和浙江都要高。小农经济在贫瘠的西北率先破产，推翻明朝统治的李自成和张献忠都是从陕西走出来的。趁着明末大乱，满洲人顺势建立了清王朝。他们在府城的东北区块圈出了西安满城。有清一代，八旗驻防变动较大，但西安、江宁和杭州三处的驻防却最为稳固。作为陕西省会和西北重镇的西安，一直带着这两个身份走入了近代历史。

高家大院 历史建筑

（见98页地图；8723 2897；莲湖区北院门144号；门票15元；8:30~22:00；M钟楼）西安城墙保存完整，但老院子已经不多，甚至给人以"有墙无城"的感慨。而被回坊商机重重包围的这处400年民居能够保存下来，也称得上一个小小的奇迹。大院的主人家姓高，七代为官，其间有两位是明、清皇帝钦点的榜眼，因此这里又有**榜眼府**的俗称。

回坊夜晚更加热闹，高家大院也因地制宜，成了西安关门最晚的景点之一。在红灯笼的映衬下，这座三进四合院的官宦私宅显得更有韵味，在这里喝茶（20元）、观看皮影（15元）或华阴老腔（30元）的简短表演，正好逃离一墙之外挤人的喧嚣。

都城隍庙 道观

（见98页地图；8727 8333；莲湖区西大街129号；免费参观；5月至10月 8:30~18:00，11月至次年4月 8:30~17:30；M钟楼）在老西安人的童年回忆里，都城隍庙是小商品市场一样的地方。不过自从2001年列入全国重点文物保护单位，都城隍庙也归还道教协会，并完成了相应的修复工程。

始建于明初的这座庙宇因统辖西北各省城隍而获称"都城隍庙"，是当时中国最大的三座城隍庙之一，并在清代一次重修后享有"雄伟壮观，甲于关中"的美誉。历经沧桑，如今的都城隍庙恢复了仪门、大殿等主要景观，两块木牌额上的题字更透露出小小乐趣。挂着"都城隍庙"竖匾的五开间大牌坊，背面的横匾上书"你来了么"；大殿前的三开间牌坊正面，悬挂着"人算不如天算"的算盘。

云居寺 寺庙

（见98页地图；莲湖区洒金桥162号；免费参观；农历每月初一、十五，其他开放时间不定；M洒金桥）"西五台皇家寺院"的旅游指示牌高高在上，但这里每月仅2天开放，就连入内参观过的西安人也不算很多。若恰

步行游览
漫步回坊

起点：鼓楼
终点：南广济街口
距离：5.5公里
需时：约4小时（含游览时间）

尽管❶**鼓楼**（见69页）背面的北院门相当挤闹，但这里是步入回坊最经典的角度。一绕过鼓楼就请留意西侧，穿过化觉巷牌坊和市场来到❷**化觉巷清真大寺**（见70页）。之后借道西羊市回到北院门，❸**高家大院**（见本页）就在路口旁。奋力穿过人群向北，经过"人文荟萃"石牌坊，不妨在❹**陕拾叁冰饼糖**（见88页）捧一份油泼辣

子味的冰激凌。再沿麦苋街向西拐入小皮院，回坊第三大寺 ❺ **小皮院清真寺**（见72页）可入内一游。

继续西行至北广济街向南，下一个路口已能望见 ❻ **大皮院清真寺** 的飞扬檐角。继续向南的麻家什字聚集着几家著名食店，总有长队在排。西拐于寻路进入光明巷，❼ **日本飞机轰炸西安遗址** 见证了战争浩劫。再向北绕行教场门抵达 ❽ **西仓花鸟市场**，除了叽叽喳喳的笼中鸟，还能看到贩卖二手小物件的地摊。继续前行抵达洒金桥，别忘了先去 ❾ **云居寺**（见74页）看看有没有开门。

回坊"后门"的洒金桥是近年来名气倍增的美食街，向南步行能看到 ❿ **洒金桥清真古寺**。古寺内已是新建的伊斯兰风格建筑，只有老门楼和门前的古树诉说着悠久历史；一旁的小巷里还有女寺。遇到 ⓫ **洒金桥清真西寺** 请

向东转进庙后街，再从低调的北侧入口走进小学习巷。这里几乎没有游客，却坐落有 ⓬ **小学习巷清真中寺** 和 ⓭ **小学习巷清真营里寺**（见72页）两座清真寺。

顺着营里寺正对的巷子向东，看过唐代鸿胪寺的主题墙绘，重新回到了人来人往的热闹处。⓮ **大学习巷清真寺**（见71页）在北面不远处，《郑和碑》道出明初的辉煌历史。向北右拐进入一条隐蔽的小巷，穿过"原生态"的居民区，另一侧高墙内的中式建筑为道观 ⓯ **都城隍庙**（见74页）。面对着牌坊上的"你来么"回答一句"额来过了"，穿过车流滚滚的西大街回到现代化都市。但 ⓰ **南广济街口** 东侧关于唐长安城中轴线的介绍碑，又能将你拉回到历史中。

左图：大学习巷清真寺。
ⓒ视觉中国

好赶上了农历朔望日的对外开放,即使对佛教不感兴趣,步入这座传奇的尼众寺院参观一番也是不虚此行。

值得参观的理由便是云居寺和唐长安宫城(太极宫)之间的联系。相传唐太宗李世民为方便母亲窦太后礼佛,在太极宫的南墙上筑起五方高台、筑建五座佛殿。为了和**南五台**(见170页)区分,这里依据宫城西南的地理位置而得名**西五台**。千年时光洗涤,庙堂早非原装,基本都是近年来复建的,但高耸的台基仍然岿然不动——那便是荡然无存的太极宫留在地面上的最后遗迹。

杨虎城将军公馆　　　　　历史建筑

(见96页地图;莲湖区青年路117号;凭有效身份证件免费参观;9:00~17:00,周一闭馆,国家法定节假日正常开放;M洒金桥、北大街)作为西安事变兵谏方的主角之一,杨虎城将军的府邸设有**西安事变纪念馆**。和欧式风格的张学良公馆相比,这里的建筑风格更具中式民族特色。建成之初,杨虎城意欲给其起名"紫园",但因不满国民政府的反共内战政策,取"止戈为武"之意改名"**止园**"。张杨二将军兵谏蒋介石的决定,便是在这里达成的。纪念馆内以遗物、图文、模型等形式展示了杨虎城的生平,着重介绍了他在西安事变中的作用。

广仁寺　　　　　　　　　　　寺庙

(见96页地图;莲湖区西北一路152号;免费参观;8:00~18:00;M玉祥门、洒金桥)建于清康熙年间的广仁寺只有300余年历史,在古迹泛滥的西安只能称得上"小年轻"。但作为陕西省内唯一的藏传佛教寺院,这里可是清代藏地大活佛进京朝觐、途经西安时的行宫,宗教意义非凡。出于巩固边陲和民族团结的考虑,清廷对广仁寺也是恩宠有加,今天仍能在寺里看到康熙、乾隆、慈禧等人的御笔和赏赐。

白塔、金顶、风马旗、转经筒、酥油灯……城墙角落里的这座格鲁派寺院充斥着藏地风情,殿宇里供奉的也是绿度母、宗

喀巴师徒等藏传佛教塑像。气势恢宏的**藏经阁**所藏最为殊胜,不仅有佛祖十二岁等身像承坐的唐朝莲花宝座、明版6600卷《大般若波罗蜜多经》,还复制了供奉于拉萨大昭寺的释迦牟尼十二岁等身佛像以及文成公主像——2006年在大昭寺开光后,两尊雕像便沿着"唐蕃古道"迎请回了广仁寺。

春节前后广仁寺的祈福灯会远近闻名。农历十月二十四和二十五,这里还会举行纪念宗喀巴大师成道日的酥油灯会。腊八节的免费施粥,近年来规模也越来越大。

五星街天主教堂   教堂

(见96页地图;莲湖区五星街17号;免费参观;⊙7:00~21:00)十字架、圆拱顶、罗马柱、拱券门……这座典型的罗马式教堂以它独树一帜的风情,迎来了络绎不绝的参观人群;走近细察,朱柱、墙绘、砖雕,又无一不透露着中国明清传统建筑的痕迹。

中西合璧的五星街天主教堂始建于清康熙五十五年(1716年),全称"圣方济各主教座堂",因位于古城南半城又被称为天主南堂。它的经历算得上命运多舛,刚开放没多久就因雍正禁教而关闭,直到1884年才再度开放;20世纪初,教堂曾相继创办了女子中学和教会医院等公益机构;"文化大革命"期间,这里被西安糖果厂作为库房使用,幸运地躲过了更多冲击。20世纪90年代教堂得到了全方位的修复,2016年建堂三百周年庆后,还在广场东南角新增了一块《大秦景教流行中国碑》的复制品。

乘公交在桥梓口或者含光门下车,再步行过来就不远了。

湘子庙   道观

(见96页地图;碑林区湘子庙街18号;免费参观;⊙8:00~18:00;Ⓜ永宁门、钟楼)"云横秦岭家何在,雪拥蓝关马不前",韩愈被贬潮州、离开长安时给"侄孙湘"留下了这样的千古名句。韩湘最终被演绎成了"八仙"之一的韩湘子,这座小小的道观相传是他的出家之地,名称也由此而来。如今所见的湘

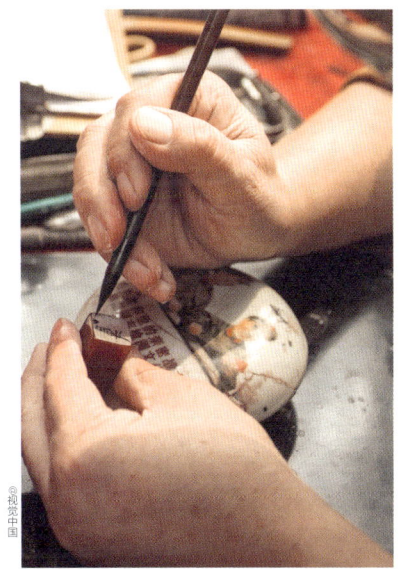

(左页起)广仁寺;五星街天主教堂;书院门篆刻印章的摊位。

子庙是2005年由八仙庵出资,根据明朝时的格局和风格重建的,古迹只剩下一口宋代水井。这里离南门(永宁门)很近,由此上下西安城墙可顺道一游。

东半城

书院门　　　　　　　　　　　街区

(见96页地图;碑林区南门里东侧; M 永宁门,钟楼)连接碑林和南门的这条街巷,发挥天然优势成了"文房四宝"主题的旅游步行街。明末"关西夫子"冯从吾创办的**关中书院(63号)**是这条街道得名的原因,但古香古色的院落为西安文理学院占据,并不对外开放,旅行者只能看看门外的三开间石牌坊。斜对面的**于右任故居博物馆**(8727 3903; 52号;门票30元; 9:30~20:00,周一闭馆)内藏有不少这位近代陕籍风云人物的书法真迹,也用图文资料对先生的生平事迹进行了介绍。

书院门西端,小广场上的**宝庆寺塔**始建于唐,但现存的六角七层砖塔为明朝作品。细看会发现塔身的砖龛内有佛教塑像,这便是明代重建时镶嵌上去的唐代造像。但大部分砖龛已是空空无几,珍贵的唐代石佛在近代流失海外,不少珍藏在东京国立博物馆。

卧龙寺　　　　　　　　　　　寺庙

(见96页地图; 8751 7573;碑林区开通巷66号;免费参观; 8:30~17:00,农历每月初一、十五 6:30~17:00; M 和平门,永宁门)和碑林只隔着一条马路,这座有1800年多年历史、始建于东汉灵帝时期的古刹却显得异常低调。今天所见的卧龙寺已是20世纪80年代恢复宗教政策后的产物,院落规模不大,殿堂也谈不上古朴,但纯粹的宗教氛围让人珍惜。卧龙寺出名的还有几段历史小插曲:相传宋太祖赵匡胤在发迹前曾和这里的禅师颇为投机,"西狩"的慈禧太后也对卧龙寺颇为关照,1924年康有为还在这里引发了一场众说纷纭的"盗经风波"。寺内立有不少古碑,著名的《吴道子画观音像碑》便曾收藏

从历史古都到"网红"城市

2017年底,永兴坊的摔碗酒借着抖音等短视频App突然走红——排队1小时、摔碗5秒钟,每天摔掉2万只碗,如此情景甚至可以用"盛况空前"来形容了。

西安随之开启了千年古都的"网红"新篇章,一发不可收拾。毛笔酥、南门洞乐队演出、咖啡创业街区、昆明池下树花、颜值书店……竞相绽放光彩;回民街小吃、biángbiáng面、兵马俑、李世民手植银杏、袁家村……老当益壮,更别提2019年大唐不夜城的"不倒翁小姐姐"了——这个堪称顶流级别的"网红"话题,就算不刷抖音也会知道。

西安的历史文化底蕴是跻身"网红"大咖的根本所在。早在20世纪初,英国皇家地理学会会员威廉·埃德加·盖洛就曾于《中国十八省府》一书中盛赞:"西安及其附近地区浓缩了中国的历史,一位古文物收藏家

左图：毛笔酥；上图：永兴坊。左图：@视觉中国；上图：@视觉中国。

很难找到比它更好的古物中心了。"国内旅游业发展较晚，但西安在历史上过于煊赫，汉唐的辉煌历史以及文学水准极高的唐诗，让它一遍遍出现在中小学课本中，很多人从小就萌生出长安情结。如今随着传统文化的复兴，西安取之不尽的历史文化资源优势更是大显神通。这里甚至催生出"网红"文物，也就是《国家宝藏》节目亮相过的杜虎符、银香囊和《阙楼仪仗图》。陕西历史博物馆如今也有"十八国宝"的总结，其实国宝级文物并没有正式的评判标准，"十八国宝"的说法本身就自带"网红"气质。

但几年前的西安和"网红"还不沾边。那时来这座十三朝古都和高等教育中心城市的旅行者多是老年人和学生党。如今的变化，一大原因便是西安摸准了流行趋势"网红"经济的脾性。"网红"本身具有快餐的特点，追求极具视觉效果的引爆点，引发人们打卡和转发的强烈欲望。大唐不夜城即最经典的例子，它历经多年翻修，在灯光、音乐和创意等方面重磅升级，完成了貌不惊人不罢休的翻身之路；唐代仕女、秦朝将军也突破了传统的cosplay模式，更加生动，更适合影音传播。有人分析，成就西安"网红城市"地位的，正是传统文化的现代化重塑。

这背后也离不开当地政府的支持。他们除了策划"西安年，最中国"等旅游主题，发动"厕所革命""烟头革命"改善旅游环境，还积极邀请旅行达人、调动无人机等资源造势，并在2018年与抖音开启了"四个一计划"的战略合作，最大限度地利用移动互联网的优势。当然大环境的影响也不可忽视。比如"一带一路"建设的推行，让丝路起点西安迎来了更多团队游客；西成客专的开通，则让西安街头每逢节假日就挤满了会耍会吃的四川游客；新兴商业设施的建设，使得西安本地人也喜欢去赛格购物中心、民乐园万达坐大电梯逛店——每个人随手一拍一发，就化为"网红"大潮中的一朵浪花。➡

← 能将"网红"玩得滚瓜烂熟，多少也和西安的商业营销传统有些关系。长安和关中本身物产不算特别丰富，但曾是全国贸易网的中心，在丝绸之路兴起后更承担了世界性商贸大拿的角色。明清"商之有本者，大抵属秦、晋与徽те三方之人"，泾阳茯茶便是陕商开创的知名品牌。至于回坊里的穆斯林，他们本身就是一个极其擅长经商的民族。血液中的商业基因在这个时代被彻底激活，几千年历史文化的沉淀依托现代灯音影技术更加鲜活。

不过"网红"经济的繁荣，也难免给这座城市带来了一些负面问题。交通拥挤、垃圾和噪声污染、服务质量下降、物价乃至房价上涨等社会问题，都影响到普通市民身上，而他们又大都并非旅游业的直接受益者。"网红"化固然对非物质文化遗产的延续提供了机遇，但过度商业化也带来了不少弊端；同样的，过度旅游和消费也对历史文物的保护、公共秩序的维护提出了更高的要求。如何把"网红"经济与可持续发展平衡好，这也是留给西安甚至中国众多新一线城市的课题。LP

于此，不过已转移到碑林博物馆，大雄宝殿前展示的是复制品。

张学良将军公馆　　　　历史建筑

（见96页地图；☏8741 8247；碑林区建国路69号；凭有效身份证件免费参观；⊙8:30~17:00，周一闭馆，国家法定节假日正常开放；Ⓜ大差市）公馆门前挂着的另一块牌子**西安事变纪念馆**，更能表达这座庭院所见证的不凡历史。张学良曾在这里召集将领，宣布次日对蒋介石兵谏——1936年12月12日，震惊中外的西安事变爆发。也正是在此地，南京政府代表、中共代表和张杨二将军进行三方会谈，最终达成了停止内战、一致抗日的协议，西安事件得到和平解决。纪念馆内的详细展览即围绕这一主题展开，3座气派的西式小楼则是张学良一家工作、生活的地方，如今仍然摆放着他当年使用过的旧家具。

东岳庙　　　　历史建筑

（见96页地图；☏8744 3378；新城区顺城东路北段1号；凭有效身份证件免费领票；⊙9:00~17:30，17:00停止领票，周一闭馆，国家法定节假日正常开放；Ⓜ大差市）2018年，尘封半个多世纪的东岳庙终于对外开放，并摇身一变，成为**西安市民俗博物馆**。不过这里的民俗展览仍显简陋，真正值得欣赏的还是这片城墙内难得的古建筑群体。

根据历史记载，西安东岳庙始于北宋徽宗年间的一次祈雨成功，百姓纷纷募捐，最终立祠建庙。今天这里仍保存有4座明清古殿宇，其中以五开间的大殿规模最大，内墙上的道教题材壁画栩栩如生，更是陕西现存宫观壁画中单体面积最大的一幅。

东岳庙就在东门（长乐门）下，离永兴坊（中山门）也很近；从这两个城门出入，不妨抽出半小时一游。

永兴坊　　　　商业街

（见96页地图；☏8745 7788；新城区东新街近中山门；⊙9:30~22:30，Ⓜ朝阳门）名字听着很古朴，所处位置在历史上也的确是唐长安城的永兴坊（据说魏徵的府邸便在此坊），但这里却是纯粹的商业开发新景点。仿古街区形式的永兴坊在2014年底才开放，很快便以"摔碗酒"走红网络，这几年的旅游热度也持续不减。"民以食为天"，涵盖关中、陕南、陕北的50余个特色餐饮店家齐聚，价格略贵但味道也算正宗的小吃是这里的有生力量。照壁、栓马柱、井辘轳等极其上相的景观布置，再加上华阴老腔、秦腔、提线木偶等丰富多样的民俗表演（免费或收取30/35元票价），进一步强化了永兴坊的"网红"气质。捧着一份潼关肉夹馍，津津有味地欣赏华州皮影戏吧！

永兴坊紧邻城墙的中山门（小东门）上下口，可合理安排城墙游览路线和餐饮。

明秦王府城墙遗址　　　　历史建筑

（见96页地图；新城区新城广场和皇城

永兴坊摔碗酒。

东路；免费参观； 24小时； M 钟楼、大差市）这个"秦王"和秦帝国或秦王李世民无关，指的是明朝分封的藩王，即朱元璋次子朱樉一脉。明初秦王就藩西安，不仅将五代以来的长安城进行了扩建，还在东北方位新筑高墙，围出了"城中城"的秦王府城——这便是此段城墙遗址的来历。而在清代，朱明王族的藩王城变为八旗教场，古城东北更成了专供满人居住的满城；辛亥革命后这里又相继更名为红城和新城，陕西省政府即在那时迁址于此——如今西安行政上有个新城区，且包括古城墙内的东北块，渊源正是如此。

王城旧址的东、西、南、北四面均留下了一些城墙的遗迹。比较好找的在省政府外新城广场的南侧，以及省政府东面和索菲特传奇酒店之间的皇城东路。

革命公园　　　　　　　　　　公园
（见96页地图；新城区西五路53号；免费参观； 24小时； M 五路口）冯玉祥题字的大门笔法遒劲，六角攒尖顶的革命亭隽永规整，革命公园带给游人的印象永远都是那么正气凛然。1926年豫西军阀刘镇华围困西安城，杨虎城和李虎臣带领全城军民坚守；最终冯玉祥率兵解围，赢得了这场历时8个月、死难5万人的"二虎守长安"之战。这座公园便是在1927年由冯玉祥主持修建的。

有趣的是西安的"相亲角"也在革命公园内。为大龄未婚子女着急的父母们挂起一排排征婚广告，周三和周日尤其热闹。公园西门开在后宰门街道上，离西安八路军办事处旧址很近。

西安八路军办事处旧址　　历史建筑
（见96页地图； 87214661；www.xabb.org.cn；新城区北新街七贤庄1号；凭身份证免费参观； 9:00~17:00，周一闭馆，国家法定节假日正常开放； M 五路口、北大街）这片青砖灰墙的北方风格庭院本名**七贤庄**，但从未像"竹林七贤"那样潇洒避世，反倒在20世纪30年代和20世纪40年代成为中国革命的重要见证。1936年初，七贤庄一号院挂出了"德国牙医博士冯海伯诊所"的招牌，但实际上是八路军的情报站，开展为延安采买、转运医疗和通信器材的工作，并在地下室开办有一个属于"红色中华社"的电台。西安事变顺利解决后，国共两党第二次合作，这里终于挂牌"国民革命军第八路军驻陕办事处"。不少革命青年在奔赴延安之前，都会先到"八办"住上几天，接受政审的同时等待开往陕北的卡车。

这里早已改建成主旋律的纪念馆，门口有1979年叶剑英的题字。入内除了接受红色主题展的"再教育"，走过一道道圆形门洞，进入9座依次相连的四合院逛逛也很有感觉。旧址北片改造成了**七贤国际青年旅舍**(见255页)，想住一住四合院民居不妨下榻此处。

😊 节日和活动

开斋节　　　　　　　　　　　穆斯林节日

回坊的开斋节无比热闹。清真寺内会举办百人同宴的聚餐；如果你正好在寺中参观，请尽量不要打搅，在他们开始用餐时礼貌离开。2021年的开斋节在5月13日，之后每年大概会提前10天。

春节　　　　　　　　　　　　　传统节日

都城隍庙的庙会、城墙上的新春灯会……到处都是张灯结彩、喜气洋洋，"中国年"的庆祝活动也会持续到农历正月十五的元宵节。其他诸如**端午**、**中秋**、**重阳**等传统节日，城墙也会举办民俗活动。

西安城墙国际马拉松赛　　　　　长跑

(www.xianmarathon.org)已经举办了24年的马拉松赛事，通常安排在11月，但2019年提前到了4月。可关注微信公众号"西安城墙国际马拉松"、新浪微博@西安城墙马拉松赛，或致电西安市体育局(☎8678 8002)获得详细信息。

西安城墙国际音乐节　　　　　音乐节

(☎8728 3602；票价单/双日 180/320

🚴 骑行游览
骑行城墙根

起点： 东门
终点： 北门
距离： 14.5公里
需时： 约5小时(含游览时间)

到处可见的共享单车让这段旅程更自由也更实惠。由于环城公园不许单车入内，一些路段需要步行。

由❶**东门**出城前，先在❷**东岳庙**(见80页)观赏壁画。之后出城向南，约800米城墙拐折处，❸**东南城角**顶着十字攒尖顶的角楼，格外上相。由此向西，过建国门而不入，下个路口别急着钻门洞，先去❹**二虎守长安铜**

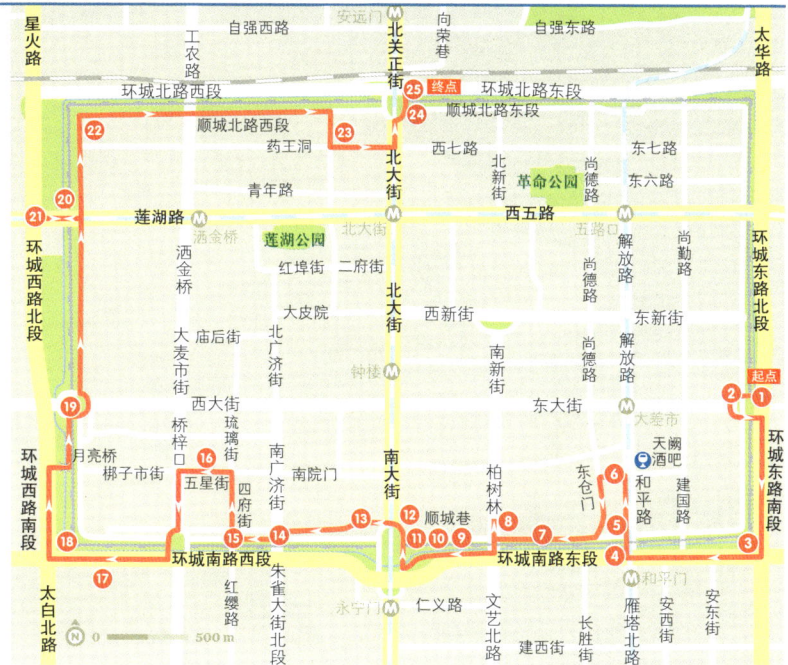

像了解一下这段历史。进和平门,左侧的 ❺ **董仲舒墓**可略作凭吊。继续向北300多米,望过土豪气十足的**天阙酒吧**,折进西五道巷,❻ **南城清真寺**和回坊的几座清真寺一同出现在"七寺十三坊,八寺在东仓"的俗语中。沿东仓门返回城墙根的 ❼ **下马陵**,小街得名于汉武帝至董仲舒墓下马的旧俗,还在《琵琶行》露过脸。顺路拜访 ❽ **卧龙寺**(见78页),在文昌门弃车步行,走进城墙外的环城公园。这里 ❾ **吉备真备纪念园**的主角是发明了日语片假名的日本大贤。不远处,❿ **明置西安府**的铜像记录了西安这个地名的诞生。钻入 ⓫ **南门**数一数 ⓬ **宝庆寺塔**(见78页书院门)残余的佛龛,穿过地下通道抵达 ⓭ **湘子庙**(见77页)。重新踩上单车沿顺城南路西行,前方第一口城门为 ⓮ **朱雀门**,在唐朝乃长安皇城的正南门;再向前的 ⓯ **勿幕门**(**小南门**)为纪念陕籍辛亥先驱井勿幕而命名。去北面不远处的 ⓰ **五星街天主教堂**(见77页)兜一圈,再从含光门出城,到 ⓱ **西北大学博物馆**(见127页方框)寻找另一只鎏金铜蚕。再度用双足丈量一段路程。先在护城河拐角处拍摄圆弧形的 ⓲ **西南城角**,再沿环城西苑北上,过**月亮桥**回到城墙根,往前从 ⓳ **西门**进城。再开锁一辆单车,沿着北马道巷骑往因冯玉祥而得名的 ⓴ **玉祥门**,别忘了去门外,眺望 ㉑ **张骞出使西域**的高大塑像。贴着城墙内向北骑行,㉒ **广仁寺**(见76页)已是城墙西北角,接下来要掉头向东,骑到"北堂" ㉓ **糖坊街天主教堂**稍微有点距离,再沿教堂门前的街道直行,十字路口东北方向、高大的仿古建筑是 ㉔ **建工部五局办公大楼**。和它飞檐斗拱相互呼应的,便是 ㉕ **北门**。

左图:灯光效果下的西安城墙东南城角。
ⓒ视觉中国

炒焖子。

元）在西门翁城里举办的音乐节，青灰的古墙堡垒间回荡着音响、闪烁着灯光，摇身化作天然舞台。2018年和2019年连续两年都有举办，时间在暑假的某个周末，还会推出城墙上的帐篷住宿（980元起，含两张音乐节门票）。

❌ 就餐

回坊

尽管游客涌动、涨价厉害，回坊依旧是美食者的天堂，本地人也会相约去"坊上"解解馋。他们当然会避开北院门、西羊市这样的"网红"街，去回坊深处重温老字号的味道。不过大皮院、洒金桥也在社交网站上逐渐走红，钻一钻小学习巷、光明巷、西仓……或许会有更独特的收获。

★ 高家烤肉　　　　　　　　烧烤¥¥

（见98页地图；莲湖区大皮院5号；烤牛肉/肉筋/板筋/牛腰 20元/20串；◐16:00~23:00；Ⓜ北大街、钟楼）高家不在正街上，

需要跟随闪闪的霓虹灯招牌、闻着肉香走进胡同。各种烤肉烤得快卖得也快，涮豆腐皮或牛肚也都是1元/串、20串起卖。如果想要来点主食，可点一碗砂锅馄饨（8元）。

回坊马二饺子馆　　　　　　小吃¥

（见98页地图；莲湖区洒金桥131号；酸汤水饺 12元/3两；◐9:00~21:00；Ⓜ洒金桥）饺子只有一种馅儿——韭黄牛肉，虽也提供干饺子，但几乎所有人都无法抗拒这里酸汤的魅力。个头饱满的饺子40元/斤，3两起卖，每两有6个。汤饺默认加辣，不吃辣要提前告知。

志亮蒸饺　　　　　　　　　小吃¥

（见98页地图；☎8725 3420；莲湖区庙后街200号；牛肉灌汤蒸饺 17元；◐10:00~21:30；Ⓜ洒金桥）灌汤包比较常见，像在回坊开了两家店面的"贾三灌汤包"就很出名。志亮的特色则是灌汤蒸饺，馅足汁美个头也不

镜糕。

小,一笼10个但足够两位食量小的女孩子吃饱,店家默认的也是一笼配两份秘制蘸料。冰镇山楂(11元)和八宝粥(9元)也很实在,西红柿鸡蛋汤(8元)更是以鸡蛋为主角。

老乌家油茶麻花　　　　　　　小吃￥

(见98页地图;莲湖区红埠街4号;油茶麻花 4/5元; ⊙6:00~10:00; M北大街)民宅过道里的早餐铺,但你应该不会错过,排着的队伍很醒目,小方桌前也总有附近的居民埋头喝茶。飘散着芝麻香味的油茶在大锅里小火慢煮,碎麻叶、花生、杏仁、黄豆漂浮其上,宛若游龙的麻花内筋还是硬的,口感正好。

老字号贾家肉丸糊辣汤　　　　小吃￥

(见98页地图;莲湖区光明巷33号;肉丸糊辣汤 7/8元; ⊙6:00~11:00; M洒金桥)胡辣汤是河南特色,但早已随着两个邻省间的交流扎根陕西,还被坊上的回族融入自己的风味,创新出了肉丸糊辣汤的西安吃法。本地人还习惯再叫一个馍(1元),掰碎了泡着吃,充分体现了陕西各种汤都能泡馍的吃法。

麻乃馄饨馆　　　　　　　　　小吃￥

(见98页地图;莲湖区西羊市28号;馄饨12元; ⊙8:00~21:00; M钟楼)一口咬下去,新鲜的牛肉馅料伴着肉汁儿滑进了口中,齿颊留香,再喝一口牛骨头熬成的老汤底,让人无限满足。除了一碗9个的招牌馄饨,牛肉擀面(18元)好评同样不少,也更能填饱肚子。

红红酸菜炒米　　　　　　　　小吃￥

(见98页地图;莲湖区北院门106号;酸菜炒米15元; ⊙11:00~23:00; M钟楼)请暂别北院门街上的汹涌人潮,钻进这家老店尝尝招牌的酸菜炒米。自家腌制的酸菜混炒进米饭,化解了油腻,也用酸味开了胃口。可再点一份酸梅汤(5元),用冰爽抚慰被辣味刺激的口腔。

定家小酥肉　　　　　　　　　小吃￥￥

(见98页地图;莲湖区大皮院223号;小酥肉30元; ⊙10:30~19:30; M洒金桥)盛在搪瓷小碗里蒸出的牛肉小酥肉,缠绵酥软,竟可以达到入口即化的效果;看上去非常油,其实很大一部分是汤汁,花椒调出的麻味也恰到好处,就着白米饭吃最佳。

盛志望麻酱酿皮铺　　　　　　小吃￥

(见98页地图;莲湖区大皮院225号;麻酱酿皮 8元起; ⊙8:30~22:30; M钟楼)就在定家隔壁,酿皮厚实又有弹力,麻酱更是很舍得放,料足才有好味道。这里还提供回坊版的"三秦套餐"(28元),包括秘制麻酱酿皮、酱牛肉夹馍和酸梅汁。

杨家粉蒸肉　　　　　　　　　清真菜￥

(见98页地图;莲湖区洒金桥85号;粉蒸肉15/18元; ⊙17:00至次日2:30; M洒金桥)肉粉浑然一体,甜糯油香,恰到好处。配上饦饦馍(0.5元)管饱,搭着山楂汤(7元)

羊肉泡馍

很多老西安的早晨是从一碗羊肉泡馍开始的。这个回族小吃早已遍布西安各地,但在回坊走进一家老店,和刚做完礼拜的街坊一起慢悠悠掰馍,这样的"仪式"才最地道。

今天的店家也提供机器碎馍——碎馍都是事先打碎的,在汤汁吸收上会比手掰的差一些。不过掰馍真的是一项既要技术、又需体力、还费时间的活儿,往往一个馍掰下来手已经酸疼得不行;赶时间还是机打碎馍更合适。泡馍也分普通、优质等档次。一些老饕会选普通泡馍,不为省钱,而是因为优质通常会加黄花菜和豆腐干,反而破坏了汤的原汁原味。

泡馍的汤量也有3个行话:"水围城"指汤量偏大;"口汤"是要求泡馍吃完以后,刚好剩下一口的汤量;"干泡"是指汤量极少,吃完泡馍不见汤。另外泡馍还有牛肉、羊肉两种。羊肉的汤更加鲜美,牛肉泡馍供吃不了羊肉的食客享用。

名为羊肉泡馍,但馍是"死面馍",需要掰成指甲盖大小,再放进汤内才能煮透。因此也叫**羊肉煮馍**,上桌时特别烫,不要搅拌,越搅越糊,用筷子从碗边刮馍吃。还会配一份糖蒜和辣椒酱,缓解咸腻也让味觉更加丰富。

小炒泡馍的配菜比泡馍更多,一般会有西红柿、青菜、木耳、花生米、黄花菜等。肉也和泡馍用的肉片不同,小炒用的是肉丁。炒制的过程中还会添加香醋和油泼辣子,因此味觉以酸辣为主,比较"重口味"。

水盆羊肉也是类似的吃法。它本是源自渭北澄城、蒲城等地的汉族小吃,在《长安十二时辰》中就出现过。回坊羊肉质优,自然很适合做水盆。不过水盆用的是发面馍,撕成片状直接扔进羊肉汤即可,或者掰开夹肉吃。

柿子饼。

解腻。常能看到老掌柜亲手操工,据说已是坊上为数不多还由老一代上手的店铺了。

穆萨砂锅 小吃¥

(见98页地图;莲湖区大皮院101号;砂锅12元起;⏰11:00至次日3:00;Ⓜ洒金桥、广济街)热腾腾的砂锅很适合在夜晚或冬季来一份,这里也顺势守候到半夜三更。如今砂锅界后起之秀众多,但老字号穆萨仍然占有相当地位,丸子砂锅(18元)或牛尾砂锅(48元)丰俭由人。

老望炒菜 清真菜¥¥

(见98页地图;📞8721 9774;莲湖区小学习巷41号;人均45元;⏰17:00~23:00;Ⓜ洒金桥)深藏回坊居民区的家常菜馆,明厨明灶就摆在门口,爆炒时的火光比起外面街巷的霓虹灯甚至显得更加温馨。各种小炒菜式中,孜然炒肉(40元)、麻辣肚片(55元)推荐最多。

羊肉泡馍。

刘纪孝腊牛羊肉　　　　　　　　小吃 ¥¥
(见98页地图；莲湖区北广济街187号；腊牛/羊肉 70/85元/斤；❍6:30~19:30；Ⓜ钟楼) 门前长队经常和对面排东南亚甑糕的一起，堵塞着麻家十字的正常交通。过年前最为夸张，许多人把这里的腊肉列为年货采购，不惜排上3小时甚至更久。如果只为了尝尝腊牛肉夹馍(18元)，那你得评估一下排队值不值。

一真楼　　　　　　　　　　　　小吃 ¥¥
(见98页地图；☎8728 6131；莲湖区大皮院18号；羊肉泡馍 39元起；❍6:00~21:30；Ⓜ北大街, 钟楼) 作为很多本地人认定的最正宗泡馍馆子，店里还展示着已故陕西大作家陈忠实的亲笔题字："汤香肉烂，传统美味。"这里的酸梅汤(6元)是自家熬制的，很入味，适合点一杯佐食。

果渊斋米家泡馍馆　　　　　　　小吃 ¥¥
(见98页地图；☎8733 3845；莲湖区北广济街277号；羊肉泡馍 30元起；❍6:30~15:00；Ⓜ洒金桥, 北大街) 回坊有各种各样的"米家"，北院门三步五步就有一个"米家"更让外地食客抓狂。但西安人会说这里才是最正宗的"老米家"。闭门时间竟然在下午3点，不知是老店规矩还是饥饿营销。

马洪小炒泡馍馆　　　　　　　　小吃 ¥¥
(见98页地图；☎133 5918 5583；莲湖区红埠街46号；牛肉/羊肉小炒 25/30元；❍9:00~21:00；Ⓜ北大街, 洒金桥) 我们调研时最火的泡馍馆之一，店里别有洞天，新近装修，环境在回坊算得上很好。这里的小炒泡馍名气最大，马洪也和同在回坊的马峰、刘信号称西安小炒界的三巨头。

老白家水盆羊肉　　　　　　　　小吃 ¥¥
(见98页地图；☎8724 5811；莲湖区北广济街76号；水盆羊肉 24元起；❍7:00~14:00, 17:00~21:00, 周一晚市不营业；Ⓜ钟

☑ 不要错过

甜味回坊

除了香喷喷的牛羊肉，坊上处处还有甜蜜蜜的诱惑。传统习俗里穆斯林对甜食非常看重，回族就有用红糖开口的风俗，也就是给新生儿喂上一点红糖。

在回坊，镜糕、甑糕、黄桂柿子饼、蜂蜜凉粽子等都是地道的关中特色，酸梅汤、醪糟、绿豆糕、八宝粥……也形成了地方风味。你可以去**花奶奶酸梅汤**（大皮院近白翔甜食店；酸梅汤6元；⊙9:00~22:00）、**东南亚甑糕**（北广济街189号；甑糕10/20元；⊙6:00~20:00）、**刘纪蜜蜂饭**（小学习巷29号；蜜蜂饭10元；⊙10:30~21:00）这样"术业有专攻"的店里品尝特色，也可以在**白翔甜食店**（大皮院89号；酸梅汤5元，醪糟6~10元，八宝粥8元，蜂蜜凉粽子10元，细沙炒八宝20元；⊙10:00~22:00）一网打尽，感受甜到发腻的幸福感。**全盛斋清真传统糕点**（✆8731 6310；光明巷39号；椰蓉酥/绿豆糕17元/斤；⊙8:00~21:00）提供种类繁多的糕点，同样很适合带回去吃。ⓛⓟ

楼）这里的水盆羊肉是招牌，发面馍用的是白吉饼。老白家祖上是靠酱牛肉（64元/斤）发家的，如今也在延续这一"保留项目"。

陕拾叁冰饼糖　　　　　　　　冰激凌¥¥

（见98页地图；✆8726 5413；莲湖区北院门270号；冰酪两campus 25元；⊙9:30~22:00；Ⓜ北大街、钟楼）装修古朴的铺面适合摆拍，"冰饼糖"的业务范围则会让初来者摸不着头脑。"冰"指冰酪，其实就是冰激凌，但口味极具陕西乡土特色，除了红枣、核桃、醪糟、豆腐等，近年来又开发出泡馍糖蒜、油泼辣子等离奇风味——这样的尝试大胆又充满噱头，建议先尝一小口再做决定。"饼"主要指秦酥（8~10元/粒）等传统糕点，有红枣核桃、蛋黄豆沙等不同馅料。

"糖"即各种糖水茶饮，土贡梅煎（18元）为酸梅汤的古称，相传最早是从宫里传入长安民间的。

其他区域

在**永兴坊**（见80页）几乎能吃遍陕西特色，但大都是商业化运转的游客餐。其他街头小店更值得光顾。

柳巷面　　　　　　　　　　　　面条¥

（见96页地图；新城区吉庆巷近案板街；面条15/18元；⊙10:30~20:30；Ⓜ钟楼）本是无名面馆，因开在柳巷口得名，数度搬迁后立足在这个闹市区的隐蔽小巷，店面也整齐洁净许多。这里只卖一种面。操作间全透明，所有面条都在里面现擀现拉，难怪很劲道。牛肉酥麻、番茄酸爽、豆干有嚼劲，连同咸鲜浓郁的酱汁，伴着面条搅和几下，便有了诱人的色香味。可以加肉（10元）、加菜（4元）或者加面（3元）。

春发生　　　　　　　　　　　小吃¥¥

（见96页地图；✆8725 3694；碑林区南院门23号；葫芦头31/35元；⊙8:30~21:00；Ⓜ钟楼）葫芦头就是猪大肠的文雅说法，这里处理得很干净，吃不出异味。葫芦头泡馍也叫渜（mǎo）馍，相传是唐代孙思邈发明的，具有一定的食补功能。除此之外也有小炒、油泼等吃法，以及梆梆肉（卤肥肠；49元）、火爆腰花（58元）等其他肥肠菜。在大唐不夜城等地也开有分店。

秦豫肉夹馍　　　　　　　　　小吃¥

（见96页地图；碑林区东木头市19号；肉夹馍10/11/13元；⊙7:00~14:00；Ⓜ钟楼）老店坐落在碑林背面的一条小街，供应着城墙内最好吃的腊汁肉夹馍。现烤的白吉饼很脆，但口感略硬，不过也有本地人偏爱这种嚼劲。腊汁肉用量十足，不过瘾的话就选择双份肉夹馍（18元）。尽量赶早，往往中午12点左右肉夹馍就卖完了，只剩下凉皮等小吃。

甑糕。

玲玲面屋　　　　　　　　　　面条 ¥

（见96页地图；碑林区安居巷近书院门；biángbiáng面 16元；◷ 8:00~19:00；Ⓜ 钟楼，永宁门）复杂的biáng字用红笔手写，招牌很显眼。劲道的宽面拌着厚实的酱料，配上红色的辣椒面和绿色的小青菜，泼上金黄的滚油好看又好吃。油泼面（9/11元）或裤带面（10/12元）也可一试。

樊记腊汁肉　　　　　　　　　小吃 ¥

（见96页地图；碑林区竹笆市53号；肉夹馍 9/11/13元；◷ 8:30~20:30；Ⓜ 钟楼）樊记也是肉夹馍老字号，但白吉饼不是现烤的；不妨换换口味，尝一尝同等价位的馒头夹腊汁肉。这里的另一大亮点是提供杯装的**黄桂稠酒**（3元）——这种极具西安特色的低度酒精饮料在大部分餐饮店难寻踪迹，大家通常都是去超市买回家喝。

老碗　　　　　　　　　　　陕西菜 ¥¥

（见96页地图；碑林区湘子庙街52A号；人均 50元；◷ 11:30~21:30；Ⓜ 永宁门，钟楼）店如其名，菜量大如老碗，味道也维持不错的水准。葫芦鸡（68元）、小酥肉（28元）、辣子蒜羊血（28元）都很地道又下饭，"网红"毛笔酥（38元）也能吃到。每个季节还会推出几道应季菜品。

薛家老店　　　　　　　　　　小吃 ¥

（见96页地图；新城区北新街3号；米皮 6元；◷ 10:00~22:00；Ⓜ 北大街，五路口）西安典型的小吃快餐店，从鸡蛋醪糟、菜夹馍、砂锅米线、油泼面到各种盖浇饭，都是实惠又管饱的选择。但撑得起"老店"口碑的是米皮，薛家来自鄠邑区的秦镇，那里的米皮名满长安。

伍堡巧嫂米线　　　　　　　　小吃 ¥

（见96页地图；新城区西七路近和平电

影院;米线17元;⊙11:00~14:00, 16:30~21:00;M北大街)开了20多年的米线店成了西安人口中的老字号,足见老陕对面条形状食品的喜爱。米线有三鲜、微辣和麻辣3种口味,虽然有些贵,但可免费续加一次米线或青菜。

东府小杨澄城水盆羊肉　　　小吃 ¥¥

(见96页地图;☎8761 6380;碑林区五味什字2号;水盆羊肉23元起;⊙6:30~22:00)澄城会馆对面的水盆羊肉馆,人气很旺,店面敞阔,木质桌窗古香古色,已是一副大店气派。羊肉汤清亮鲜美,羊肉片也煮得软烂入味,捞出来夹在现烤的月牙饼中,再按口味加入辣椒即可美餐一顿。喜欢吃羊杂割的可以来一份水盆羊杂(20元起)。

正大岐山面　　　面条 ¥

(见96页地图;新城区尚勤路15号;臊子面13/15元;⊙10:00~21:00;M大差市)连锁开遍全城的"永明岐山面"是品尝西府风味的好选择,这家离东门很近的老店也不错。面条可选细的铡面、宽的扯面、揪的面片,除了汤面也有干拌的。臊子肉夹馍(8元)配上擀面皮(6元),再来一瓶果啤(3元)可算作岐山版的"三秦套餐"。

🍹 饮品

酸梅汤、醪糟、黄桂稠酒、冰峰汽水和汉斯米啤……这些都是具有西安特色的饮料。不妨带上一杯(瓶)去城墙根,可比"网红"奶茶要接地气多了。

★ 且停　　　咖啡 ¥¥

(见96页地图;☎180 9290 2677;碑林区太阳庙门近朱雀门;美式/花式咖啡22/28元起;⊙10:30~21:00,周二不营业;M永宁门)虽有两层楼但面积很袖珍,温柔的女店主用心打理环境的同时,也在用心做咖啡,针对客人的不同要求能给出很好的推荐。手冲咖啡萃取得当,对得起细心遴选并烘焙的精品豆子;稠酒咖啡(28元)更像一个隐藏礼包,每一口都在探索未知世界。

青曲社的话剧演出。

人人一生　　　咖啡 ¥¥

(见96页地图;☎8721 0085;莲湖区南马道巷5号6号楼;美式/花式咖啡26/34元起;⊙11:00~21:00)人(jí)是集的二简字,这家简约清丽、颇具ins风的咖啡馆正是隐于西南城角城墙根下的秘境。空间开阔,洁白的主色调上天窗撒下的阳光,就着绿植或城墙的外景,特别适合静坐发呆。除了咖啡,这里的鸡尾酒和甜品卖相也都很好。

LUCKY MORE COFFEE　　　咖啡 ¥¥

(见96页地图;☎8422 5488;碑林区环城南路近环城西路;美式/花式咖啡22/28元起;⊙10:30~22:00;M访家村)位于环城西苑最南端,隔着护城河正对西安城墙最特殊的圆弧形西南城角,天气舒适请一定坐到室外的露天位。除了咖啡也有果茶(28元起)和陕南青茶(38元/杯,62元/壶)等饮品、蛋糕、果盘等。

茑屋书店。

勿幕精酿　　　　　　　　　啤酒 ¥¥

（见96页地图；☎130 8755 1625；碑林区顺城南路近勿幕门；啤酒40元起；⏰19:30至次日2:30）和喧闹俗套、揽客攒动的**德福巷酒吧街**（Ⓜ永宁门、钟楼）相比，小南门（勿幕门）内的几家清吧要舒服得多。这家精酿酒吧可以伴着现场民谣喝喝小酒，一出门望着夜色中的城墙更是惬意万分。

✪ 娱乐

南门的《**梦长安——大唐迎宾盛礼**》（见64页）提供"国宾级"的入城仪式，不远处的王府井百货门前常有自发的锣鼓秧歌队，是"百姓版"的欢天喜地，钟楼下沉广场和南门洞的土生音乐秀，也是"独乐不如众乐"的夜间娱乐。回坊的高家大院、中山门下的永兴坊，同样设有皮影戏、木偶戏等传统民艺舞台。

★ 青曲社　　　　　　　　　相声

（见96页地图；☎8721 2908；碑林区竹笆市55号阿房宫大戏院；Ⓜ钟楼）因为俗称"喵汪二人组"的80后相声演员苗阜和王声，青曲社在国内曲艺界已占有一席之地。能否赶上"喵汪"的现场演出要碰运气，但其他演员也颇具实力，他们的段子风格都很接地气，而且善用网络语言，时不时冒出来的宝鸡方言又增添了不少喜感。这家**鼓楼店**算是新开的旗舰店，场子最大；每天一般会安排午（15点）、夜（20点）两场相声，时长近2.5小时，有靠前的八仙桌（票价200元）和后面的排座（票价108/138/168元）。离碑林很近的**柏树林店**（☎8869 6179；碑林区柏树林10号；Ⓜ永宁门、钟楼）是最老的场子，氛围也最好；每晚7点有评书场（票价15元），之后8点则开始2.5小时的相声场（票价70/100元）。靠近火车站的**尚勤路店**（☎8736 2688；新城区尚勤路16号；Ⓜ五路口）只有20点的晚场相声（票价70/100元）。关注新浪微博@青曲社、微信公众号"青曲社相声"，可了解最新排场信息；如果想订到理想的位子，建议至少提前一天。

相声新势力茶馆 相声

（见96页地图；☎8736 5111；碑林区粉巷26号金时代精品商城；Ⓜ钟楼、永宁门）通过《笑傲江湖》和《欢乐喜剧人》等综艺节目走红的卢鑫、张玉浩"鲈鱼组合"开办的新相声社，邀请常驻的其他搭档也都是在《相声有新人》等节目亮过相的。茶馆面积不大，票价分80/100/120元三个档次，来此一边磕瓜子一边捧场的几乎都是年轻人。除了这家粉巷店，不远处还有一家**朱雀店**（☎8736 1666；碑林区南广济街94号；Ⓜ钟楼）。两家店各有一套演员阵容，每半月轮换一次；每天都在晚8点开始，时长约2.5小时。可关注新浪微博@相声新势力茶馆，或同名微信公众号了解详情。

易俗社剧场 秦腔

（见96页地图；☎8739 9918；新城区西一路282号；Ⓜ钟楼）这里是西安秦腔剧院的演出地，每周五、六、日19:30会有秦腔演出（票价50元起）——不用担心听不懂，戏台旁边有旁白提示。若是传统文化发烧友，不妨花100元买上一张贵宾票，坐在二楼雅席或是一楼池座听上2个多小时的秦腔；70多年前鲁迅先生就来到过易俗社这样子听戏。剧场隔壁的**陕西省秦腔艺术发展中心**（☎8728 6298；⏰8:30–19:00）专卖秦腔音像制品和戏曲剧本书籍。

人民剧院 剧院

（见96页地图；☎8725 2812；www.xarmjy.com；新城区北大街41号；Ⓜ北大街、钟楼）这座剧院的建筑本身就是件艺术品。它于1954年建成，是为从延安搬迁到西安的西北文艺工作团（现陕西歌舞剧院）准备的。如今这里的演出类型非常多元，包括话剧、音乐会、儿童剧等，可在永乐票务等网站上查询订票。

创矩音乐现场 现场音乐

（见96页地图；☎151 2902 9076；莲湖

🎓 秦腔秦调老秦人

陕西简称陕或者秦，今天的"三秦"也指的是陕北、关中和陕南三大地理单元，但它们相互之间差别很大。外地人对陕西人的印象多是头戴羊肚毛巾、打腰鼓、住窑洞，同时操着一口《武林外传》里佟掌柜一样的陕西话。这其实是一个误会，白毛巾和腰鼓是陕北的典型特征，佟掌柜虽设定为陕南汉中人，但她的口音却是关中的。关中无论从地理位置还是历史地位来说，都是陕西的核心区域，当地人自称"秦人"或"老陕"。

"纠纠老秦，共赴国难"，秦帝国的兵马俑，一张张面孔便是以关中秦人脸型为主塑造的。其特征为国字脸、鼻直口方、单眼皮，坊间也开玩笑说每一个老陕总能找到一个模样八九不离十的兵马俑。老陕的群体性格也极富特点，"生、冷、蹭、倔"是国学大师、泾阳人吴宓的总结，当然这针对的是"基本盘"关中人。外表冷峻，在人前脸板

左图：易俗社的秦腔演出；上图：易俗社的秦腔演出。左图：@视觉中国；上图：@视觉中国。

得平平的；寡言少语，一说话还直杠杠；朴讷诚笃、刚正实诚，但"蹭"劲儿上来就火爆如同毛栗，倔起来十头牛拉不回。这样的老陕性格，想一想打官司的秋菊就知道了。

"一方水土养一方人"，西安见证了中华文明的巅峰，肥沃的关中平原又提供了坚实的物质基础。秦人骨子里有一种与生俱来的优越感，自信甚至自大，这也是冷、倔的来源之一。这种优越感生出了"姑娘不对外"的传统，也凝结了离乡在外的陕西人。陕商特别注重扶助同乡，客居他乡者也对陕西面食"天下第一"坚信不疑。与此同时，这些优越感也形成了历史惰性。一些城里人整日抱着昔日辉煌，乡下人则守着传统小农经济的窠臼，外地甚至还有"八百里秦川，养了三千万懒汉"的俗语。

语言是文化性格的投影。狭义的陕西话，也就是关中话中，去声占了不少比例，听来就很生冷。一些古老词汇至今还在使用，比如彘（猪）、咥（吃）、嫽（美）、碎（小）、囊（袋）、横（凶）、谝（说）。西周时关中话被称为"雅言"，一些唐诗也要用陕西话读才会押韵。由于西安在影视圈和文学界占据一定地位，《举起手来》《有话好好说》《高兴》等影视作品中常能听到好玩逗趣的陕西话，也能在陈忠实、贾平凹、路遥等陕籍作家的书里，读到谝闲（聊天）、嫽咋咧（棒极了）、愣怂（笨蛋）等关中土话。

"秦腔不唱吼起来"，这个古老的地方戏种除了在关中、陕北流行，在天水、陇东等秦国故地和整个西北地区也有一定影响力。秦腔的语调高亢激昂、语音生硬、语气硬朗结实，粗犷豪放正是老陕性格的写照。因登上央视春晚而绝境逢生的华阴老腔，因采用了渭河、黄河船工号子的腔调，听起来更加即兴、自由，被评为重现了苏轼"须关西大汉、铜琵琶、铁绰板，唱《大江东去》"的气概——这个关西，正是潼关以西的关中大地。

书阅西安

作为国家科教文化重镇，西安的图书市场一直有比较大也很稳定的客户群体。近年来各大连锁书店相继进驻西安，为这里本就深厚的文化底蕴再添新气象。

西安古旧书店（见96页地图；8721 1095；碑林区南院门102号；9:00~19:00；M钟楼）已有百年历史，价格不菲的线装古书藏在柜子里等待有缘的行家；新书秉持"精严信达雅"的挑选原则，且以文史哲类为主；地下一层有打折旧书。

上海三联书店READWAY（见96页地图；8738 3887；碑林区南大街30号中大国际；10:00~21:30；M钟楼，永宁门）是三联精致文化生活品牌READWAY的西安店，围绕植物标本的旋转楼梯很漂亮，没时间去蓝海风，来这里也行。

古西楼书屋（见96页地图；6809 6966；新城区北大街209号；24小时；M北大街）是"筒子楼"里的独立小店，楼梯和书架都很狭窄。图书种类不多但也有文史社科类，几个临窗的自习位抬头就能看到北门城楼，但总被学生占着。

启味·阅己书屋（见144页地图；186 2903 8026；雁塔区雁南三路1号；9:30~23:00）位于大唐不夜城开元广场向西的唐城墙遗址公园中，三角形屋顶很独特，店里更是繁花似锦像个花店，可惜书不多，走的是网红书店、咖啡馆的路子。

茑屋书店（见143页地图；8188 2418；雁塔区锦业路12号迈科国际B座；10:00~22:00；M丈八一路）是日本建筑师池贝知子的作品，颜值高得就像日本魔法世界里才会有的；书店远在高新区的绕城高速旁，来此多为拍照打卡者。

万邦书店蓝海风店（见147页地图；8652 1236；未央区凤城二路37号蓝海风中心；10:00~22:00）同样颇具设计感，不过是"黑客帝国"的科幻感；万邦是西安本土的书店品牌，这里的陕西系列图书比较丰富，也有一些民俗体验的活动工作室。

钟书阁（见143页地图；8625 6126；未央区明光路72号旭宏光合中心；9:00~21:00）就像一个白色的云中书城，流线型的书架、桌椅畅快轻松，图书整繁多齐却无文创衍生品。这里离西安北站不远，可安排在离开的路程上顺道一游。

区环城西路南段1号天品西岸13号；18:30至次日2:00）创矩坐落在西城墙外的环城西苑，是西安近年来做得比较好的酒吧兼现场音乐俱乐部，空间不大但常有演出和各种活动。啤酒15元起，鸡尾酒35元起，详细信息可关注新浪微博@创矩音乐现场。

🛍 购物

回坊的酸梅汤粉、绿豆糕、真空包装的甑糕或腊牛羊肉都很适合作伴手礼；卖果类零食的店也很多，注意果脯别挑太鲜艳漂亮的，那些可能加了超量的着色剂。

回坊边缘的**德懋恭**（见98页地图；8724 7233；莲湖区西大街259号；8:30~21:00；M钟楼）的水晶饼（2.3元/个，27.5元起/盒）号称"秦点之首"，曾被"西狩"的慈禧太后广为赞赏。注意这家糕点不是清真的，分店开遍全城。

碑林前的书院门能淘到不少"文房四宝"，以及真假难辨的古董，永乐坊对面的**小东门古玩城**（见96页地图；新城区东新街2号；M朝阳门）同样如此。

市中心的**骡马市步行街**（见96页地图；M钟楼）是老牌的商业街，**民乐园万达广场**（见96页地图；新城区解放路111号；M五路口）的大电梯则有几分重庆的感觉。

城墙内索引地图

1 城墙内（见96页）
2 回坊（见98页）

城墙内

◎ 最佳景点
- 1 碑林博物馆 ... C4

◎ 景点
- 2 南门（永宁门） ... C4
- 3 永兴坊 ... E2
- 4 钟楼 ... C3
- 5 报话大楼 ... C2
- 6 北门（安远门） ... C1
- 7 东门（长乐门） ... E3
- 8 东南城角 ... E4
- 9 东岳庙 ... E3
- 10 革命公园 ... D2
- 11 广仁寺 ... A1
- 12 含光门遗址博物馆 ... A4
- 13 和平门 ... E4
- 14 明秦王府城墙遗址 ... C3
- 15 人民大厦 ... D2
- 16 尚德门 ... D1
- 17 书院门 ... D4
- 18 文昌门 ... D4
- 19 卧龙寺 ... D4
- 20 五星街天主教堂 ... B3
- 21 西安八路军办事处旧址 ... D1
- 22 西北大学博物馆 ... A4
- 23 西门（安定门） ... A3
- 24 西南城角 ... A4
- 25 湘子庙 ... C4
- 26 杨虎城将军公馆 ... B1
- 27 张学良将军公馆 ... E3
- 28 中山门 ... E2
- 29 钟楼书店旧址 ... C3
- 30 钟楼邮局 ... C3
- 31 朱雀门 ... B4

✪ 活动
- 32 护城河游船 ... C4

⌂ 住宿
- 33 朝门轻舍 ... E2
- 都市客大酒店 ... （见30）
- 34 台外青年旅舍 ... A4
- 35 古城青年旅舍 ... C2
- 36 君乐城堡酒店 ... D1
- 37 老西安書店旅舍 ... E1
- 38 猫舍青年旅舍 ... D4
- 七倩国际青年旅舍 ... （见21）
- 39 市井民宿 ... B1
- 索菲特传奇酒店 ... （见15）
- 40 唐韵公寓 ... C4
- 41 玺韵假日大酒店 ... D4
- 湘子门国际青年旅舍 ... （见25）
- 42 阳光国际大酒店 ... E1
- 云裳精品酒店 ... （见17）
- 43 钟楼饭店 ... C3

⊗ 就餐
- 44 春发生 ... B3
- 45 东府小杨澄城水盆羊肉 ... B4
- 樊记腊汁肉 ... （见60）
- 46 老碗 ... B4
- 47 令玲酒屋 ... C3
- 48 柳巷面 ... C3
- 49 秦豫肉夹馍 ... C3
- 50 伍堡巧嫂米线 ... C1
- 51 薛家老店 ... D2
- 52 正大岐山面 ... E3

♦ 饮品
- 53 德福巷酒吧街 ... C4
- 54 LUCKY MORE COFFEE ... A4
- 55 众一生 ... A4
- 56 目停 ... B4
- 57 勿幕布精酿 ... B4
- 《梦长安——大唐迎宾盛礼》 ... （见2）
- 58 创矩音乐现场 ... A4
- 59 青曲社（柏树林店） ... D4
- 60 青曲社（鼓楼店） ... C3

◎ 娱乐
- 61 青曲社（尚勤路店） ... E1
- 62 人民剧院 ... C3
- 63 相声新势力茶馆（粉巷店） ... C4
- 64 相声新势力茶馆（朱雀店） ... B3
- 65 易俗社剧场 ... C3

⊡ 购物
- 66 古西楼书屋 ... C1
- 67 骡马市步行街 ... C3
- 68 民乐园万达广场 ... E2
- 69 上海三联书店READWAY ... C4
- 70 西安古旧书店 ... B4
- 71 小东门古玩城 ... E2

● 交通
- 72 陕西省西安汽车站 ... D1
- 73 西安站 ... D1

回坊

回 坊

◎ 最佳景点
- **1** 鼓楼 D4
- **2** 化觉巷清真大寺 D3

◎ 景点
- **3** 大学习巷清真寺 B3
- **4** 都城隍庙 B4
- **5** 高家大院 D3
- **6** 小皮院清真寺 D2
- **7** 小学习巷清真营里寺 A4
- **8** 小学习巷清真中寺 B3
- **9** 云居寺 A1

🛏 住宿
- **10** 撒哈拉青年客栈 D3
- **11** 隐居草舍 D3

❌ 就餐
- **12** 白翔甜食店 C2
- **13** 定家小酥肉 C2
- **14** 东南亚甑糕 C3
- **15** 高家烤肉 D2
- **16** 果渊斋米家泡馍馆 C2
- **17** 红红酸菜炒米 D3
- **18** 回坊马二饺子馆 A2
- **19** 老白家水盆羊肉 C4
- **20** 老望炒菜 B3
- **21** 老乌家油茶麻花 D2
- **22** 老字号贾家肉丸糊辣汤 C2
- **23** 刘纪孝腊牛羊肉 C3
- **24** 刘茹蜜蜂饭 B4
- **25** 麻乃馄饨馆 D3
- **26** 马洪小炒泡馍馆 D2
- **27** 穆萨砂锅 C2
- **28** 陕拾叁冰饼糖 D3
- 盛志望麻酱酿皮铺 ....（见13）
- **29** 杨家粉蒸肉 A2
- **30** 一真楼 D3
- **31** 志亮蒸饺 A3

🥤 饮品
- **32** 花奶奶酸梅汤 D3

🛍 购物
- **33** 德懋恭 B4
- **34** 全盛斋清真传统糕点 C3

在路上
本书作者 孙澍

告别曲江池,爬上汉杜陵的高大封土,终南山吹来的风仿佛将我从唐朝又往回吹了700余年。不一会儿我站在明秦王墓的石马旁,一下子又从时空隧道向现在穿越了1400年。

进一步了解我们的作者,见271页。

大雁塔夜景。

城墙外

城墙外

古城墙是西安的坐标,直到今天西安人还习惯将刚出城墙向南的地方唤作"南郊",哪怕那里的商圈才是最具人气的。若将时光倒转千年,西安还叫作长安的时候,"南郊"的曲江池、"东郊"的兴庆宫、"北郊"的大明宫、"西郊"的西市……大唐帝都的十二时辰在四面八方流转更替;更远处,汉长安的废墟和帝陵,秦人未建成的宫殿,原始人的村落……也如年轮般层叠环绕。近20年来西安的城市建成区才超过了唐长安城的面积,摩天大厦和生态公园在城墙外茁壮生长,代表着这座城市的未来;而各个博物馆、遗址公园和新唐风街区,则执守着这个城市的历史,二者在西安完美融合。

☑ 精彩呈现

陕西历史博物馆	110
西安博物院	116
大雁塔	118
大唐不夜城	121
青龙寺	126
世界园艺博览园	129
大明宫国家遗址公园	130
就餐	137
娱乐	140
购物	142

何时去

12月至次年2月 在大唐不夜城和兴庆宫过中国年,带望远镜去浐灞湿地观候鸟。

3月至5月 春暖花开,青龙寺樱花缤纷、灞河畔灞柳风雪都是古今皆然的时令美景。

6月至8月 天气酷热,暑假迎来游人潮,大雁塔喷泉边人满为患。

9月至11月 大慈恩寺遗址公园、杜陵看银杏,伞塔路、劳动路的悬铃木也是秋色无边。

城墙外 103

城墙外亮点（见106页）
① 陕西历史博物馆 ② 大雁塔,向南看 ③ 唐密遗韵
④ 大明宫国家遗址公园 ⑤ 灞河

实用信息

➡ 几乎前往所有景点都有便捷的地铁和公交；地铁5、6号线一期计划于2020年底通车；共享单车在大部分区域也很好用。

➡ 大雁塔多"网红"餐厅，东关、南稍门等居民区有不少老字号食肆，返回回坊用餐也很方便；高新区有西安最棒的咖啡和西餐厅。

➡ 大唐不夜城一带的中高档酒店和"民宿"深受游客喜爱，热闹的小寨、时尚的高新区也不错。

如果你有

➡ **1天** 上午参观小雁塔的同时，别忘了在西安博物院了解这座城市的前世今生。下午赶赴陕西历史博物馆刷国宝，再去大雁塔送别夕阳。晚上伴着华灯畅游大唐不夜城，顺便解决晚饭。

➡ **2天** 上午在大明宫遗址感受人世沧桑，下午远赴东郊浐灞，在世界园艺博览园重温"八水绕长安"。历史发烧友下午可去汉长安城遗址，把时间轴再往前拨800年。

小雁塔旁的钟。

当地人推荐
深度探访文化古都

潘鹑,陕西省导游协会理事。

陕西历史博物馆的展品您最推崇的是?

我比较喜欢向外地游客重点讲解陕西的青铜器,特别是"九鼎八簋"这样的精品。我认为它们体现出了周礼文化——周公制礼对后世中国有太大的影响,但其中蕴含的"贵族精神"却在当下社会消失殆尽。陕西历史博物馆宣传的"十八国宝"包括几件唐朝金玉器,外形华美至极,价值当然也很高;但我觉得看文物要更加关注于它们对我们能有什么启迪,所以对"十八国宝"中的五祀卫鼎、多友鼎等西周青铜器格外推荐。

碑林博物馆的展品呢?

众所周知,碑林是一座书法博物馆,但我会特别推荐《开成十三经》。大家都听过四书五经,这其实是宋朝程朱理学整理、合并后的产物。而在碑林第一展室,100多块石碑上的65万余字,则是唐朝儒家经典的完整记录。今天西安留下来的唐朝见证也大都是含光门、大明宫这样的遗址,但唯有大、小雁塔,还有碑林的"十三经"和颜真卿、柳公权等人的书法刻石是地面实物,弥足珍贵。好在许多精神文化尚未断层,比如唐诗就仍然在流传。

曲江池畔。

◎视觉中国

西安最有唐诗韵味的地方是哪里？

毫无疑问是曲江池遗址公园了。这里是唐朝贵族和市民游春的好地方，杜甫的《丽人行》写到"三月三日天气新，长安水边多丽人"，这个水边就是曲江池。农历三月三是上巳节，也是中国最早的情人节，那时候年轻男女结伴出行，风尚就是去曲江游玩；当然这一带还有曲江流饮的文人佳话，诗歌韵味不遑多让。曲江池还和乐游原、大唐芙蓉园、大雁塔连成一片，是唐文化在西安的集中呈现，乐游原的青龙寺也见证了中日文化交流。

☑ 不要错过

◎ 最佳博物馆

➡ **陕西历史博物馆** 石峁、梁带村、雍山血池、凤栖原等"十大考古新发现"的文物补充到展览中，揭开更多的历史真相。（见110页）

➡ **西北大学博物馆** 和西南圆城角只隔着护城河相望的综合性大学博物馆，不少珍贵物件竟都是从自家校园挖出的。（见127页方框）

➡ **大唐西市博物馆** 踏在唐代人买东西的市场遗址上，在丝路起点遥想千年前"胡姬貌如花"的国际化都市。（见132页）

◎ 最佳遗址公园

➡ **大明宫国家遗址公园** 11个世纪的时光流转几乎洗磨掉了所有痕迹，大唐盛世藏在丹凤门和含元殿的残存夯土中。（见130页）

➡ **青龙寺** 仿唐风格的园林庭院，每逢夕阳便有了穿越的魔力；"当春乃发生"的樱花树下，空海来法的回忆浮动。（见126页）

➡ **汉长安城未央宫遗址公园** 比大明宫更大更古老的汉家宫阙，沃野农田之间的黄土台基，黍离之悲更为浓烈。（见134页）

✕ 最佳美食

➡ **子午路张记肉夹馍** 慢煮的腊汁肉肥瘦得体，现烤的白吉馍外焦内软，夹起来让人垂涎三尺。（见137页）

➡ **王魁腊汁肉** 另一家闻名全城的腊汁肉夹馍店，立足城墙外的东关居民社区已有20余年。（见139页）

➡ **建基泡馍** 肉烂馍筋分量足的老字号泡馍店家，搬迁后店面崭新敞阔，口味却没怎么变。（见138页）

城墙外亮点

❶ 陕西历史博物馆

中央殿堂、四隅崇楼的仿唐宫殿建筑中,数以千计的珍贵文物仿佛从时空隧道走来,在现代化灯光的聚焦下,向往来不绝的参观者展示着三秦大地的辉煌过往。从半坡人的陶具、周天子的礼器、秦始皇的人俑到汉皇后的玉玺、唐惠妃的石椁……先民们创造了这些巧夺天工的艺术形象,给予支持的时代背景便是关中平原在当时的高度发展。2018年5月"陕西古代文明"基本陈列还完成了重新布展,这是所有人首次或再度拜访这里的一大理由。(见110页)

❷ 大雁塔,向南看

四方楼阁式砖塔的**大雁塔**(见118页)像是从唐朝穿越来的一位古拙老者,看尽了战火兵戈,也对时移俗易的当代变化见怪不怪。21世纪初建成的北广场音乐喷泉、南广场玄奘铜像已成经典,继续向南,纸醉金迷的**大唐不夜城**(见121页)更在近两年,与西安一道成为中国最具代表性的"网红"之一。在夜色中浮光掠影,不到1200米的距离就能和唐僧、李白、太宗、武后、玄宗擦肩而过,盛唐气象仿佛真的就在眼前。

❸ 唐密遗韵

印度总理莫迪拜访西安的"首选"**大兴善寺**(见118页)、日本高僧空海求法的**青龙寺**(见126页)宗教地位超群:曾在中国失传千年有余的唐代密宗,传承法脉就是从这两座古刹源起。大兴善寺依旧香火旺盛、院落重重,唐转轮藏经殿上新建的铜亭中,供奉的大黑天

左图：明彩绘仪仗俑群；
右图：陕西历史博物馆中陈列的兵马俑。

等神祇止是密教护法神。青龙寺变成了唐风庭院的纪念馆和博物馆，初春时节的空海纪念碑前总是花影浮动，夕阳时分则为乐游原增添了静谧悠然的氛围。

❹ 大明宫国家遗址公园

"九天阊阖开宫殿，万国衣冠拜冕旒"，含元殿万国来朝的盛况如今只能从诗句中读到，华夏民族世界观中筑造的权力中心，如今剩下的也仅有一抔抔黄土基底。文字记载为后来者提供了数不尽的风流故事，依托考古研究建起的国家遗址公园，则让每一块碎片、每一寸夯土鲜活起来。除了备受争议的丹凤门，这里没有复建任何一座建筑。人们能够以今日的视角，去观看和想象这里昔日的风光，才是遗址公园的意义。（见130页）

❺ 灞河

古人有灞桥折柳、送别长安的风俗，今天的灞河则拦起大坝，蓄出的宽阔水面贡献了西安最赏心悦目的水景公园。地铁3号线和陇海铁路的列车在桥上轰隆驶过，浐灞生态区的自行车专用道沿河铺展，耀眼的长安塔在**世界园艺博览园**（见129页）的绿荫中格外醒目。根据记载，这一段灞河在唐朝是繁忙无比的广运潭码头，玄宗时代还办过水运博览会——果真在西安，任何东西都能追溯出了不起的历史。

大雁塔与大慈恩寺的佛像。

城墙外亮点

青龙寺。

大明宫银汉门出土的葡萄瑞兽方砖。

长安塔。

★ 最佳景点
陕西历史博物馆

陕西的黄土有多厚重,历史就有多悠久。公元10世纪前中华文明的历史长河中,礼周、强秦、雄汉、盛唐和丝绸之路,伟大的传奇少不了西安这颗璀璨明星。3000余件展品陈列馆中,国务院评定了9件禁止出国(境)展览文物,坊间更提炼出"十八国宝",若你稍不留意,就可能和国家一级文物擦肩而过。但这些只是馆藏170万余件文物的冰山一角,2019年官宣:浐灞新区将要建设新的陕西历史博物馆!

(见144页地图;📞8525 3806;www.sxhm.com;雁塔区小寨东路91号;"陕西古代文明"基本陈列、国宝厅和临时展览免费参观,需在官网或微信公众号"陕西历史博物馆票务系统"提前预约,参观当日凭有效身份证件现场领票,讲解100元起;⏰旺季3月15日至11月14日8:30~18:00,淡季11月15日至次年3月14日9:00~17:30,闭馆前1.5小时停止领票,周一闭馆,国家法定节假日正常开放,除夕可能闭馆;Ⓜ小寨,大雁塔)

陕西历史博物馆外观。

国宝厅

这是2018年陕西历史博物馆升级改造后的最大亮点。步入主楼,大厅正中心"天下第一狮"唐顺陵石狮(复制品)的身后,便是用一整个200平米的展厅,只聚焦于最中心唯一一件文物的国宝厅。迄今为止,已有西周淳化大鼎、秦"绿脸"兵马俑、汉茂陵鎏金铜马、唐骑驼胡人小憩俑……相继出现在这里的陕西国宝系列特展上。

据悉陕西历史博物馆罗列了一份文物名单,基本囊括了陕西最顶级的文物珍品;按计划,名单上的100件(套)文物将以3个月为一期,陆续进入这里享受"包场"的待遇。同时,陕西历史博物馆还计划以"国宝回家"为题,协调收藏于国家博物馆和其他外省博物馆的"陕籍"文物回乡展出。

第一展厅

在"陕西古代文明"基本陈列中,最开始的"文明摇篮""赫赫宗周""东方帝国"三大单元,梳理了秦之前的悠悠历史。黄河中游的陕西是中华民族的摇篮,在史前时期就孕育出精彩的文明。蓝田猿人塑像拉开这一篇章,仰韶文化半坡遗址文物迅速进入主题:**彩陶人面鱼纹盆**(国宝级)是孩童葬具瓮棺的顶盖,盆底的小孔供灵魂出入;**红陶尖底瓶**为半坡人的自动汲水器,已经运用到了近代物理学中的重心原理和定倾中心法则。分别出土于黄陵县的**陶塑人头像**、杨官寨遗址的**镂空人面深腹盆**,都有着酷似QQ表情的蠢萌外观。

从周原到丰镐,陕西一直都是西周的政治中心,"赫赫宗周"的主题便是商和西周的青铜文明。**饕餮纹四足鬲**(国宝级)是商代晚期作品,为迄今唯一发现的四足鬲(三足是鬲

的基本特征），饕餮眼睛还采用了高浮雕手法。**五祀卫鼎**（国宝级）、**多友鼎**（国宝级）和终于从库房拿出并对外展览的**㝬（yú）鼎**（国宝级）都刻有极具史料价值的铭文，对研究西周土地、法律、军事等方面有重要意义。造型繁复又美观的**日己觥**和**牛尊**则体现了周人高超的青铜艺术。

东周迁都洛阳，秦人顺势登上了陕西的舞台，最终耗费500余年打造了一统华夏的强大帝国。**杜虎符**为战国时期秦国的虎符，横扫六合的严明军纪仿佛就在眼前。"**廿六年诏**"**陶权**刻有秦始皇二十六年为统一度量衡而颁发的诏令，权为古代天平的砝码。"虎狼之秦"最负盛名的兵马俑这里也有，且都为真品，能看到蓄势待发的**跪射俑**、英姿飒爽的**立射俑**、威风凛凛的**车马俑**……虽说体会"地下军队"的气势仍要去临潼现场，但这里更方便欣赏细节。

第二展厅

"大汉雄风"起兮云飞扬，霍去病墓"马

亮点速览

➡ 重温"大汉雄风"和"盛唐气象"的中华盛世。

➡ 在何家村窖藏文物展开启《长安十二时辰》。

➡ 去国宝厅看看能和哪件顶级国宝相遇。

➡ 花"重金"完成唐朝古墓的一次穿越。

➡ 和兵马俑驻陕西历史博物馆"代表"近距离对视。

➡ 别忘了商周青铜器和五代-北宋瓷器。

踏匈奴"石雕（复制品）意气风发。**鎏金铜蚕**（国宝级）因丝绸之路的历史渊源和"一带一路"的国家战略，近年来名声大噪；贵霜铜币、希腊文铅饼等亚欧古国货币出现在遥远的汉朝，也是中西方文化交流的见证。发现于汉长陵附近的**皇后玉玺**（国宝级），普遍认为其主人即权倾朝野的汉高祖皇后吕雉；**鎏金银竹节**

参观小贴士

➡ 2019年下半年起,陕西历史博物馆执行所有票务都要网上预约的新规,调研期间免费票提前7天(含参观日)开始预约;旺季请卡着最早时间登录网站预约。

➡ 预约不到免费票,不妨试试30元的何家村展门票;调研期间两个特展都是提前2天开始网上预约,30元看"大唐遗宝"绝对物有所值。

➡ 正规讲解服务(100元/10人以下)要排长队才能等到,博物馆还会安排志愿者(不乏民间高手)提供免费讲解,"博物馆讲读"手机App也能用。

➡ 自拍杆禁止带入,博物馆提供免费3小时存包的服务;拍照文物不能使用闪光灯,唐代壁画展则是严令禁止所有形式的摄影摄像。

➡ 博物馆地下一层有咖啡馆和快餐厅,院子有直饮水;附近翠华路的**子午路张记肉夹馍**(见137页)口碑很好,先"咥一个",饱腹才好刷国宝。

➡ 陕西历史博物馆文创产品的开发加力,除了唐仕女、兵马俑等常规形象,虎符、香囊等产品也已上线;可逛逛博物馆商店,大唐不夜城也有实体店。

➡ 天猫、去哪儿等旅游门户网站有陕西历史博物馆不同展馆组合的讲解定制团,价格算下来比较优惠,有时还能帮你解决预约不到票的问题。

铜熏炉(国宝级)精雕细镂,据信是汉武帝赐给阳信长公主及其丈夫大将军卫青的赏物。**彩绘雁鱼铜灯**减少油烟污染的设计极其巧妙,鸿雁回首衔鱼的形象充满雅趣;同样让人一眼难忘的**金怪兽**身上隐藏了17只飞鸟,根据底盘上的小孔推测可能是匈奴首领帽上的冠饰。别小看残破的**灞桥纸残片**,它出土于一座不晚于西汉武帝时代的墓葬,造纸的历史也从东汉蔡伦

唐代三彩男装女俑。

时代提前了200余年。

下一个单元"冲突融合"覆盖魏晋南北朝,战乱频繁、政权更迭的同时,丝路依然繁荣,佛教之风东渐。**多面体煤精组印**主人独孤信的3位女儿分别嫁给了北周明帝、隋文帝和唐高祖,独孤信也被戏称为"天下第一丈人"。**安迦墓石榻**的主人则是粟特人的后裔,墓志记载他为姑臧(武威)人,在同州(大荔)当官,石榻上的浮雕彩绘充满了异域风情。洁白晶莹的西魏**白石佛龛像**,北朝风格造像清俊优雅,可能是北周武帝灭佛时被僧人埋葬保存的。

第三展厅

"盛唐气象"终于到来,一铺开便是洋洋洒洒的磅礴大气。釉色青碧似湖面的**秘色瓷**出土于法门寺地宫,揭开了这种以前只见于史料的皇家瓷器的面貌。**三彩女立俑**体现了唐人的审美,唐仕女化妆顺序、发型样式的展示让人跃跃欲试。**三彩载乐驼俑**(国宝级)构思大胆浪漫,狭小的驼背成为七男一女的乐舞台,汉

鎏金铜马。

家衣冠配上西域乐器更是丝路繁盛的写照。**海兽葡萄镜**同为中外交流的象征,西域传来的葡萄、狮子被中国文化纳为吉兆,是唐代铜镜的常见题材,这枚重达10斤有余的"大海兽"更为其中精品。**鸳鸯莲瓣纹金碗**(国宝级)和何家村展的同名文物是一对,不过据说因为参观人数过多,这一件的色泽状态等已有下降。**唐敬陵贞顺皇后(武惠妃墓)石椁**的石板构件上有精美的线刻和壁画;重达27吨的石椁曾流落海外,被追回后存放于库房,最终得以展出。

辉煌过后仍有余音,"文脉绵长"单元诉说着唐以后的陕西古代历史。**青釉提梁倒注壶**(国宝级)是五代耀州窑珍品,因有"百鸟之王"凤凰、"百兽之王"狮子、"百花之王"牡丹的形象,又被称为"三王壶"。北宋**黑釉油滴碗**(国宝级)也因高难度、复杂的制作工艺而实属罕见。**幻方铁板**出土于火车站附近的元代安西王府所在地,是我国数学史上应用阿拉伯数字最早的实物资料。明秦简王的**彩绘陶仪仗俑群**由300余位惟妙惟肖的小巧人俑组成,钟山石窟造像(复制品)更让人如临佛国。

大唐遗宝——何家村窖藏出土文物展

(门票30元,需在官网或微信公众号提前预约,参观当日凭有效身份证件现场购票,讲解50元起)别让"村""窖"的字眼混淆视野,更别因为这里收费30元而过门不入,在我们看来那可是"因小失大"的遗憾。在这里,4件国宝级文物已经撑起了"大唐遗宝"的穹隆,其他精美绝伦的金银玉器更是锦上添花。

如果硬要在陕西历史博物馆挑选一件"镇馆之宝",**镶金兽首玛瑙杯**(国宝级)呼声最高。它由一块天然的红、棕、白三色玛瑙雕刻而成,造型来源于希腊"来通",即用来注神酒的圣杯,但产地仍有争议。**鎏金舞马衔杯纹银壶**(国宝级)是大唐金银器的代表,壶身上的纹样栩栩如生,再现了玄宗朝"腕足齐行拜两膝……更有衔杯终宴曲"的舞马表演盛况。**鎏金鹦鹉纹提梁银罐**(国宝级)和**鸳鸯莲瓣纹金碗**(国宝级)的纹饰之精美都可称巧夺天

听一场专题讲座

陕西历史博物馆推出的**历博讲坛**免费向公众开放,常有国内知名的考古历史专家前来献讲。关注"陕西历史博物馆学术讲坛"微信公众号可了解最新资讯,并预约入场资格。

陕西省图书馆(见144页地图;⏰8:30~20:30,周一13:30~20:30,法定节假日9:00~17:00;☎8539 7162;www.sxlib.org.cn;碑林区长安北路18号;凭有效身份证件免费办理借阅证;⏰8:30~20:30,周一推迟至13:30开馆;Ⓜ体育场)**陕图讲坛**内容覆盖面更广,还常举办非遗体验课程等。新浪微博@陕西省图书馆,或同名微信公众号都会及时发布相关信息。Ⓛ

工,后者在基本陈列中还有一件形态相同但重量略有差别的文物。

葡萄花鸟纹银香囊因登上《国家宝藏》而骤然爆红,支点悬挂法和同心圆机环造就了香盂不倒的巧妙平衡;节目将其和杨贵妃的爱情悲剧联系起来,香囊也多了几分浪漫的韵味。何家村还出土了400余枚钱币,在这里组成了一个叫作"珍泉荟萃"的展览。其中**"和同开珎"银币**是日本奈良王朝仿效"开元通宝"铸造的货币,为日本最早铸行的法定货币,数量极其稀少,就算在日本国内也遗存无几。

让人难以想象的是,这些灿若繁星的遗珍都来自两个不及半身高的陶瓮和一口更小的银罐——1970年,它们从西安西南郊何家村的一处建筑工地破土而出。这一片为唐长安城的兴化坊,居住过不少达官显贵和皇亲贵胄,这些宝贝可能就是晚唐一位高官在躲避兵乱时埋在自家后花园的。何家村一跃成为"文物史上最牛的村子",2019年热播的影视剧《长安十二时辰》便有这样的台词:何家村,代表

着大唐的最高工艺。

唐代壁画珍品馆

（门票270元，需在官网或微信公众号提前预约，参观当日凭有效身份证件现场购票，讲解50元起）"地下文物看陕西"，唐代皇家墓室内记录墓主生平、反映社会习俗的一幅幅壁画，就像是带你穿越回大唐的一扇扇"任意门"。1960年至1971年对乾陵陪葬墓的考古发掘带来了这里最早一批、也是最经典的藏品，21世纪初陕西历史博物馆则和具有丰富文物保护经验的意大利合作，最终于2011年开放了这座现代地宫式的展馆。从盛唐到晚唐共97幅壁画陈列于此，气象万千又价值连城，但严格禁止拍照。

懿德太子是唐中宗李显的长子李重润，在武周后期被人逸构而遭杀害。李显复位后为爱子建墓，并特恩"号墓为陵"。《阙楼仪仗图》（国宝级）三重阙的宫殿、仪仗队的雉尾障扇、二十四杆的列戟（《列戟图》）都是天子才能用的。越制的画面寄托着父亲的哀思，也意外地为后世展示了天子大朝的场景。

与懿德太子同时被杀的还有妹妹永泰公主李仙蕙，父亲对她的怀念同样缠绵。唐代描绘女性形象最完美的壁画《宫女图》（国宝级）上，9位服饰发型各异的年轻仕女，便是李显为英年早逝的女儿所准备的。其中第六位女子手中捧杯，又与身后人留有空隙，婀娜的身形得以呈现，被一些人赞为"古代第一美女"。

章怀太子李贤是李显的二哥，他也被母亲武则天胁迫至死，但早年过的仍是锦衣玉食的皇室生活。《狩猎出行图》（国宝级）马背圆垫上的小猛兽有猞猁、猎豹，唐朝贵族喜欢驯养它们帮助捕猎。《马球图》（国宝级）有20多名手持鞠杖击球的骑马者，风靡大唐的马球比赛正进行得无比激烈。《侍女侏儒图》的人物组合颇为有趣，背景却是当时贵族蓄养侏儒取乐的残酷风尚。李显曾以太子身份监国，《客使图》（国宝级）鸿胪寺官员接待使节的场景可能便与此有关，三位异国使者据推断分别来自东罗马、新罗和我国东北的靺鞨族。

（左页起）文物修复展示室；金怪兽；
鎏金银竹节铜熏炉。

⊙ 景点
城南

热闹的小寨商业圈、宜人的曲江生态区是西安本地人喜爱的休闲场所，两座千年古塔则奠定了"南郊"对旅行者的吸引力，国宝荟萃的特级博物馆、光怪陆离的唐风步行街更是推波助澜。想游览这里的陕西历史博物馆、大雁塔和大唐不夜城至少得花上一天时间。

西安博物院　　　　　　　　　　　博物馆

（见144页地图；✆8780 3591；www.xabwy.com；碑林区朱雀大街北段；凭有效身份证件免费领票，讲解100元含小雁塔；◐3月15日至10月9:00~18:00，11月至次年3月14日9:00~17:30，闭馆前1小时停止领票，周二闭馆，国家法定节假日正常开放，除夕可能闭馆；Ⓜ南稍门，省人民医院·黄雁村）这里没有陕西历史博物馆那样的汹涌人潮，还和著名的小雁塔共处一院，极其适合初到西安的旅行者作为拜访的第一站——它会帮你梳理西安悠久的历史脉络和丰富的旅游资源，为接下来的旅程提供一些参考。

博物院主馆拥有"天圆地方"的仿唐风格，灰白色幕墙和玻璃环窗又不失现代清新之风，与千载春秋的小雁塔和新建的水景园林互为映衬。这样的设计出自著名建筑师张锦秋之手，她正是陕西历史博物馆、大唐芙蓉园等"新唐风"建筑的开创者。步入馆内，圆形穹顶下的《长安城郭演变示意图》直观展示了这座古都的地理位置变迁，负一层展厅中心以1:1500比例打造的唐代长安城模型更是夺人眼球。环绕模型布展的"千年古都"陈列，顺着走一圈就走过了西安的千年建城史；一旁的"帝都万象"展厅中**唐三彩腾空马**动感十足，让人过目难忘——这个形象也出现在馆外广场的花坛雕塑上。馆内另有"宝相庄严"佛教造像展、"天地之灵"古代玉器展等常设展览，出土于阿房宫遗址的**秦代玉高足杯**同样是镇馆级别的宝物。

小雁塔 历史建筑

(见144页地图; 8780 3591; www.xabwy.com; 碑林区友谊西路72号; 凭有效身份证件免费参观, 讲解100元含西安博物院; 同西安博物院; M南稍门) 小雁塔和西安博物院共处一院, 也同用一张免费门票。若要登塔需缴纳30元的费用, 不过我们调研期间, 出于安全考虑, 小雁塔封闭维修已有一段日子, 未来能否重新开放登塔尚不可知。

小雁塔亦称荐福寺塔。**荐福寺**最初是为辞世的唐高宗祈福而于684年建造的, 20余年后为了保存高僧义净由海路取回的佛经和舍利子而建塔, 寺庙也成为长安城三大译经场之一。躲过了唐武宗灭佛的荐福寺, 最终还是逃不过唐末战乱的劫数, 如今塔下的寺庙建筑已是明朝以来的作品。

好在15层密檐式结构的小雁塔保存了下来。1300余年间的70余次地震非但没将其摧毁, 还发生了神奇的"三裂三合"; 只不过最高两层还是被震掉了, 塔顶成了一处露天观景台。小雁塔也是清代关中八景之"雁塔晨钟"的发生地, 那口响彻西安城的金代铁钟仍挂在塔南的钟楼里。明清两代西安府的武举人则依照唐朝文科进士在大雁塔题名的旧例并做出改造, 寺内十几通石碑即见证了武举"雁塔题名"的春风得意。树荫连绵的园林院落是小雁塔的另一大看点, 特别是秋季, 银杏和悬铃木撒下金黄的涟漪, 浪漫万分。2014年, 小雁塔作为一个遗产点列入了世界遗产"丝绸之路: 长安—天山廊道的路网"; 2018年小雁塔历史文化片区改造工程拉开了帷幕, 未来这一片有望成为另一个历史风情街区。

从友谊西路上的北门一进来就是小雁塔。塔北有名为**雁园**的传统文化基地, 可观看皮影戏、木偶戏演出, 参与皮影制作、汉瓦拓片等; 塔南的**乐寿堂**则有长安古乐(票价35元; 9:30~19:40共6场)演出, 可欣赏这种非物质文化遗产。北门有时候团队领票排队太长, 不妨走朱雀大街上的西门进入, 先行参观西安博物院。

(左页起)西安博物院外观; 西安博物院收藏的民间石马; 俯瞰小雁塔。

大兴善寺　　　　　　　　　寺庙

（见144页地图；**☎**8522 7071；雁塔区兴善寺西街55号；免费参观；**◯**8:00～17:00；**M**小寨）2015年印度总理莫迪访问西安，主动提出第一站就要去大兴善寺，这令中方接待人员始料未及——在遍布历史名胜的西安，仅为省级文物保护单位的大兴善寺实在算不上热门。紧急布置好正在修缮的正门后，大兴善寺终于开门迎来了这位印度贵宾。

追忆大兴善寺的往昔，便不难理解莫迪的这份情结。寺庙的历史可远溯到公元3世纪的西晋，但迟到现今地址、改名大兴善寺，要到6世纪末隋朝兴建大兴城之际了。"寺殿崇广，为京之最"的新寺建成后，这里和印度的渊源便层出不穷。先是有"开皇三大士"之称的印度密教僧侣那连提黎耶舍、阇那掘多、达摩在此传法译经，建立了隋代第一个国立译经馆。盛唐又有号称"开元三大士"的天竺高僧善无畏、金刚智、不空住锡大兴善寺，弘扬密宗并翻译佛经，中原王朝首个灌顶道场便设立在此处。大兴善寺得以和大慈恩寺、荐福寺并列长安三大译经场，并且被世人尊为中国佛教密宗的祖庭。

1400年来大兴善寺屡毁屡建，但香火从未彻底断过。今天的大兴善寺早已是"汉族地区佛教全国重点寺院"，且为西安市佛教协会驻地；规模之大虽名列西安市区寺庙之首，但又绝非大众旅行目的地。寺内不会遇见喧闹的旅游团，可以静静地感受肃穆的宗教氛围，并在唐代转轮藏经殿遗址、《唐大兴善寺大辨正广智三藏国师之碑》、密宗法脉展等处遥想失传已久的唐密风采。寺庙门口的兴善寺西街东口，也建有立着印度高僧铜像的译经广场。

大雁塔　　　　　　　　　历史建筑

（见144页地图；**☎**8555 1600；雁塔区慈恩路1号；门票40元，登塔30元；**◯**3月至10月8:00～18:30，11月至次年2月8:00～17:30，闭门前半小时停止售票；**M**大雁塔）古朴端庄的大雁塔不仅是西安最具辨识度的城市地标，看似简单却又雍容大气的四方楼阁式砖塔造型，更是盛唐气度的绝佳符号。放眼南

🏛 东西南北看西安

老西安有几句老话，概括了古城四个方向上的生活日常，也能从中窥见历史传统和城市规划间的因果缘由。

南门（永宁门）见面说"考上了么"，是这一带文脉不断的真实写照。唐长安仅存的两大地面建筑、藏经译经的大雁塔和小雁塔就在南城墙外，雁塔题名、曲江流饮等文人雅趣也成了世代相传的佳话。北宋关学的重要人物吕大忠为了保护《石台孝经》《开成石经》等唐代石典，将它们搬移至城墙东南角的长安府学兼文庙，创建了西安碑林。明朝关学大家、"关西夫子"冯从吾又在南门里创建了关中书院，为晚明和清代陕西最负盛名的学府，门外的书院门如今也是文房四宝主题的商业街。中华人民共和国成立后，西安成为国家重点打造的科技文化教育中心，西安的大专院校及文化科研机构数量居全国前列，而且有相当一部分落户城南，包括近

左图：永宁门城楼；上图：俯瞰西安城墙。左图：©视觉中国；上图：©视觉中国。

年来新建的长安大学城。家长和同学碰面问一句"考上了么"，再正常不过了。

东门（长乐门）见面说"抓住了么"，原因盘根错节。明清迄今的东关是西安通往东部中原的门户，各种商贸文化交往频繁，关城规模也要比其他三关大上数倍。商业发达的同时，人口也更多更复杂，还有不少逃难来的外乡人聚集于此。这里曾有很热闹的"鬼市"，即地摊，人们倚着城墙根儿搭棚摆摊，卖的除了二手物件和小商品，也有来路不明的赃物，经常有公安人员在此蹲点。因此东门乡党打招呼会说"抓住了么"。现在鬼市已经没有了，但小东门和八仙庵两个古玩市场依旧水很深。今天的东关仍然是西安最具市井特色的一片街区，康复路批发市场也还是西北地区重要的综合性集贸市场。

北门（安远门）见面说"打架了么"，也和民国时期的难民有关系。1936年陇海铁路修到了西安的北城墙外，很多河南老乡就像电影《1942》所表现的那样沿铁路逃荒过来，最终在车站附近搭窝棚住下。这片昔日最大的棚户区被称为"道北"，环境恶劣、治安堪忧，还出过几位让人谈之变色的江洋大盗，实实在在出了不少恶名。当然现在的道北已经今非昔比，城市改建和房地产扩张合力给这里做了回大手术，大明宫国家遗址公园也是从这片大地获得新生的。今天在西安城里到处可见的胡辣汤，其源头也可追溯到河南难民，只不过肉丁变成肉丸，并发展出了本地特色。

西门（安定门）见面说"吃饭了么"，有两种解释。一种是说钟楼往西的回坊饮食众多，美味出彩，打招呼说句"吃饭了么"再自然不过。另一种是说从"一五"计划到大三线建设时期，西郊建起了不少工矿企业。所以这一带大部分居民都是工人家庭出身，他们并不温文尔雅，过的也是实实在在的普通日子，而"吃饭了么"算是中国最普通老百姓的见面礼节。

★ 值得一游
西安电影制片厂旧址

（见144页地图；雁塔区西影路508号；园区免费参观；Ⓜ北池头、大雁塔）曾在《古今大战秦俑情》中出镜的螺旋桨飞机就摆在广场上，雕塑基座骄傲地写道"中国电影从这里走向世界"，星光大道排列着一座座国际电影大奖的奖杯模型……西影的骄傲和回忆，停留在梧桐树荫下的苏式红砖厂房中。这片西影的老厂区改造成**西影电影艺术体验中心**（☏8553 6882；门票90元；⏱5月至10月9:30~21:00, 11月至次年4月9:30~17:30），已于2019年9月开业，包括老爷车博物馆、胶片收藏库、大话西游奇妙屋、放映机收藏博物馆、光影互动体验区等多个功能区。Ⓛ

雪中大雁塔。

北、喷泉秀、灯光秀、不夜城……西安的时尚也在此跳跃。

最先建起的是塔下的**大慈恩寺**。唐贞观二十二年（648年），太子李治为去世的生母长孙皇后追福而建了这座皇家寺庙；年底玄奘法师受命移就于此，继续他的佛典翻译工作。永徽三年（652年）为安置经书，玄奘参与设计并主持建造了大雁塔，据信最初的造型应为印度的窣堵坡（stupa）形制，且层数为五。奇特的异域风格没有延续太久，武则天统治期间的一次重修，大雁塔便改建成了楼阁式砖塔。今天所见的七层佛图，更是明万历年间又一次大修后的结果，但仍维持着唐朝的基本造型。大慈恩寺却已彻底改头换面，如今的寺庙已是明清作品，且规模小了太多。但凭借着和玄奘千丝万缕的联系，以及法相宗（即唯识宗，也称慈恩宗）祖庭的宗教地位，这里的香火一直都很旺盛。

上塔基来到大雁塔底层，南门洞两侧墙上是唐太宗所撰的《**大唐三藏圣教碑**》和时任太子李治所撰的《**大唐三藏圣教序记碑**》，由唐代著名书法家褚遂良所书，堪称"雁塔至宝"。登塔时留心观看门楣和墙壁上各朝代的刻画印记。唐朝兴起文科进士"雁塔题名"，明清中举题名之风更盛；而透过一层叠一层的题名"涂鸦"，更珍贵的唐石刻画被压在了底层——据传有的是吴道子手笔，西门楣上的《阿弥陀佛说法图》为阎立本所作的说法更加可信。可惜内有铁栏围护，如今登上七层塔顶，已无法像古人一般极目远眺。

作为唐长安城留存至今的最壮观建筑，大雁塔自然而然成为西安市重点打造的旅游文化区，各种以其借景的项目层出不穷。**北广场音乐喷泉**喷了10余年仍是游客们的心头爱，除非有时候大规模设备维修，每天都会表演3~5场；喷泉南侧看台为收费区（30元），其实在北侧免费区看喷泉和佛塔的结合更有趣。南广场的玄奘雕像同样是游客竞相合影的对象，一旁的大悦城商场有不错的雁塔景观位，正对面的大唐不夜城则是西安最"网红"的地方。大雁塔东、西两个方向还

大唐不夜城。

打造有秦腔、关中民俗等不同主题的免费公园，其中**唐大慈恩寺遗址公园**（免费参观）清幽僻静，最值得一游。

来往不绝的游客使大雁塔成了"旅游集散中心"。曲江旅游环线、环山线公交的始发站都在大雁塔东的芙蓉东路上，前往兵马俑的307路也在雁塔北路设有站点。

大唐不夜城 　　　　　　　　　商业街

（见144页地图；雁塔区大雁塔南侧；Ⓜ 大唐芙蓉园、大雁塔）在网络营销如火如荼的当下，大唐不夜城无疑是一个相当成功的案例。2019年初才完成升级改造的它，迅速在各大社交软件刷屏，许多外地人也因之将西安列入了近期旅行清单。

伴着夜色苍穹，琳琅满目的彩灯、变幻莫测的光柱、仿唐建筑的底色……的确能带给游客"此情只应天上有"般的梦境，让人感慨重金打造就是好。喊泉、钢琴街等互动式开放景观的设计，以及不倒翁、石头人等"网红"节目的常规化表演和各乐队、秦腔剧团的纷纷驻场，更是满足了大众游人跟风凑热闹的心态。而帝王、诗人、工匠等大唐群英塑像群的布置，音乐厅、大剧院、美术馆（免费参观）等公共建筑的设立，也能让人切实感到这个大型商业体对历史文化传承的一份责任感。不过若追究历史细节，唐朝的里坊、宵禁制度下，可不会出现这样的全天候开放式商业街。当然，还请跟随感官，在光影音效果中强行"梦回大唐"吧！

注意大唐不夜城深夜叫车比较紧张，请做好心理准备或提前离开。

曲江艺术博物馆 　　　　　　　博物馆

（见144页地图；☎6893 8021；www.qujiangmuseum.com；雁塔区慈恩路66号；专题展和临时展50元，通票175元；☀夏季9:00~20:30，冬季9:00~17:30，除夕闭馆；Ⓜ大雁塔）这家民营博物馆位于大唐不夜城北段，坐落在威斯汀酒店的地下层。通票价格确实贵得惊人,但常有各种大幅度的优惠,每月第一个周五还会面向前200名参观者(需持身份证)免费派发通票,对于威斯汀酒店的住客也是免票开放。

博物馆常有来自国外的临时展览,专题展则叫"金玉满堂",陈列古代皇家金器和当代玉雕精品。基本展厅的主题为"色挂形象穷神变——中国古代壁画源流",80多幅壁画精品(有相当一部分是原件)带你走过上至新石器时代、下至晚清的悠悠岁月,并从画中一窥当时的宗教信仰、日常生活和文化艺术。

柴窑博物馆   博物馆

(见144页地图;133 1929 7158;雁塔区雁南三路近开元广场;凭有效身份证件免费参观;10:00~17:00,周一闭馆;M大唐芙蓉园)柴窑是五代十国皇帝后周世宗柴荣的御窑,瓷器的特点是"青如天,明如镜,薄如纸,声如磬,滋润细媚有细纹"。这家位于大唐不夜城南端、开元广场西侧的民营博物馆展出了不少柴窑瓷器精品,特殊的灯光装置能让人体验瓷片惊人的透光性。

天坛遗址公园   历史遗址

(见144页地图;雁塔区天坛路;免费参观;9:00~18:00;M会展中心)北京天坛闻名四海,而在西安城南郊,更古老也更质朴的隋唐天坛(圜丘)藏在历史角落千余年后,终于在2018年初以遗址公园的形象重新亮相。

隋开皇十年(590年),大兴城(长安城)正南门明德门外,向东不远的位置筑起了四层高、十二陛阶、夯土材质的圜丘。随后3个多世纪,冬至日祭祀昊天上帝的国家仪式上,隋文帝、隋炀帝、唐太宗、唐高宗、武则天、唐玄宗等风云人物在这里相继亮相。俱往矣,1100年后的今天,考古发掘、原貌整修后的天坛被栏杆围起,一切都是空寂的,对照不远处鳞次栉比的玻璃幕墙办公楼,仿佛一位不知所措的穿越者。

大唐芙蓉园。

大唐芙蓉园   公园

(见144页地图;8551 1888;www.tangparadise.cn;雁塔区芙蓉西路99号;微信公众号"大唐芙蓉园"预约免费票,或购买50元门票;9:00~22:00;M大唐芙蓉园)各路评价褒贬不一,这里其实是一座以新修的仿古园林建筑为主的"唐风主题公园",确实能拍出不少美照,若有兴趣cosplay唐代仕女拍拍照也不错,紫云楼的唐长安城沙盘投影秀(11:00~17:00每逢整点开始)更是2019年才推出的高科技新亮点。没必要用一整天时间游玩大唐芙蓉园,下午3点入园也能赶上大多数演出,再趁傍晚光线最佳的时候按几下快门,最后在霓虹彩灯中漫游神思。景区内的凤鸣九天剧院每晚19:30或20:30还会有大型乐舞剧《梦回大唐》(票价298元起,含大唐芙蓉园门票)上演,另有水舞光影秀《大唐追梦》(票价318元起,含大唐芙蓉园门票),每晚20:30从北码头乘船

观看。

公园有多个大门,地铁站离南门和西门距离相当,离大雁塔南广场最近的是西北方位的春明门,只相隔500米。

曲江池遗址公园　　公园

(见144页地图;雁塔区大唐芙蓉园南侧;免费参观;⊙24小时;M曲江池西)这里和大唐芙蓉园水系相通,但水面开阔许多,仿唐楼阁却很稀少,可以看作芙蓉园景区的朴实版本。按照历史记载,这里才是隋唐芙蓉园(曲江池)所在地。

当时这里既是皇家园林,又是公共区域;不仅流传着皇帝与老百姓同游的佳话,也留下了"曲江流饮"的风流诗韵——盛唐风气之开明、长安半城之繁华、八水绕城之野趣,都在曲江池畔辗转缠绵。遗址公园同样是由"新唐风"大师张锦秋主持设计的,主要游览道上布置着柱基石、门头石、拴马桩,处处流露出关中气息。湖面可以划船(手摇/脚踏船80/120元/小时),也大大提升了居住环境,一旁的曲江新城几乎都是高楼和别墅,为西安的中高档生活区。

寒窑遗址公园　　公园

(见144页地图;☎8556 5555;雁塔区寒窑路18号;免费参观;⊙公园24小时,遗址区9:00~17:00)王宝钏苦守寒窑十八载的故事便发生在这里。遗迹修复的尺度把握不错,狭小古朴的"寒窑"里还放置着家居用品表明当时的用途。遗址区外围则被打造成了"爱情主题"园区,一些莫名其妙的场景设置让人啼笑皆非。调研期间,遗址区免费开放,但需在微信公众号"西安曲江遗址公园"上提前15分钟预约。

大雁塔南北广场、大唐芙蓉园春明门外乘坐601路公交都能到达寒窑,大唐芙蓉园地铁站外则可搭乘212路公交,中巴曲江公交旅游环线同样没有寒窑站。从曲江池东岸走过来也不远。

秦二世陵遗址公园　　　　　　陵墓

（见144页地图；☎8542 8866；雁塔区曲江池南路252号；免费参观；◎公园9:00~22:00,博物馆夏季9:00~17:30,冬季9:00~17:00）秦始皇陵的高大封土配得上"千古一帝"，亡国之君胡亥能保留这样一个长满青草的小小土坟，也已实属幸运。除了少量文物陈列，博物馆主要通过图文、蜡像及多媒体的方式介绍秦二世的生平，包括与他相关的"指鹿为马"等成语的来历。关注微信公众号"西安曲江池遗址公园"即可提前半小时免费预约门票。

另辟蹊径
唐长安城墙遗址

摊开今天的西安地图，能看到在南面的雁塔二路、明德二路、电子四路南侧，有规整的长条形街心公园；市区西部的唐延路、东部的新开门路也有这样的绿化带。将它们连接起来正好组成一个方方正正的形状。这便是唐长安（外郭）城的轮廓，城池范围可比明清古城要大出太多。千年前的唐城墙早已没有了地面遗存，绿化带形式的城墙遗址公园也缺乏看点。但如果你要从大唐不夜城南端去曲江池，不妨沿着**唐城墙遗址公园（雁塔二路段）**（见144页地图）走过去，能看到用有机玻璃保护起来的护坡遗址。

和唐长安城有关的还有城西的**丝绸之路群雕**（见148页地图；M开远门，汉城路）。附近的开远门为唐长安西北门，老西安人习惯称其大土门。相传这里曾立有石碑，上书"西极道九千九百里"，唐朝商人正是从这里踏上丝绸之路，西域胡商也喜欢就近在开远门一带下榻。土门遗址荡然无存，不过1987年为了纪念张骞通西域2100周年，在附近的街心花园塑造了这组由唐人、波斯人、骆驼、马和狗组成的丝路商旅花岗石雕像。

大雁塔北广场乘坐224路、地铁曲江池西附近乘坐504路，在曲江池南路竹里巷口站下车最近，中巴曲江公交旅游环线也在这里设有站点。如果你恰好在曲江池南岸，走过来就可以了。

杜陵遗址生态公园　　　　　　陵墓

（见143页地图；☎8559 1559；雁塔区雁翔路1号；门票35元；◎9:00~17:00）汉宣帝刘询名气不如高祖刘邦、文帝刘恒、武帝刘彻，但论起人生传奇和历史功绩同样毫不逊色，他和原配许平君的"故剑情深"更是中国古代帝王的爱情典范。杜陵便是他的陵寝。

年少时流落民间的刘询常在长安东南的鸿固原游玩，登基后将自己的陵园选在了这片充满回忆的地方，而非遵循西汉帝王旧例归葬咸阳原，鸿固原也在后世得称杜陵原。如今，在清代陕西巡抚毕沅所立的"汉宣帝杜陵"碑后，便是边长120米、高30米的墓冢。登上荆棘和杂草丛生的封土，西安市区的高楼大厦在西北方向铺展远阔，终南山则在南面拉起了高耸入云的天际线；向东南望去，不远处另一座高大的封土便是他最后一位皇后邛成王氏之陵。

和其他未曾大规模考古开发的汉帝陵类似，除了封土，杜陵只能看到寝殿、便殿、陪葬坑等遗迹。但这里的森林景观值得亲近，秋天层林尽染，银杏大道美得醉人。园内还有一座**秦砖汉瓦博物馆**，能看到那些见证着几千年前繁华的建筑部件。这里收藏了西周至明清的瓦当和古砖，数量3000件有余；镇馆之宝"天人合一"瓦当出自汉武帝延寿宫，各种画像砖、刑徒砖和浮雕砖也很有艺术价值。博物馆还设有瓦当拓片、彩绘的体验项目（60元）。

杜陵的公共交通不太便捷，调研期间，专程前往最推荐的是乘坐地铁4号线在航天大道出站，转乘736路公交在雁翔路雁引路口（五典坡）站下车，再步行1公里即到。

城东

园博园、半坡遗址和青龙寺都可列入清单。和浐灞生态商务区与纺织城老工业基地

唐城墙遗址公园。

另辟蹊径

明秦王墓

（见143页地图）和敦厚大气的汉杜陵相比，西南不远处的明朝秦王墓绝对是另一种形式的存在。"高一丈八"的坟茔也称得上巨大，但在汉陵的映衬下竟显得十分袖珍。不过明代墓葬制度发展得相当成熟，神道两侧的石像生配套完善、雕工精细，而且有不少都很好地保存到了今天。

朱元璋次子朱樉一脉的明秦王就藩西安共传15世，杜陵原也是他们选定的家族墓园。探访杜陵的"走陵"爱好者，不妨再乘2站736路公交在大府井站下车，向西步行300米即到**愍王朱樉墓**，这位初代秦王墓的神道石刻价值最高；继续向西1公里的简王井村，村舍旁能找到**简王朱诚泳墓**的石马；之后再向北1公里，经过西安胸科医院就能回到公交频繁的五雁路上。

相比，东门外的东关常被忽视：唐以后中国经济中心东移，这里担当起西安对外交流的桥头堡，成为古城四关中最繁华所在，其间藏着不少美食、古巷、庙观等冷门惊喜。

罔极寺　　　　　　　　　　　寺庙

（见146页地图；碑林区炮房街49号；免费参观；⏰7:30~16:30；Ⓜ朝阳门）罔极寺本是唐朝太平公主为纪念母亲武则天而建，曾为"穷极华丽"的京都名寺。唐亡后寺庙被毁，明初重建时移至如今东关的位置。现存的寺庙只是一座颇有设计感高楼下的小巧庵堂，十几位尼师在此清修，饲养的几只孔雀平添了几分生气。

八仙庵　　　　　　　　　　　道观

（见146页地图；☎8240 9196；碑林区北火巷12号；门票3元；⏰7:30~18:00；Ⓜ康复路）罔极寺再向前步行不到10分钟就到了这座道观，民间传说是吕洞宾遇汉钟离、"一枕黄粱"悟道之处，也有说法是《饮中八仙歌》"李白斗酒诗百篇，长安市上酒家眠"之地。清末慈禧西行避难时曾到此小住，拨银赐名"敕建万寿八仙宫"。庵内平时很清静，有时能遇上道长奏乐，丝竹悠扬自得。每逢初一、十五、四月十四和九月初九等道家法会时，香火特别旺盛。

基督教东新巷礼拜堂　　　　　教堂

（见146页地图；碑林区东新巷26号；免费参观；⏰7:30~18:00；Ⓜ康复路）城墙内的五星街天主堂走进了大众视野，东关长乐坊的西安第一座基督教堂却依旧少为人知。建成于1909年的东新巷礼拜堂仍保存着初时的结构，拉丁十字式平面搭建有半圆弧形木屋架的楼顶，虽不及天主堂那样风姿出众，但也可作为探访八仙庵、罔极寺、王魁腊汁肉（见139页）之外的小插曲，别有风情。

兴庆宫公园　　　　　　　　　公园

（见146页地图；☎8248 5349；www.

兴庆宫公园。

xingqinggong.com；碑林区咸宁西路55号；免费参观；◐6:00~23:00；Ⓜ️咸宁路）唐长安三大宫殿只有兴庆宫采用了原址仿建的形式，虽然样貌和千年前差了许多，但亭台楼阁依傍水景，又化身为一座可以用来赏春消夏的漂亮园林，只不过游园人从皇亲贵族变为寻常百姓。

兴庆宫曾是唐玄宗李隆基登基前的王府，又在他统治的大部分时间成为大唐政治中心，和太极宫（大内）、大明宫（东内）并列，号称南内。这里不仅见证了唐王朝的盛极而衰，也流传着唐玄宗和杨贵妃的爱情故事，但所有的建筑早已在朝代变迁的过程中化为齑粉。1958年，本着保护文物遗址及古为今用的原则，西安市政府在原址建起了兴庆宫公园；工期仅耗费了4个月，更是那个时代城市建设方面的全国楷模。公园的修建颇具水准，不仅严格遵循了古典造林"一池、三山"的大结构，同时按照历史记载，重建了唐玄宗曾经生活和理政的积庆殿、南熏殿、花萼相辉楼、沉香亭等建筑。公园南门附近还立起了一座**阿倍仲麻吕纪念碑**，纪念这位在中日文化交流史上举足轻重的人物。兴庆宫的花展在西安小有名气，每年有两个花期，分别是春季的郁金香和牡丹展、秋季的菊花展。

兴庆宫公园共有3座大门。南门对面是著名高等学府西安交通大学，北门附近的**景龙池**，还能看到一些老房子，穿过去就到八仙庵。

青龙寺　　　　　　　　　　　　遗址公园

（见146页地图；☎ 8552 1498；雁塔区青龙路；免费参观；◐8:00~17:30；Ⓜ️青龙寺）电影《妖猫传》让空海在中国的知名度得到广泛提升，这位日本高僧求法的地方正是青龙寺。对中国人而言，青龙寺还有更加出名之处：李商隐"夕阳无限好，只是近黄昏"便是于这里所在的**乐游原**吟出的。

始建于隋的青龙寺在唐朝达到了巅峰。密宗大师惠果长期在此修行，青龙寺因此成

半坡博物馆。

为中国佛教密宗的祖庭之一；惠果的弟子空海学成后返回母国创立了真言宗（东密），这里也成为日本信徒心中的神圣之地。北宋年间青龙寺被毁，只剩遗址，再一次的重建一等就是近千年。

20世纪80年代百废待兴，又恰逢中日邦交恢复正常化，青龙寺依照考古发掘成果复建了部分殿堂，仿唐建筑风格的**惠果空海纪念馆**正是中日文化影响交流的明证，**空海纪念碑**前也常有来自东瀛的朝圣者。寺里还立有全国重点文物保护单位的石碑，指的是塔院等唐代遗址。古原楼内的**青龙寺遗址博物馆**（8912 1895；免费参观； 9:00~17:00，周一闭馆，国家法定节假日正常开放）陈列瓦当、墙砖等文物，还有极盛时青龙寺的模型沙盘；图文资料也很丰富，其中关于日本文字、美食和教育与唐代长安之间渊源的故事，读起来颇有趣味。

除了宗教地位，青龙寺所处的乐游原也以自然风光而闻名长安。汉宣帝乐不思归，

★ 值得一游
西安高校游

造访西安的同时，不妨将几座知名学府纳入行程。

西安交通大学（兴庆校区）（见146页地图；碑林区咸宁西路28号； 雁翔路北口）是西安各高校中实力最强的一座，梧桐林荫道和樱花景观路（花期会举办"樱花祭"学生社团节）享有美名。还有很多"高精尖"的工科实验室。校园西南角的**西安交通大学博物馆**（8266 5634；www.museum.xjtu.edu.cn；免费参观； 9:00~12:00，13:00~17:00，周日闭馆）收藏着汉瓦、碑石和铜鼎等古物，秦腔、西部农民画等展览虽小，但也各有特色。

陕西师范大学（雁塔校区）（见144页地图；雁塔区长安南路199号； 会展中心）是国内师范院校中的老牌名校，校园绿树遮天。外墙上长满了爬山虎的**图书馆**姿态出众，相传设计者是梁思成。陕师大南墙外是天坛遗址公园，东门出去不远可到大唐不夜城南端的开元广场。

西北大学（太白校区）（碑林区太白北路229号； 边家村）位于城墙西南城角外，是国内知名的综合类大学。北门旁的**西北大学博物馆**（见96页地图；8830 2156；http:bwg.nwu.edu.cn；凭有效身份证件免费参观； 9:00~17:00，16:15停止入馆，周一闭馆）展览覆盖地质、矿产、古生物、生物、丝绸之路等方方面面，其中镏**金铜蚕**是和陕西历史博物馆同名藏品类似的珍贵文物，**井真成墓志**的主人则为日本遣唐使，志文上有文物史料中最早出现的"日本"两字；同样出彩的还有实际寺出土文物，太白校区历史上是唐长安城的太平坊，实际寺为该坊地标——在自家校园就能考古，这可能便是西大考古系在国内名列前茅的一大原因。馆后还有一块西北联大纪念碑。

另辟蹊径

上一趟灞陵原

（见143页地图）半坡向南，公路盘旋上行，高处的平坦之地便是一片典型的黄土台原。这里位于浐河、灞河之间，土原一直向南延伸到蓝田的终南山下。它是大名鼎鼎的**白鹿原**，由于汉文帝刘恒的灞陵设在白鹿原的北端，所以又被唤作灞陵原。"因山为陵，不复起坟"的灞陵无封土可寻，但汉文帝生命中两位重要女性的陵墓，仍像"东方金字塔"般立于原上。

汉薄太后南陵在陕西省对外贸易学校斜对面，封土仍有24米之高；因汉文帝"亲尝汤药"的典故，陵前还建有二十四孝的塑像。**窦皇后陵**位于任家坡村南，封土上长满了萋萋芳草，隔着灞河深谷的对岸便是临潼的骊山。原上也有**白鹿原白鹿仓**（灞桥区狄寨北路368号；免费参观）的风情街，为多个打着"白鹿原"名号的景区中最方便到达的。

南陵和白鹿仓可在半坡地铁站外乘坐241路公交到达，窦皇后陵则要从白鹿仓继续向北步行3公里。原上没有共享单车；骑车上原要爬长坡，也不现实。⒧

世界园艺博览园。

唐太平公主更在此建造了当时最大的私宅园林，晚唐不得志的诗人李商隐也喜欢"驱车登古原"。只不过当下站在高处远望，规整的道路和高楼尽收眼底，古韵却已全无。好在青龙寺重建时日本捐赠了1000余棵樱花树，如今每逢三四月份的樱花季，原上西风浮动、落英缤纷。数不尽的赏樱人举家前来，届时建议避开双休日游览。这时青龙寺会收取临时门票，但博物馆和外围部分仍旧免费开放。

半坡博物馆　　　　　　博物馆

（见143页地图；☏6281 5385；www.bpmuseum.com；灞桥区半坡路155号；门票旺季3月至11月55元，淡季12月至次年2月40元，讲解60元；⊙旺季8:00~17:30，淡季8:00~17:00；Ⓜ半坡）距今五六千年的半坡人，是西安在中国历史课本中的第一次亮相。这里便依托半坡遗址建馆，来自遥远的新石器时代的文物、先人遗骨和生活区遗迹，见证着黄河流域仰韶文化的萌发和壮大。

20世纪50年代，面积达5万平方米的半坡遗址被考古学家发现，震惊全国。这个原始氏族部落聚居区的结构保存得非常完整，共发现各类生产生活工具达万件之多。1958年，中国第一座遗址博物馆正式诞生。

参观之始，建议先去视频播放室观看滚动播放的纪录片。步入遗址大厅，4500平方米的空阔面积令人有跨越时空的感觉；这里保留了遗址重现天日时的模样，可清楚地看到作为边界的大围沟，以及里面的居住区、墓葬区、制陶区等不同的功能区。墓葬展厅里，若干座透明棺中静卧着6000年前先人的遗骨，他们保持着刚出土时的各异姿态，一旁的视频和文字解释了多样的墓葬制度。陈列

室用庄子的名言"只知其母,不知其父""日出而作、日落而息"概括那个时代的特征,丰富的半坡文物则让参观者对于仰韶文化时期人们的生活、生产、建筑、艺术等有全方位的感性认识——半坡人的制陶和彩绘艺术富有几何感,**人面鱼纹盆**(别疑惑,陕西历史博物馆和国家博物馆也有同样的展品,都是原件,但画的内容略有不同)最具代表性,奥运福娃最初的造型也受到了它的启发。

博物馆的青少年互动区"史前工场"(138元/人)可让孩子们体验钻木取火、陶器打孔等远古生活方式,详情可致电 189 9283 2796 咨询。

博物馆向东步行10分钟可到"西安798" **半坡国际艺术区**(纺织西街238号)。这里又名"纺织城艺术区",为20世纪50年代至60年代苏联援建的西北纺织工业基地改造而来的创意园区,但人气总有些冷清。赶着搞活动时前往会热闹一些,可关注新浪微博@半坡国际艺术区、微信公众号"西安半坡国际艺术区"获得相关信息。

世界园艺博览园　　　　公园

(见143页地图; 400 969 9358; www.expo2011.cn; 灞桥区世博大道1号; 免费参观; 5月至9月8:00~23:00,10月至次年4月8:00~22:00,长安塔和各展馆9:30~17:30; M香湖湾)2011年西安在灞河东岸举办了世界园艺博览会,成为继昆明和沈阳之后第三个举办世园会的中国城市。总面积418公顷、水域达188公顷的世园会园址仿佛重现了"八水绕长安"的盛景,草长莺飞、花香四溢间还点缀着泰国竹楼、罗马拱券门等异域风情。

这其中最惹人注目的是**长安塔**——隋唐方塔的神韵结合着超白玻璃幕墙、全钢结构等现代元素,这座备受争议的99米高塔同样出自"新唐风"大师张锦秋之手。如今塔内作为文物展馆对外免费开放,明层暗层交替分布,上下攀登的过程柳暗花明。和长安塔隔

大明宫国家遗址公园。

湖相对、造型夸张的黑色建筑为**珍宝博物馆**,里面的展览谈不上珍贵,但馆外的亲水平台是拍摄日落长安塔的好位置。

世博园有多个大门。地铁3号线香湖湾站下的出入口可快速抵达亚洲风情区和长安塔,主入口广运门离长安花谷最近,德宝门最方便进入欧陆风情区。游遍整个园区需耗费不少的时间和体力,可搭乘观光电瓶车(30元)或租赁自行车(单/双人20/30元/小时)。

调研期间,共享单车不允许入园骑行。不妨在园外来一段浐灞骑行,暮春时分还有望感受关中八景之一的"灞柳风雪"。从地铁3号线浐灞中心站开始,**灞河西岸滨河公园**内设有专门的骑行道,从这里隔河远眺长安塔要比近观漂亮得多;去对岸可从广运大桥或柳亭路桥过河,只要不进世博园,灞河东路也可自由骑行。

城北

"道北"是西安人对陇海铁路北侧的称呼,因曾居住了大量难民而有过一段悲痛的回忆。继续向北到渭河边的草滩之间,如今已是高楼林立、街道宽阔的现代化城区,有长庆油田总部和西安市政府坐镇。大明宫遗址、西安北站是你跨越陇海铁路来此地的原因。

大明宫国家遗址公园 遗址公园

(见147页地图; ☎8220 0808; www.dmgpark.com;新城自强东路585号;收费区门票60元,讲解100元起; ◎收费区旺季3月至11月8:30~18:00,淡季12月至次年2月8:30~17:30,闭园前1小时停止售票,免费区24小时; Ⓜ含元殿,大明宫,火车站)"宫阙万间都做了土",面积达北京故宫4.5倍、号称"千宫之宫"的大明宫消失了千百年有余。长期以来,它只是和破乱民居混杂在一起、呈现出不同形态的黄土遗址,高若废墙,深也不过沟槽。21世纪初,在完成了10万当地民居的拆迁工作,并面向全球招标设计方案后,大明宫终于以国家考古遗址公园的身份重现

大华1935纺织厂模拟场景。

了昔日大明宫内的皇家生活。馆内每天都有《晃荡在大明宫》《日月大明宫》等情景剧表演,馆外东侧则有按比例精制的大明宫微缩景观,可以想象一下如今空荡荡的公园在当年是怎样的一番辉煌。

继续向北300米是**宣政殿**遗址,为皇帝临朝听政之所。附近的**望仙台**是迷恋道教的唐武宗修建的,若非考古只会觉得是一座突兀粗糙的土墩。再向前行的**紫宸殿**,台基上用暗色轻钢架构和深红木质椽檐组合呈现出宫殿的形态,再加上原有的苍老古树,是一种加入了后现代工业元素的创意"重建",极富视觉效果。紫宸殿也是皇帝召见臣子之地,是前朝的最后一朝"内朝",再向北已是后寝,为皇帝和妃子们生活居住的后宫,收费区域也就到**太液池**南岸结束。

收费区外的免费开放区域面积也不算小,御道广场、太液池北岸、左右银台门内都是市民们踏春晨练的好去处,文成公主、历代帝王图、马球图等雕像也都费了一番心思。但怀古者需要注意,正北的玄武门并非李世民兵变弑兄之处,那时大明宫甚至还没有开工。

御道广场西侧的**考古探索中心**(门票20元)有体验考古和文物修复的互动活动,很适合带孩子来这里接受考古启蒙;东侧游客中心可观赏IMAX 3D影片《大明宫传奇》(票价30元),但内容平平,并不值得一看。

调研期间共享单车禁止入园。大明宫提供电瓶观光车(30元),旺季还会推出包含门票、《大明宫传奇》、观光车和博物馆讲解在内的优惠套票(95元)。注意在西安火车站完成改造之前,从道南无法直接穿过铁轨、抵达道北这边的大明宫。建议准备参观核心区的旅行者,在地铁2号线安远门站下车后,换乘公交、骑车或步行前往1公里外的丹凤门开始游览,最终沿太液池南岸向东,出园就是地铁4号线大明宫站——这样的参观顺序更符合宫殿的建筑逻辑,也能最大限度地避免走回头路。

于世——几乎没有重建宫殿,空旷的土地上风声四起,一堆堆黄土或围起护栏,或植上绿茵;时光无法倒流,只有一旁的介绍牌引领着到访人怀古追思。

与《大明宫词》峥嵘轩峻的宫殿形象不同,这里的建设思路以保护遗址为主,同时立有一组组反映当时情形的人物塑像。公园分为收费区和免费区。西安火车站北面的**丹凤门遗址博物馆**即需持票参观;钢筋结构和土黄色外观颇受争议,但整体上还是复原了唐朝时的五门道结构;内里则是一个现代博物馆,保存着门阙墩台遗址。

走过丹凤门后宽敞的御道广场,便可步入收费区的主要部分,也就是大明宫遗址的核心区域。跨过金水桥,**含元殿**虽然仅剩台基遗址,但仍足够震撼;这里曾为天子举行国家仪式和庆典之地,如今仍是这一带的制高点,俯瞰四周气势十足。继续向前步行约5分钟便来到了**大明宫遗址博物馆**,内有大量的陶俑、生活器具、壁画和模型等展品,呈现

大华1935　　　　　　　　　创意园区

(见147页地图;新城区太华南路251

号；M含元殿）随着地铁4号线的开通，这片离市中心最近的创意园区，一跃成为西安同类综合体中人气最旺的。当然在这爆红的过程中，**大华1935剧场**（见147页地图）功不可没。而在千篇一律的酒吧、餐厅、酒店等业态中，**大华工业遗址博物馆**（免费参观；10:00~17:50）也有独到之处——大华1935之名，便来自1935年投入生产的长安大华纺织厂。和全国其他同类商业的逻辑一样，这里也将废弃厂房多方改造，或保留原风味，或后现代布景，或注入"小清新"元素，成为西安文艺青年们的时尚新地标。

城西

明城墙向西，大唐的西市、汉朝的未央宫、秦代的阿房宫、西周的丰镐两京，时间轴越发古老。它们大都仅剩黄土遗址，或是近年来跟风"网红经济"，可能并不适合大部分旅行者。西安的高新区也坐落在此，为古老的"西郊"抹上了新气息。

大唐西市博物馆　　　博物馆

（见148页地图；8435 1808；www.dtxsmuseum.com；莲湖区劳动南路118号；凭有效身份证件免费领票；夏季9:00~17:30，冬季9:00~17:00，闭馆前1小时停止领票，周一及除夕闭馆，国家法定节假日正常开放；M西北工业大学）据称"买东西"的说法便来自唐朝长安城最大的两个商业市场——东市和西市。如今东市仍压在居民楼下方，西市遗址上则建起了"新唐风"的大型商业综合体，以及在2017年成为全国首家民营的国家一级博物馆：大唐西市博物馆。

步入一楼大厅，玻璃地座下的**西市遗址展区**依然能清晰地辨认出两条十字交叉的主干道的走向，以及石板桥、明沟、车辙等历经千年的岁月痕迹。一旁展览的焦木正是唐末毁灭西市的那场大火的物证。二楼展厅则以西市出土的各种文物为线索，展现了一幅唐代商业文明的画卷——从碗碟瓶罐等生活用品，到胡姬翩翩起舞的娱乐场所，从反映西风东渐的宗教器物，到买地卖地的房地产

🍂 丝绸之路的东方传奇

长安和罗马（君士坦丁堡）是中古时期亚欧大陆的东、西两大传奇，连通它们的丝绸之路有如群星璀璨的银河。

公元前138年，张骞在未央宫前殿从汉武帝手中接过专使符节，出汉长安城章城门，踏上了"通西域"的漫漫长路。在他和同伴的努力下，中国人探明了通达地中海的道路。丝绸之路的贸易通道终于开辟，大量丝帛由此西运，古罗马执政官和贵族以身着塞里斯（Seres，又译为丝国，是当时欧洲国家对中国的称呼）出产的丝绸衣物为荣。丝绸为中国带来了滚滚财富，汉代官府也大力推动养蚕缫丝业的发展。今天陕西历史博物馆和西北大学博物馆各公开展览了一只精美的镏金铜蚕，正是那个时代的见证。葡萄、苜蓿、天马、鸵鸟等异域物种沿着相反的方向来到中国，汉帝国的上林苑设有葡萄宫，石榴则富有"多子多福"的文化含义，且在临潼

左图：彩绘陶胡人俑头；上图：彬县大佛寺石窟。左图：©视觉中国；上图：©视觉中国。

有广泛种植，石榴花还是如今西安市的市花。

3世纪中国迈入民族大融合的新时代。中原大乱的同时，河西走廊和天山南北保持了比较稳定的局势，十六国和北朝多个政权也沿用汉长安作为首都，丝路的繁华得到了延续。这一时期的明星是"东方犹太人"粟特人。他们是丝绸之路上大宗贸易的垄断者，在中西亚和河西走廊各绿洲城邦都有定居。中国史书称粟特人为"昭武九姓"，他们也在敦煌、武威、长安、洛阳等地积极融入华夏社会。陕西历史博物馆的北周安伽墓石榻，其主人便来自一个在中国定居多代的粟特家庭，石榻线刻上能看到一些祆教（拜火教）元素。据说祆教善用幻术，略带血腥的幻术表演是他们用于祈福的一种宗教活动，有一种说法是今天宝鸡西山的血社火就是此类幻术的遗存。

丝绸之路的繁盛在唐朝到达顶峰。由于丝路的主体部分从西而来，开远门和西市也要比其他城门和东市更加繁忙。"胡姬貌如花，当垆笑春风"，西市聚集了酒肆、衣行、药店、铁铺、绢行等220个行业的众多店铺，被誉为"金市"，堪比那个时代的国际贸易中心。数万胡人寓居长安，城中胡风弥漫，唐长安城也一跃成为世界上国际化程度最高的城市。由于大唐军功远播、文化先进，这一时期的丝绸之路向外输出了不少精神文明，如货币、服饰、建筑等。其中养蚕制丝技术传入中西亚，与当地原有的毛、麻纺相结合，创造出波斯锦、大食蕃锦等特色织品。这些中西亚织物和琉璃器、玳瑁币、胡旋舞、马球、萨珊波斯金银器制作工艺……又沿着丝绸之路流入了长安。

沿丝路东渐的还有诸多宗教，它们又在开放包容的唐长安城得以和平共处。佛教在此时继续从天竺和西域汲取营养，汉传八大宗派中有六个便是在长安一带正式形成的。有意 ➡

← 思的是狮子早在汉朝就沿着丝路进贡到了中国，但真正进入中国普罗大众视野，还是因为从唐朝开始作为护法吉兽的形象，逐渐出现在寺庙的石像和壁画中。这时唐长安还流行着源自西亚的摩尼教、祆教、景教，它们合称"三夷教"。著名的《大唐景教流行碑》出土地就有周至县大秦寺和唐长安西半城两种说法，而在20世纪初，这块古碑还吸引了络绎不绝的欧洲人前往西安一游。1000余年前伴着传统陆权的衰落和海路的地理大发现，丝绸之路渐渐归于沉寂。但它的魅力越陈越香，如今更是在"一带一路"的大环境下，重新成为世人关注的焦点。2014年成功申办的世界遗产"丝绸之路：长安—天山廊道的路网"中，陕西省共有7处古迹列入榜单，其中位于西安的有汉长安城未央宫遗址、唐长安城大明宫遗址、大雁塔、小雁塔和兴教寺塔。LP

大唐西市博物馆展出的陶俑。

业，从提供丧葬服务的凶肆，到治病救人的医药行……其商业活跃程度堪比当代。由于沿着丝绸之路而来的胡商大都集中在西市交易，这里的丝路古币展览也很精彩，不仅能看到48个古国的货币，还对中国古代货币史进行了详细的梳理。四楼的特别展览（门票30元）主要是一些青铜、金银、丝绸的精品展出；如果要参观墓志库（门票150元），需提前电话预约。

博物馆一旁的商业城开辟有丝绸之路风情街和**隐市**，周末会有不少摊地摆的。如果碰到"隐市大集"，还有仿唐仕女和歌舞表演助兴。

汉长安城未央宫遗址公园　　遗址公园

（见148页地图；未央区三桥立交东北侧；免费参观；◎24小时）这里是唐长安之前的汉长安，最终因为700多年间地下水污染的积重难返，而在隋朝初年被重新一统天下的隋文帝放弃。公元582~583年，大兴城在汉长安东南方向的龙首原南坡拔地而起，后又在唐朝改名长安。曾经的汉长安沦为无人管理的郊野，农田和村落重新成为这里的主人。

汉城正是西安人对这里的称呼，多年来一直保留着城中村的面貌，一些地方还会定期举办露天集市。根据历史记载和考古勘测，得名于《诗经》"夜如何其？夜未央"的未央宫，是汉长安三宫中最具代表性的一座，主持营建者萧何"天子以四海为家，非壮丽无以重威"的理念，更让这里极尽恢宏，面积达7个北京故宫那么大。当然和大多数中国古代宫殿一样，未央宫早已不见踪影，只剩下连废墟都称不上的黄土遗迹——若非有一块块指示牌说明，再有想象力的人也不敢将其和大汉王朝联系起来，那可是与有着丰富建筑遗存的古罗马并称的东方帝国。

在汉长安城大遗址的规划建设中，未央宫是最早完成居民拆迁工作的，按计划未央宫遗址公园也将于2020年正式对外开放。调研期间，园内主干道和大部分遗址的保护、展示项目都已完成。而在众多看似无聊的黄土堆中，最具观赏性的是**前殿遗址**。这座中

汉城湖公园。

国古代最大体量木构建筑的有力争夺者,至今台基仍高出地面20米;居高临下环视四周,"大风起兮云飞扬"的气概未曾逝去。有兴趣者还可继续深入遗址,看一看皇后居住的椒房殿、中国最早的国家图书馆天禄阁、最早的国家档案馆石渠阁……当然也都只剩一抔黄土了。

未央宫遗址有多个出入口,大兴西路上的正门离前殿遗址最近。可从地铁1号线汉城路站外换乘186路公交,骑行过去也不过2公里距离。

汉长安城长乐宫遗址博物馆　博物馆

(见148页地图;未央区罗高路近丰景路;凭有效身份证件免费参观;⊙9:00~17:00,16:30停止入馆,周二闭馆,国家法定节假日正常开放)作为"汉三宫"中历史最悠久的,长乐宫遗址的开发保护就没有未央宫那么幸运了。不过这里有两处温室大棚一般的展览馆,馆内原址呈现着考古挖掘现场。

其中的**四号建筑遗址博物馆**能看到主室、侧室、通道、柱础等建筑结构,一旁的露天院落为回填保护的六号遗址。马路斜对面是**五号建筑遗址博物馆**,这里曾经的功能已经被确认为凌室,也就是冰库。

长乐宫博物馆公共交通不便。可在地铁2号线龙首原站外换乘288路公交,樊家村南站下车后还需步行近2公里。调研期间,汉城片区尚未纳入几大共享单车的还车区。若对考古兴趣不大,大费周折来此可能会大大失望。

汉城湖　公园

(见148页地图;未央区二环路和朱宏路西北侧;免费参观;⊙6:00~22:30)知道这里的曾用名"团结水库"和水利风景区的定位,可能会让旅行者感到索然无味。但溯水思源,汉城湖的条状河道可上溯到汉长安城的漕运明渠兼护城河,来此也能看到一些2000年前的遗址。公园中北段、围栏外的**霸城门遗址**曾为汉长安城东墙上的大门,南北

🔀 另辟蹊径
西郊新景：昆明池和诗经里

西郊的田野间，两处崭新的人工景点在近年来吸引着不少游客到访。

昆明池·七夕公园（见143页地图；☎8950 0981；长安区沣东新城鱼斗路；免费参观；🕐旺季3月至10月6:30~21:00，淡季11月至次年2月7:00~20:00）因汉武大帝立于帆船上的巨大雕像而在网络上小红了一把。这里的开阔湖面为斗门水库，但历史源头是汉武帝为操练水军而挖凿的昆明池。据传当年隔池相对有两块石头——"石爷"和"石婆"最终演化成了牛郎织女的传说，据此逻辑这里便以爱情为主题，起名七夕公园。今天在公园东北1.5公里处的白家庄村还有一座**石婆庙**，香火不绝，敬供着古老的石刻。

再往西的沣河之畔，旅游小镇**诗经里**（见143页地图；☎8955 5666；长安区沣东新城沣河东路818号；免费参观；🕐工作日9:30~20:00，周末9:30~21:00）的文化背景则是西周的丰镐二京。仿先秦风格的商业街区外就是芦苇悠悠的河滨湿地，意图重现《诗经》"蒹葭苍苍，白露为霜；所谓伊人，在水一方"的诗词风情。马王镇、斗门镇一带的沣河两岸正是丰镐遗址所在地，马王中学附近还有一个**西周车马坑陈列馆**（免费参观；🕐10:00~16:00，周一闭馆），但是规模很小。

连接阿房宫高铁站和地铁3号线鱼化寨站的823路公交可到昆明池和诗经里。昆明池公园门口另有往返鱼化寨地铁站的小巴，票价5元，末班晚8点。 ⓛⓟ

烧烤摊上的肉串。

两侧延伸的低矮土墙也是那时的遗存。由此向南1.5公里，河道拐角处还有**汉长安城东南城角遗址**，但这里和对岸的仿古建筑**大风阁**（门票45元）共用一张门票，实在没有必要破费入内。公园最北端的**汉武大帝雕像**倒是气概十足的现代作品，更建议在看完霸城门后北行800米至此。

地铁1号线玉祥门站、2号线凤城五路站出来都可坐上50路公交，在公交总公司站下车后步行500米即到霸城门。

阿房宫遗址　　　　　　　　　　遗址公园

（见143页地图；未央区沣东大道近沣东文化广场；免费参观；🕐24小时；Ⓜ阿房宫南）《阿房宫赋》脍炙人口，项羽火烧阿房宫的故事也广为流传。但近年来的考古发掘证明，秦阿房宫只打好了前殿的地基。这片夯土残迹间种着整齐人工林的广阔地界便是阿房宫前殿遗址。同样地，虽为全国第一批重点文物保护单位，地处偏远的这片遗址只适合历史发烧友前来，马路斜对面小小的**秦阿房宫遗址展览馆**（免费参观；🕐10:00~16:00，周一闭馆）也只能用"差强人意"来形容。

✿ 节日和活动

春节**三大灯会**的举办地，除了城墙还包

昆明池·七夕公园。

括兴庆宫公园和大唐芙蓉园。八仙庵的春节庙会很有传统,近年来大明宫也开始举办类似的"上元狂欢季",邀请游客"进宫"过年。清明、七夕、中秋等传统节日,诸多唐风景区同样会举办庆祝活动。近年来随着汉服的文化复兴和商业运作,农历三月初三的**上巳节**被定为"中国华服日";西安的汉服爱好者会在这一天集体出动,曲江、大明宫等地都能见到他们的蹁跹身姿。

🍴 就餐

大雁塔、大唐不夜城和赛格国际购物广场满是熟谙营销之道的餐厅,一个个争当"网红";其他片区的食肆大多仍只在本地食客间口口相传。

★子午路张记肉夹馍　　　　小吃¥

(见144页地图;雁塔区翠华路227号;肉夹馍10/11/15元;⏱24小时;Ⓜ大雁塔、小寨)张记的白吉馍都是手工打制且现烤的,外层很酥脆,里层则被熬得香透的肉汁浸得入味,吃的时候油都会滴下来。就着一碗醪糟鸡蛋汤(5元),能中和一下口味。这家是子午路张记的总店,分店遍布全城。

天下第一面　　　　　　　　面食¥

(见144页地图;☎8810 1818;雁塔区小寨东路2号;biángbiáng面15/18元;⏱10:30～22:30;Ⓜ大雁塔)名字傲娇,又请来第五套人民币毛泽东头像绘者刘文西题匾,还在大雁塔北广场,很容易让人认为里外都是噱头。但出品的确不错,一整根3.8米长、6厘米宽的面条就是一碗。南广场也有分店。

天龙宝严素食馆　　　　　　素食¥¥

(见144页地图;☎8526 6880;雁塔区慈恩西路1号;人均70元;⏱10:00～21:00;Ⓜ大雁塔)作为西安素食界的老字号,这里邻近大慈恩寺的佛国圣域,环境素雅,仿荤素斋也是颜值出众。酥肉烩菌王(38元)的豆制品仿

羊肉泡馍。

荤小酥肉一看就是西安出品,口味获赞无数。

唐猫庭院　　　　　　　　　　创意菜 ¥¥¥

（见144页地图；雁塔区大唐不夜城A区B7号；人均120元；⏱17:00至次日2:00；Ⓜ大雁塔、大唐芙蓉园）调研期间西安的"网红"店,撩人的"唐小喵"服务员撩来太多游客,仿唐风格的内部装潢和精致化、创意化的陕菜,则负责极大程度地拔高消费档次。"十一"等黄金周期间可能会设置最低消费。

老兰家　　　　　　　　　　清真菜 ¥¥

（见144页地图；☎8522 3351；雁塔区兴善寺西街25号；涮牛肚30元/20串；⏱11:00~23:00；Ⓜ小寨、吉祥村）虽然这里也供应牛肉面（15元）、羊肉泡馍（28/38元）、酸汤水饺（18/22元）等各种清真小吃,但来往不绝的食客似乎都把这里当成了烧烤铺,烤羊肉串、肉筋、肥瘦肉、腰花、鸡胗等都焦软相宜。

建基泡馍　　　　　　　　　　面食 ¥¥

（见144页地图；碑林区长安北路118号中贸广场；羊肉/小炒泡馍27/32元；⏱6:30~21:30；Ⓜ南稍门）这也是老店,许多南稍门一带的居民从小吃到大。历经扩张、拆迁等,建基变成了商场内的一家食肆。甑糕（5元）、酸梅汤（4元）等适合搭配着泡馍来一份。大雁塔南广场的大悦城有分店,但价格要贵一些。

三原老黄家　　　　　　　　　陕西菜 ¥¥

（见144页地图；碑林区文艺东路393号天伦盛世5楼；人均40元；⏱10:00~22:00；Ⓜ文艺路）三原是咸阳市的下辖县,精致又繁多的小吃誉满关中,可说是陕西的沙县。这里是三原老黄家在西安开办的一家分店,口碑颇佳。相比肘子、猪蹄等大菜,疙瘩面（15元）、千层油饼（10元）、泡泡油糕（5元）更值得一尝。

西安创业咖啡街区。

另辟蹊径
创业咖啡街区
（见148页地图；雁塔区高新二路近光华路；Ⓜ科技路）这里是2017年高新区打造的咖啡主题创业园，还借着唐长安城时这里的旧称而拥有**嘉会坊**的别名。街区的本质其实是一个创意园区，咖啡是其中最重要的主题。除了大大小小的咖啡馆，创意园必备的书店、餐厅、现场演出、临时展览都有，漂亮的夜景更吸引了不少西安人和外地游客前来打卡。LP

杨姐烤肉　　　　　　　　　　烧烤¥¥
（见148页地图；莲湖区老飞机场巷近西市北路；烤肉/筋/腰子/涮牛肚24元/20串；⏰17:00~23:00；Ⓜ西北工业大学）随着杨姐登上B站的烧烤主题纪录片《人生一串》，这个隐藏在西关老机场旧址的烧烤店迎来了不少全国各地的撸串爱好者，可做糖醋味的烤肉是其特色。这里离大唐西市很近，可就近安排。

饮品
高新区是西安咖啡界最重要的板块，可惜和旅行者的路线并不太重合。

★素饮·糖人　　　　　　　咖啡馆¥¥
（见148页地图；☎8928 8127；雁塔区高新路60号；美式/花式咖啡22/26元起；⏰周一至周五7:30~22:30，周末9:00~22:30；Ⓜ科技路）店家曾经专门为西安几大咖啡馆供应咖啡熟豆，搬到高新后拓展了更多业务，但也依旧保留着自己的咖啡烘焙间。英文店名Sugar Man Espresso耀眼醒目，在这里品啜手冲、意式、滤泡等各种专业咖啡和创意咖啡饮品，还能享用蛋糕、沙拉、意面、汉堡等各式甜点和简餐。晚6点后这里提供酒精饮料。

CAFE'IN　　　　　　　　咖啡馆¥¥
（见144页地图；☎8964 1565；雁塔区

王魁腊汁肉　　　　　　　　　小吃¥
（见146页地图；碑林区长乐坊近东新巷；肉夹馍9/10/12元；⏰7:00~21:00；Ⓜ康复路）王魁家的腊汁肉夹馍也颇为西安人认可，这里是老店，因远离知名景点而游客不多。和其他几家相比，这里的肥肉和肉皮占比较高，但也只觉肉香而不觉油腻。提供打包外卖业务，但柜台大姐会直言不讳地告诉你："带回去再加热可就没那么好吃啦。"

麻小麻烩菜　　　　　　　　　小吃¥
（见147页地图；新城区含元路近太华南路；炖牛肉丸子烩菜23元；⏰10:00~23:30；Ⓜ含元殿）老麻是当年东新街夜市有名的清真烩菜店家，转辗到太华路后又传到了儿子小麻手中，美味依旧维持着"长安第一烩"的骄傲。麻小麻在三府湾客运站对面也有一家，从兵马俑乘914路、915路公交返回西安时不妨在分店尝尝。

兴善寺西街15号；美式/花式咖啡25/28元起；⏱11:00~22:00；Ⓜ小寨，吉祥村）这里定位为精品咖啡体验空间，每一季都有几款主打的精品手冲品，创意饮品**Naozao咖啡**（28元）为醪糟和咖啡的混调，给你的味蕾带来惊喜。咖啡馆位于楼上，室内装潢有不同的风格分区，就着窗外的悬铃木枝叶很适合坐上一下午。也有果汁和甜点供应。

微coffee & bar   咖啡馆 ¥¥

（见143页地图；灞桥区灞柳西路近广运大桥；美式/花式咖啡24/28元起；⏱11:00~23:00；Ⓜ沪灞中心）这里的咖啡和鸡尾酒中规中矩，没有太多惊喜，但坐在露天位置，隔着宽阔的灞河水面就是世园会的标志长安塔，春秋两季是很宜人的消遣。这里还开有**微醺·花园融合餐厅**（人均100元），提供以陕西菜和川菜为基础的创意菜，以及烧烤和火锅。

🔒 娱乐

大唐不夜城免费的"网红"表演、大唐芙蓉园的"梦回大唐"歌舞秀、小雁塔的皮影戏和长安古乐……不够？还有更多的选择。

秦风韵茶楼   秦腔

（见144页地图；📞8542 2319；碑林区明胜街9号；Ⓜ文艺路，建筑科技大学·李家村）传统秦腔茶楼经历着大浪淘沙，一些有为者对经营模式做出了调整。这家小戏场做得很不错，且将打造秦腔界的青曲社作为目标。每晚19:30开始，约1.5小时的演出包括秦腔、木偶戏、皮影戏和华阴老腔，艺人们与观众互动也算频繁。有时下午16:00还会加演一场。票价138元起，但在团购网站上有较大折扣。

大华1935剧场   现场演出

（见147页地图；📞8957 4303；新城区大华南路251号；Ⓜ含元殿）大明宫旁的大华1935创意园区最大的亮点，便是和西演集团一同打造了这片小剧场集群。调研期间，已有西安著名的摇滚俱乐部**光圈club**入驻参

🎵 从摇滚重镇到音乐之都

西北人的豪迈与摇滚精神一脉相承，高校云集又给西安提供了源源不断的青春活力。从20世纪90年代起，西安便成为中国的摇滚重镇之一。作为民谣风格摇滚的领军人物，张楚、郑钧和许巍早先闯荡北京，为西安摇滚开拓一片天地。之后的发展历经沉浮，2000年前后陕西方言的Rap成为西安摇滚的一大潮流，众多金属乐队也各领风骚。最近10年来，潮流朋克、后摇以及电子乐摇滚这些新类型乐队也开始活跃起来。2016年央视春晚，谭维维携华阴老腔艺人献上了一场现代摇滚乐和陕西传统曲艺相结合的热辣演出，更是让普通老百姓认识到陕西摇滚与生俱来的气质。

西安早期的摇滚明星，更多传承的是秦腔的一脉骨血，张楚、郑钧就借着西洋乐器的章法吼出了陕西人的直辣感情。而将摇滚乐本土化做得更好的，黑撒乐队首屈一

左图：南门live演出现场；上图：西安摇滚音乐演出现场。左图：©视觉中国；上图：©视觉中国。

指。他们是把陕西话玩成嘻哈的好玩乐队，风格也糅合了蓝调爵士和电子等元素。诙谐幽默的音乐风格再加上西安话，让当地人越听越带劲，黑撒乐队也成为西安的音乐名片。他们有两首"百科全书"式的代表作，一首歌就叫《陕西美食》，跟着歌词吃，基本上也能把陕西美食吃遍了；还有一首据说是中国最长的摇滚歌曲——《陕西木有啥》，把陕西的历史、地理、民俗、传说几乎捋了一遍。

西安音乐人也在持续不断地发扬着自己的摇滚天赋，马飞、王建房、玄乐队、陕西牛犇、西安老钱等"陕派"音乐人都拥有各自的音乐风格，西安乐坛因此变得更为多元化。比如马飞的《长安县》，用直白的曲风和歌词唱出了长安人乐天知命的性格。同样以地名为歌名的还有王建房的《灞桥》，这首虽用普通话演唱，但也非常有底蕴和味道；他的《大老碗》则从海碗和biángbiáng面中，聊到了关中汉子的豪情。

今天西安的现场音乐依旧搞得如火如荼，由于高校众多，国内乐队巡演中西安也是重要站点。著名的光圈俱乐部入驻大明宫旁的**大华1935剧场**（见140页），**光音拾陆原创音乐俱乐部**（见142页）则搬到了新兴的咖啡创业街区，Mao Livehouse同样在西安设有分店。更难能可贵的是，在近些年西安大力发展文化产业的进程中，打造"音乐之都"也成为一个重要方向。前面提到的大华1935和咖啡街区便为政府规建的音乐文化街区，大唐不夜城同样积极签约本地歌手，2019年底就有树乐队、高一三班组合等7支风格迥异的乐队在这里定时献艺。

这些音乐演出中最火的是永宁门（南门）的"野生live"，城门洞的"百人大合唱"也成了许多外地人到西安的打卡项目。常驻这里的有两大本土乐队。一个是职业歌手、乐手组成的"长安里"厂牌，2016年起在这一带演出。另一个"听南门说"更是纯粹的草根乐队，他们 ➡

← 大都只是业余的兼职音乐人，各有设计师、糕点师等为本职工作；但凭着对音乐和西安的热爱，从2015年就开始定期出摊，"护城河畔长安城，城内门外城门洞，晨钟暮鼓千秋史，听南门说"正是他们的口号。

中国摇滚乐在世纪之交的短暂辉煌后便重回正轨，近些年娱乐圈的运营模式转型让许多专业明星也放弃了唱歌，拍戏和参加综艺节目成为主流。在商业大潮和世俗化浪潮中，西安本土音乐能够保持自己的特色，并借助网络科技而发展壮大至今，已实属不易。ⓖⓟ

剧场，玖剧场则主要演出各种话剧、戏剧和音乐剧。关注微信公众号"大华1935剧场"、新浪微博@大华-1935，均可了解最近的演出信息。

光音拾陆原创音乐俱乐部　　　　现场音乐

（见148页地图；☏136 6922 2211；雁塔区光泰路6号；Ⓜ科技路、西北工业大学）光音拾陆是近年来西安很活跃的摇滚音乐俱乐部，调研期间已搬迁到咖啡创业街区。可关注新浪微博@光音16原创音乐俱乐部，或同名微信公众号了解最近演出信息并购票，预售票优惠极大。

戏曲研究院剧场　　　　　　　　　秦腔

（见144页地图；☏8786 3604；www.sxqq.net；碑林区文艺北路133号；Ⓜ永宁门、文艺路）戏曲研究院的前身是1938年在延安成立的陕甘宁边区民众剧团，如今它的附属剧场主要在19:30献映秦腔折子戏，票价依座位不同分为30元、50元、80元、100元等多个档次。可在官网或微信公众号"陕西省戏曲研究院"上查询近期场次。

人艺小剧场　　　　　　　　　　　话剧

（见144页地图；☏8785 5099；www.sxrmysjy.com；碑林区建西街163号；Ⓜ文艺路、永宁门）2012年西安的人艺小剧场正式启动，如今早已是文艺青年圈中最热门的地标之一。这里主要演出一些先锋话剧和实验话剧，基本上每周六、周日晚上都有，票价100元起。

陕西大剧院·西安音乐厅　　　　经典演出

（见144页地图；☏8550 1555；www.snpac.com；雁塔区大唐不夜城中段；Ⓜ大唐芙蓉园、大雁塔）两者隔街相对，外观都是雍容大气的仿唐宫殿式建筑，也同为近年来重点打造的标志性公众文化设施，硬件设施在西北地区首屈一指。国内外各知名的话剧团、音乐剧团、交响乐团……来陕大都会选择在这两处演出。

🛍 购物

小寨的**赛格国际购物中心**（见144页地图；雁塔区长安中路123号；Ⓜ小寨）和大雁塔南广场的**曲江大悦城**（见144页地图；雁塔区慈恩西路66号；Ⓜ大雁塔）是西安人气最火的商厦。

但对外地旅行者来说，陕西历史博物馆的"唐美丽"、西安博物院的"唐小西"等文创产品最值得带走。大雁塔和大唐不夜城也能找到文创商店，周末还可以去大唐西市赶一场"隐市"的地摊集会。各家"不务正业"、更像是拍照打卡地和咖啡馆的书店（见94页方框）同样值得一游。若要购置户外用品去爬秦岭，在西安开有6家店面的迪卡侬无疑是最好的选择。

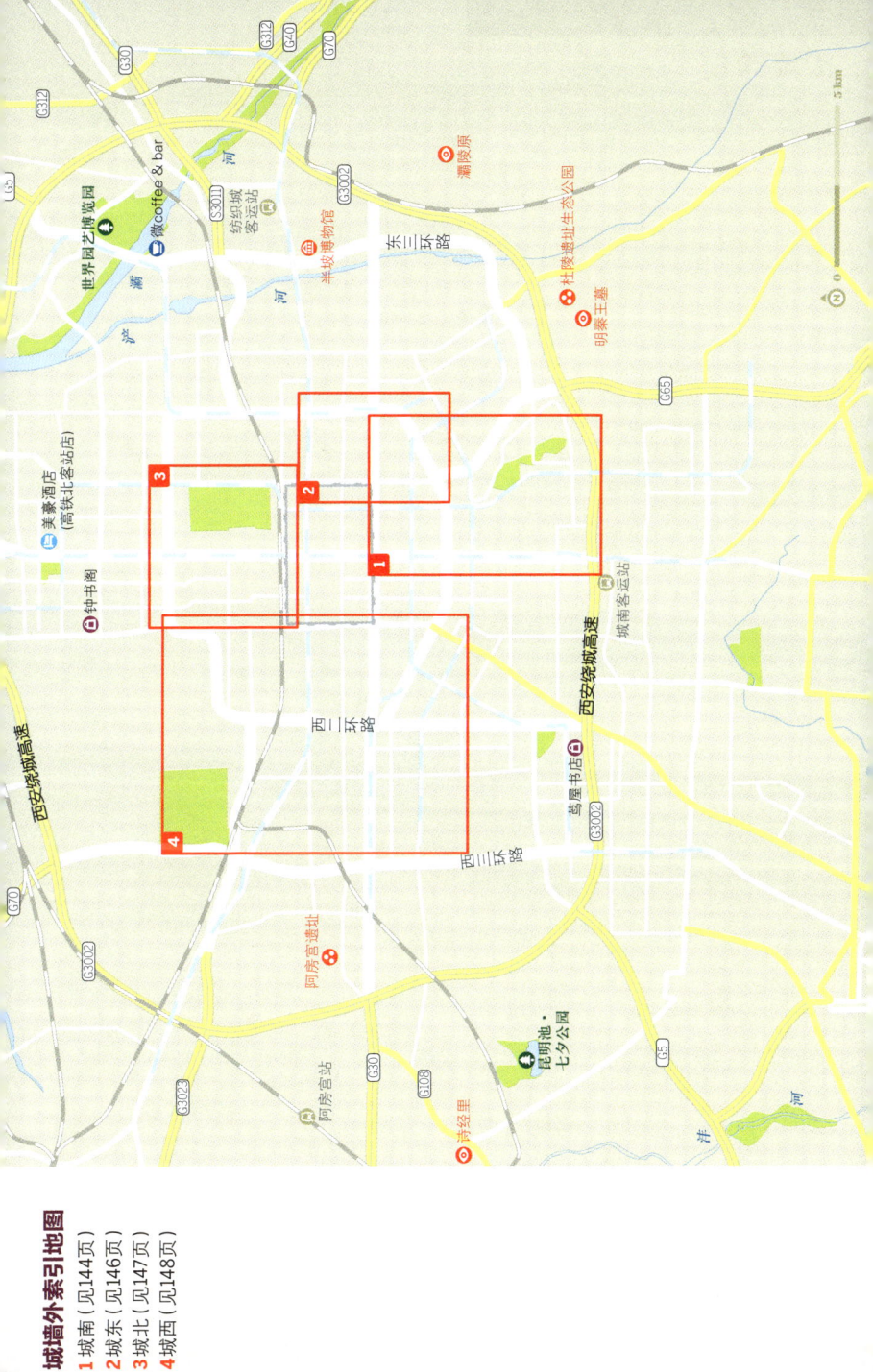

城墙外索引地图

1 城南（见144页）
2 城东（见146页）
3 城北（见147页）
4 城西（见148页）

城 南

◉ 最佳景点
1 大唐不夜城 C5
2 大雁塔 C4
3 陕西历史博物馆 B4

◉ 景点
4 北广场音乐喷泉 C4
5 柴窑博物馆 C6
6 大慈恩寺遗址公园 C4
7 大唐芙蓉园 D5
8 大兴善寺 A3
9 寒窑遗址公园 E6
10 秦二世陵遗址公园 E7
11 曲江池遗址公园 E6
12 曲江艺术博物馆 C5
13 陕西师范大学
   （雁塔校区）..................... B6
14 唐城墙遗址公园
   （雁南二路段）................. C6
15 天坛遗址公园 B6
16 西安博物院 A2
17 西安电影制片厂旧址 D4
18 小雁塔 A2

✈ 活动
19 陕西省图书馆 A3

🛏 住宿
20 52赫兹多感元酒店 B3
21 翠华园宾馆 B4
22 好家商务酒店 A3
   威斯汀酒店 ....（见12）
23 喜客五间唐中式酒店 B4
24 雅致酒店 C4
25 一间森林青年旅舍 B6
26 印象南湖民宿 D5

🍴 就餐
27 建基泡馍 A2
   老兰家 ....（见22）
28 三原老黄家 B2
29 唐猫庭院 C5
30 天龙宝严素食馆 C4
31 天下第一面 C4
32 子午路张记肉夹馍 B4

☕ 饮品
33 CAFE'IN A3

⭐ 娱乐
34 秦风韵茶楼 B2
35 人艺小剧场 B1
36 陕西大剧院·西安音乐厅 ... C5
37 戏曲研究院剧场 B1

🛍 购物
38 启味·阅己书屋 C6
39 曲江大悦城 C4
40 赛格国际购物中心 B4

城东

◎ 最佳景点
1 青龙寺 C5

◎ 景点
2 八仙庵 B1
3 基督教东新巷礼拜堂 B2
4 罔极寺 B2
5 西安交通大学(兴庆校区) B4

6 兴庆宫公园 B3

🛏 住宿
7 宜必思酒店(交通大学店) C2

🍴 就餐
8 王魁腊汁肉 B2

城 北

城 北

◎ 最佳景点
1 大明宫国家遗址公园..................C3

◎ 景点
2 大华1935..................D4
3 丹凤门遗址博物馆..................C4
4 太液池..................C3

🛏 住宿
5 龙首源商务酒店..................B3

✖ 就餐
6 麻小麻烩菜..................D3

☆ 娱乐
7 大华1935剧场..................D4

🔒 购物
8 万邦书店蓝海风店..................A1

ℹ 交通
9 城北客运站..................B1
10 三府湾客运站..................D4

148 城西

秦始皇陵兵马俑。

西安近郊

西安近郊

古都西安地势优越,东临骊山俊秀,南屏秦岭磅礴,西接太白巍峨,北连渭水浩荡,地处山水之间的西安近郊,自然成为历代帝王钟爱之地。秦始皇陵深藏于东郊的骊山脚下,唐玄宗则在这里与杨贵妃共浴爱河;后秦皇帝将西域高僧迎入终南山下草堂寺,元大帝则为全真祖庭赐下一道道圣旨。环山线横穿蓝田、长安和鄠邑,带人们深入秦岭水墨画般的层峦叠翠,古塔、寺庙与修行的隐士也成为其中的一道风景。继续向西,咸阳已然成为西安城的后花园,汉景帝阳陵博物院的地下王国讲述着"事死如事生"的西汉往事,唐顺陵威风凛凛的走狮与天禄则无声彰显着已然远去的大唐风华。以西安为起点,东西南北,一日往返间,你就能尽览十三朝古都的历历传奇。

☑ 精彩呈现

秦始皇帝陵博物院......................160
水陆庵......................165
翠华山......................168
南五台......................170
沣峪......................174
草堂寺......................177
汉景帝阳陵博物院......................181

何时去

3月至6月 秦岭山间迎来了春天的脚步,秦始皇陵园石榴花也次第盛开。

7月至8月 各地博物馆拥入暑期旅游大军,热潮之中还有终南山的一方清凉地。

9月至11月 柿子、石榴和猕猴桃都成熟了,秦岭则迎来了层林尽染的最美时节。

12月至次年3月 踏着薄雪寻访山间古迹更有诗意,乡镇庙会也能觅回传统的年味儿。

西安近郊亮点（见156页）
① 秦始皇帝陵博物院　② 终南山　③ 地下王国汉阳陵
④ 佛教祖庭之旅　⑤ 关中民俗艺术博物院　⑥ 秦镇老街尝米皮

实用信息

从西安城区到近郊各地都有便捷的公共交通。前往鄠邑除公交还可坐高铁；地铁通到了咸阳市和长安区的地界，出站后换乘公交十分方便。地铁9号线（临潼线）将于2020年运营，前往兵马俑更加快捷。

西安近郊安排一日游即可。值得留宿的是汤峪的温泉酒店，县城住宿建议选汽车站周边的快捷酒店，条件相对较好。

秦岭山区春、夏蛇虫很多，注意防范。暑期还要关注天气预报，暴雨预警切勿进山。

如果你有

1天 去临潼秦始皇帝陵（见160页）看壮观的地下军团，再去华清宫（见162页）观一场《长恨歌》。

3天 第二天去汉景帝阳陵博物院（见181页）欣赏迥异于秦兵马俑的西汉陶俑，第三天可以去秦岭换换口味，沉浸在长安区（见168页）的终南山水中。

5天 第四天去咸阳（见180页）吧，拍张唐顺陵走狮与飞机的合影。第五天在鄠邑（见177页）秦镇老街吃一碗米皮，再去重阳宫和草堂寺净化一下心灵。

秦岭山脉。

○当地人推荐
走进秦岭

票姚校尉,资深秦岭徒步爱好者,曾多次带队参与秦岭野外训练。

初识秦岭,该怎么安排自己的旅行?

旅行者来到西安,一听说秦岭北麓72峪,可能有点摸不着头绪。其实72峪只是一个虚数,秦岭的峪道应该不止72条,不过现在开发出来的也不多,想初识秦岭,可以选择已经开发为森林公园或地质公园的沣峪、涝峪以及翠华山、太平峪等地,交通便利,旅游配套设施齐全,你就算是两手空空地来,也可以轻松欣赏秦岭山景,顺便学习一下地质的变迁知识。

如果不满足于只是沿游步道走走,还想自虐一下,不少公园内也有难度相对大一点的徒步路线,例如你可以从太平森林公园进去,徒步约3小时翻越海拔3015米的冰晶顶再下到另一侧的朱雀森林公园。

如果想在秦岭体验徒步野峪,应该做哪些准备?

西安户外运动开展较早,已经开发出很多徒步秦岭的路线,外地旅行者可以先上华商论坛(bbs.hsw.cn)户外活动版看看,选择适合自己的徒步路线,或者直接报名参与各个俱乐部的周末徒步活动。徒步秦岭野峪,首先还是要有一颗敬畏自然的心,其次要有一定户外徒步经验,出发前准备好充足的物资,带上专业的指北针等。秦岭海拔虽然不高,但植被茂

在秦岭露营。

密，在森林深处很不好找路，手机信号也不太好，如果事先没有做好功课，很有可能走不出来。西安有蓝天、雷霆等民间户外救援队，可提前保存好相关联系方式。据我所知，他们这些年来的救援案例表明，不少被救援者遇险都是因为事先准备不足而造成的。

除了徒步秦岭，你还有什么可以推荐的秦岭游玩攻略？

　　秦岭不仅仅是一道山脉，它同样拥有深厚的历史文化底蕴。来秦岭前你可以先为自己设计一个主题，既可以徒步秦岭看山，也可以寻访古迹。例如，中国佛教八大祖庭有6处在西安，而秦岭山麓就有3座：草堂寺、净业寺、香积寺，以此为主题来一次秦岭寻古行也非常有意思。

☑ 不要错过
◎ 最佳历史古迹

➜ **草堂寺** 八彩玉石雕砌成的鸠摩罗什舍利塔精美华贵。（见177页）

➜ **兴教寺** 古树参天，掩映着玄奘法师和两位弟子的舍利塔。（见168页）

➜ **重阳宫** 祖庵碑林中珍藏着汉文与八思巴文写成的双语圣旨碑。（见178页）

➜ **水陆庵** 3700多尊彩塑营造出热闹非凡的神仙世界。（见165页）

✖ 最佳民间美食

➜ **秦镇米皮** 在怀旧风格的小街上来一碗最正宗的"秦镇米皮"。（见180页）

➜ **咸阳锅盔牙子** 咸阳版肉夹馍，有着比传统肉夹馍更为薄脆的饼皮。（见45页）

➜ **鄠邑区机场烤肉** 伴着军用机场训练机起降的轰鸣声，坐在马路边大口吃肉。（见180页）

◎ 最佳自然风光

➜ **鹿角梁** 悬崖深渊上的高山草甸，秦岭深处的童话仙境，在户外圈有口皆碑。（见176页方框）

➜ **南五台** 层峦叠翠的终南山就像一幅水墨画，五方佛刹俯瞰着长安平原。（见170页）

➜ **兴庆寺** 悬崖触手可及，从蜿蜒山梁上往下看去，无限风光一览无遗。（见176页方框）

西安近郊亮点

❶ 秦始皇帝陵博物院

走进这座"地下军事博物馆",你会经历两重震撼,第一重是震撼于这支地下军团的壮观,千军万马在你眼前列阵,在他们身后,还埋葬着更多的部队;第二重震撼则是这些兵马俑实在太美了,千人千面的容貌在今天看来仍然栩栩如生,秦人的发髻、小辫儿与表情、眼神都塑造得如此生动鲜明,仿佛下一刻他们就将复活,跃马扬鞭,拉弓张箭。(见160页)

❷ 终南山

距西安南三环仅15公里的终南山(长安段),山水俱佳,成为西安人亲近自然的后花园。行山者穿梭于翠华山(见168页)奇特的山崩地貌,玩水者则在盛夏扎进沣峪(见174页)的碧潭幽瀑。南五台(见170页)在观音得道日迎接着络绎不绝的香客,后山的隐士依然心静如水。古观音禅寺(见169页)的千年银杏伴着秋风转黄,引来了一年一度的全国聚焦。

❸ 地下王国汉阳陵

一步踏上悬空的透明玻璃走廊,脚下就是2000多年前的地下王国,"事死如事生"的西汉人为他们的帝王营造出一个同样繁华奢侈的世俗世界,那些歌舞俑、文史官俑、宦官宫女俑仿佛还在等待着为帝王提供人间的服务,而你所看到的这一切,不过是汉阳陵81座外藏坑中的十分之一,地下王国刚刚露出冰山一角。(见181页)

❹ 佛教祖庭之旅

大唐梵音缭绕,汉传佛教八大宗派有6个就肇端于昔日国都长安。城里拜过了大慈恩寺

左图:铜车马;右图:武士俑。

(见120页)和大兴善寺(见118页),在昔日京畿重地的长安区也可寻根思源(见168页方框),香积寺古塔崔巍,华严寺黄土苍莽,净业寺曲径通天。和大慈恩寺同为法相宗祖庭的兴教寺,其玄奘舍利塔贵为世界遗产。不远处鄠邑区的草堂寺(见177页),鸠摩罗什舍利塔亦为国家一级文物。

❺ 关中民俗艺术博物院

40院明清古民宅一砖一石迁移复建于此,高门叠院延绵在终南山下,"悠然见南山"的旧日生活仿佛再现。关中各地搜集而来的历代石雕拴马桩,成百上千根气势十足,宛若"地上兵马俑"方阵。3万余件民俗器物遍布古宅内外,从小小的烟斗到重达数吨的饮马槽,从汉代的石刻画到清代的红缨枪⋯⋯无所不有。(见172页)

❻ 秦镇老街尝米皮

在西安人约定俗成的"小吃三件套"里,秦镇米皮扮演着不可或缺的重要角色。在沣河之畔的秦镇老南街上,还有着二十世纪七八十年代风情的老店铺和这一碗最正宗的秦镇米皮,现切的米皮,浇上浓香的油辣子,再配上豆芽、黄瓜的点缀,一筷子挑起来的,正是"筋、薄、细、穰"的米皮。秦镇老街已在拆迁,趁老店还在,赶紧去吧。(见180页)

终南山观音禅院三面观音。

汉景帝阳陵陪葬俑。

香积寺。

关中民俗艺术博物院。

米皮。

★ 最佳景点
秦始皇帝陵博物院

从年少继承王位到一统天下始称皇帝，秦王嬴政生前实现一统中原的伟业，死后更为后世留下一座神秘帝陵。1974年，兵马俑偶然现世，石破天惊，在遗址上建成的秦始皇帝陵博物院一直都是西安旅游目的地的首选。在欣赏这支气势磅礴的地下军团的同时，人们也期待着更多的谜底随着考古技术的发展逐渐浮出水面。

（见162页地图；通票120元；讲解100元；语音导览30元/人，押金200元；📞8139 9127；www.bmy.com.cn；临潼区骊山北麓；⏱旺季8:30～18:00，17:00停止售票，淡季8:30～17:30，16:30停止售票）

我们调研期间，西安火车站东广场正在进行改造，原在此地乘坐的游5路（即306路；华清宫3元，秦始皇帝陵博物院5元，只收现金；7:00～19:00，约8分钟一班，兵马俑末班车19:00）已改从西安纺织城枢纽站发车。914路、915路也已移至三府湾客运站发车（华清宫8元，秦始皇帝陵博物院10元；8:00～19:00，约4分钟一班），工程改造期间在站东城墙外有临时站台上下客。

壮观的地下军团

亲身站在一号大坑前，你才能感受到秦始皇地下军团的壮观，栩栩如生的将士俑仿佛瞬间复活，在你眼前严阵以待。**一号坑**面积最大，巨大的方阵中东前锋、西后卫和侧翼都是面向外的弩机手，中间是38路主体纵队和45辆战车。仔细观察，这些身高平均在1.8米的陶俑，长相与表情都不尽相同，你甚至可以依稀分辨出他们来自北方还是关中。史书中秦国的军事制度和战斗规模，也因兵马俑的佐证而鲜活起来。一号坑中后部是考古现场修复工作

兵马俑坑。

室，有机会看到工作人员在现场修补拼贴出土的秦俑，由于早期发掘时技术的局限，当时挖掘出的陶俑表面彩绘尽失，而仔细观察新近修复的人俑，可以依稀辨出一抹残色。

面积最小的**三号坑**只出土了68件陶俑，却是军队的指挥部，南北厢房和车马房的格局与一、二号坑截然不同。**二号坑**是多兵种集团军所在，但目前这支军队仍在"沉睡"之中，在更好的保护技术没有出现之前，超过8000尊兵马俑还掩埋在土中。馆方特别在通道处陈列了5尊陶俑，供参观者近距离欣赏他们身上的铠甲、颈巾、绳结甚至发型都符合各自身份。

珍贵的文物与发掘历史

文物陈列馆目前有3个基本陈列，**铜车马展厅**中展出了两辆铜车马，前车叫高车（真品在陕西历史博物馆展出），后车叫安车，按2:1的比例严格制作，3000多个零部件都用青铜制作而成，铜车马出土时已经被上层土压成数千块碎片，8位专家花了10年时间才将其修

复,成就这两件"青铜之冠",展现着中国青铜时代最后的辉煌。两侧配合展出的青铜车马零件和青铜武器充分显示出秦人卓越超群的青铜冶炼技术。狭小的展厅里,两辆铜车马前常常被围得水泄不通,好消息是专为展示这两件"青铜之冠"的铜车马博物馆已经开建。

骊山遗珍展厅内展出了近半个世纪以来,在秦陵遗址和陪葬坑内发掘出的百余件文物珍品。**院史陈列**则讲述了秦始皇帝陵从发现到发掘的历史,可以了解到不少有趣的细节。

神秘的秦始皇陵

真正的秦始皇陵其实在距兵马俑西南约2公里处的丽山园,87米高的封土堆如今已是绿草成茵。陵前有一通上书篆体"始皇帝陵"的石碑,传说中的神秘地宫就在封土之下。秦始皇陵的考古发掘工作一直持续不断,目前已经发掘了数个殉葬坑和寝殿、便殿等遗址,可以在被称为"文艺工作者"陪葬者的**百戏俑坑**(K9901坑)里看到上身赤裸、下身着裳、姿态

亮点速览

➡ 在参观遗址大厅之前,可先去360°环幕影院了解秦始皇帝陵的历史背景。或用手机扫景区官方微信二维码,通过"寻迹始皇陵"小程序获取导览和解说信息。

➡ 二号坑中陈列的跪射兵马俑,就是西安官宣的形象大使。

➡ 博物馆区内有咖啡厅、餐厅,仅中午开放。从南门出来就是美食广场,有各种陕西小吃店和肯德基、星巴克等连锁餐厅。

各异的百戏俑以及仍在进行的发掘现场,在**文官俑坑**(K0006坑)则可以欣赏到与兵马俑风格不同的彩绘文官俑。

秦始皇兵马俑博物馆与丽山园相距约1.5公里,可在博物馆售检票处持门票免费乘坐摆渡车前往丽山园参观,然后再返回兵马俑停车场。

临潼

临潼区依骊山北麓,自古便是长安的东大门。历代帝王对骊山偏爱有加,一统天下的秦始皇最终选择在此安葬,唐玄宗与杨贵妃也正是在这里开启了一段缠绵悱恻的爱情故事。临潼距西安城区很近,可安排一日游后返回城区。当然,你也可以在瞻仰过蜚声海内外的秦始皇陵和骊山华清池后,继续向东,登临华山顶峰,一览关中大地。

⦿ 景点

华清宫 历史建筑

(见162页地图; ☏8381 8888; www.hqc.cn; 门票120元; ⊙旺季7:00~19:00, 淡季7:30~18:00) 骊山系秦岭支脉,"关中八景"中的"骊山晚照"说的便是此处夕阳洒金、山色如黛的风景,以此为背景,古代中国无数历史事件在这里上演:烽火台上,周幽王为博褒姒一笑烽火戏诸侯;长生殿里,唐玄宗与杨玉环七夕盟誓却落得个"此恨绵绵无绝期";而80多年前的那一夜,则揭开了改变中国历史的一页。

从望景门进入景区,多数人会直奔华清池而去,其实那几口"温泉水滑洗凝脂"的千年古浴池已经干涸,承载着唐明皇与杨贵妃浪漫往事的长生殿也是在唐代帝王温泉行宫遗址上仿建的唐风宫殿,只有殿内循环播放的6D电影《长恨歌》(⊙周一、周三至周日9:00~16:30,周二13:00~16:00)多少可以怀想这段往事。每年4月到10月,九龙湖会上演华丽凄美的大型历史舞剧《长恨歌》[可在景区官网预订门票,268元起;第一场

临潼区

华清宫。

19:30望京门(西门)安检入场,20:10~21:20;第二场21:40津阳门(东门)安检入场,21:40~22:50]。

真正的华清池遗址在九龙湖西侧,**唐御汤遗址博物馆区**展示了1982年发掘的杨贵妃使用过的海棠汤,唐玄宗泡过的莲花汤以及太子、大臣们使用过的不同等级的汤池及部分出土文物,不过眼前所见看上去略为简朴,绝非影视剧中那般奢华。

"西安事变"时蒋介石住的**五间厅**也在这里,墙上还能找到多年前那个惊心动魄的夜晚留下的弹痕。对中国近代史有兴趣的旅行者不要错过在瑶光阁剧场演出的大型实景影画**《12·12》**(门票169元/人,可在景区官网预订;演出时间9:50、11:10、14:30、15:50),运用高科技舞台手段为你真实再现了80多年前那场改变中国历史走向的"西安事变"。离开瑶光阁,沿步道上山即到西安事变旧址**兵谏园**,园内有大型西安事变浮雕,陈列有西安事变时使用过的武器、车辆等,"**兵谏亭**"和蒋介石藏身处就在此地,有很多人还会顺着链条攀上石缝一探究竟。

沿着台阶继续上行,到达日月亭后有3条登山步道,沿主路往上攀登几百级台阶可到达1302米的山顶**烽火台**,这一段路是登骊山最累的部分,但观景角度也最佳;往西的路可以到达晚照亭,是看"骊山晚照"和华清池的最佳之处,继续往西可以到达老君殿(唐称朝元阁)和老母殿;东边的路通往石瓮寺、遇仙桥和西边的三元洞等景观。

华清宫景区自然景观与历史景点众多,可视体力及时间选择游玩。比较省时省力的方式是坐**骊山索道**(上行35元,下行30元,往返60元;⏰8:00~18:00)上山。索道下站在华清宫西门(望京门)往西约200米处,可以不进景区,先购索道票上行,到达上站老母峰,在这里买华清宫门票进去,向西登上山顶的烽火台(约需40分钟),然后步行下山,依次参观兵谏亭、长生殿遗址、九龙湖、长生殿等景点。

☑ 不要错过

自驾"最美环山路"

据说这是自驾者偶然发现的一段"最美环山路",一经发布迅速走红。起点在临潼区空军疗养院西侧,从这里往骊山后山凤凰岭上走,到天文台和老母殿的岔路口后往陕西省天文台的方向再行驶十几分钟,就驶上了一段蜿蜒的盘山公路,接下来要小心驾驶了,七八公里的山路就拐了10多个大弯。到达山顶观景台,俯瞰山下来时路,像一条丝带缠绕在骊山之间,远处是高楼林立的临潼城区。建议在天气晴好的傍晚自驾前往,夕阳西下时的景致最好。当然,如果你有足够体力与精湛车技,也可以骑车挑战这段盘山公路。

从西安出发的游5路和914路、915路都会经停华清宫,游5路售票员通常会建议你先游览华清宫,再去兵马俑。

临潼博物馆　　　　　　　　　博物馆

(见162页地图; ☎8381 2071; 临潼区东环路一号; 免费, 凭身份证登记进舍利馆; ⏰8:30~17:00)临潼博物馆设在一座小巧的仿明清四合院建筑内,主楼一层为**唐庆山寺文物展**,陈列着1985年出土的唐开元元年间庆山寺舍利塔中的诸多文物,其中存放释迦牟尼真身舍利的金棺银椁和释迦如来舍利宝帐都是临潼博物馆的镇馆之宝,其他还有可爱的唐三彩对狮、三彩南瓜等。释迦牟尼真身舍利收藏在单独的**舍利馆**中,可近距离欣赏水晶宝塔中的7颗小如米粒的舍利,同时展出的还有珍贵的汉代鎏金翼虎。主楼二层为**周秦印迹——周秦文物展**,展出了临潼地区出土的利簋、王盂等青铜器,也有秦夔龙纹瓦当等建筑构件。侧楼中的**佛之韵——佛教造像展**也值得一看,数十件窖藏唐代鎏金铜佛像小不过盈寸,却造型优美,技艺精湛。

从华清宫景区门口往东步约200米即到临潼博物馆。

骊山盘山公路。

❀ 节日和活动

石榴节　　　　　　　　　　　文化节

临潼盛产石榴,每年5月下旬,临潼有石榴花节,金秋10月又会举办石榴节,除了采摘石榴,还会展示以石榴为主题的各种民俗文化活动。具体时间可登录华清宫官网查询。

骊山温泉　　　　　　　　　　温泉

离华清池约2公里的骊山西门附近,有很多温泉酒店、疗养院和泡池,价格从十几元到几百元不等,环境良莠不齐。如果对环境要求较高,**临潼悦椿温泉酒店**(☎8387 8888; 悦椿东路8号; 标双850元起)是一处不错的选择。

❶ 到达和离开

临潼与西安之间交通极为便捷,游5路、914路、915路从早到晚穿梭于两地。此外,西安北站有发往临潼的景区直通车,持当日到达西安的高铁票及临潼任一景区门票,在北客站负一层地铁2号线入口处南面服务点

水陆庵彩塑。

领取免费往返乘车牌并乘坐大巴（途经华清宫、兵马俑；北站出发8:00~16:00，兵马俑出发10:30~19:30；1小时1班）前往，返回时在相应乘车点凭牌乘车。

临潼汽车站（8381 3452；人民东路21号）有发往咸阳和渭南的班车。如果从秦始皇陵出来想直接去华山，也不用回到汽车站，可在东三岔乘坐去往渭南市的临渭专线再转车前往华山游客中心（详细信息见200页华山交通）。

蓝田

百万年前这里就生活着中国人的祖先蓝田猿人，王维晚年远离喧嚣，隐居蓝田时写下了《辋川别业》，留下山水田园派的传世佳作，李商隐名句"蓝田日暖玉生烟"更让蓝田美玉名扬天下。不过，对于自助旅行者来说，蓝田的最大亮点还是水陆庵中泥土塑造出来的大千世界。

景点和活动

水陆庵 寺庙

（见186页地图；县城东10公里普化镇；免费，讲解50元；9:00~17:00，周一闭馆）水陆庵原是隋悟真寺的水陆殿，是始建于五代的为水陆生灵超度的水陆道场，背靠秦岭，三面环水，明代朱怀埢为纪念母亲将殿更名为庵，故名庵却没有尼姑。

号称"中国第二敦煌"的名头有些过誉，但**诸圣水陆殿**内的泥塑堪称精品。殿内存有从五代到明朝的3700多尊精美泥塑，殿中释迦牟尼、药师佛和阿弥陀佛的佛像背光金碧辉煌，左右各立弟子与胁侍菩萨。南北山墙上那些看起来令人眼花缭乱的人像和万物，实则布局严谨、层次分明，下面是二十四诸天，中间是五百罗汉渡海，上面则演绎了释迦牟尼的一生。中隔北壁间塑有地藏菩萨，南壁间塑有药王菩萨，中壁后墙塑有观音、文殊、普贤三大菩萨，注意看，菩萨的胡须清晰可见，这也是水陆庵泥塑年代的一个佐证，因

蓝田猿人遗址

在小学课本里就学到过的蓝田猿人，其"家乡"就在蓝田县城以东地区。1963年7月，考古人员在陈家窝发现了老年女性下颌骨化石，距今约65万年。1964年5月，又在公王岭发现了完整的中年女性头骨化石，距今约100万年。根据这些化石复原出来的猿人被称为"蓝田人"，是最早的直立人，比"北京人"早了几十万年。作为中国直立人化石及旧石器时代早期文化遗物出土地点，蓝田猿人遗址在1982年被列为第二批国家重点文物保护单位，后又在遗址发掘现场建起了蓝田猿人遗址博物馆（蓝田县九间房乡公王岭；门票12元；⏰夏季8:30~17:30，冬季9:00~17:00，周一闭馆），包括公王岭遗址展区、陈家窝遗址区、室内展陈区等，展出了旧石器时代及更为古老的时期的各类化石、石器百余件，另有大熊猫、水鹿、猕猴、野猪、剑齿虎、猪豹等30多种动物化石。对史前文化感兴趣的旅行者，可在蓝田电力广场乘坐发往许庙的904路公交车（5元起；5:00~17:30），在前程站下车，往东南方向步行1公里可到博物馆。

白鹿原影视城。

交车（4元；7:30~18:30，30分钟1班），下车后沿小路向右步行5分钟即到。返程可回到路边拦返回蓝田汽车站的公交车，18:30之后估计就没车了。

白鹿原影视城　　　　　　影视城

（📞8284 2666；www.sxblyysc.com；前卫镇将军岭隧道向西1公里处；入园免费；⏰旺季9:00~20:00，淡季9:00~18:00）武关、萧关、大散关、金锁关、潼关，五座雄关五方矗立，护卫着关中平原上的古老村镇，原上巨大的"白鹿原影视城"字样看来是借鉴好莱坞影城的创意。影视城内分为白鹿村、滋水县城、景观步道、创意文化区、游乐园五大主题，入园有3种方式，你可以乘坐电动扶梯（20元/人）直接上到白鹿村开始游览，也可以从景观步道一路步行上去，沿途观景，如果带着小朋友，还可以乘坐观光车（15元/人）先去原上乐园。

白鹿村与**滋水县城**都依据陈忠实《白鹿

为早期的观世音、文殊菩萨造像多为男身。据此专家推断，殿中三佛坐像与山墙彩塑应为明代作品，而后墙彩塑应为五代原作。这些精妙绝伦的彩色泥塑作品，历经千余年天灾和人祸，虽然色彩略微暗淡，但能保存完整实属不易。遗憾的是调研期间后墙五代彩塑因文物维护工作而进行了封闭，开放时间未定。殿内禁止拍照，建议你请个讲解员，他会打着手电为你逐一讲解，每一束光都能照出一段故事。

欣赏过殿内彩塑，回头再来看进门处的天王殿，墙上所绘的造型夸张却神态生动的天王形象，其实就来自水陆殿中的二十四诸天彩塑。

在蓝田县汽车站乘坐到水陆庵的乡镇公

白鹿原影视城。

原》中描述而建,有书中写到的宗祠、戏台、鹿子霖家、白嘉轩家、衙署等影视剧场景拍摄地,富有关中传统风情,尤其适合拍照,也可顺便一尝关中美食,各种小吃在这里都可以找到。县城中的**二虎剧场**还每天上演大型真人特效特技实景剧《二虎守长安》(60元/人;具体演出时间见官网),讲述民国军阀混战时期,杨虎城、李虎臣两位将军誓死守卫长安城的故事。游乐园和创意文化区则更适合亲子游玩,可以在巨幕影院、欢乐剧场等观看各种主题演出,也可以在动物饲养场、机械式兵马俑馆等来次互动式体验,"**2½电影空间**"每天上演的《黑娃演义》(98元/人,具体演出时间查询官网),更能提供现场参与拍摄的机会。

西安城区有从金康路去往白鹿原影视城的919路公交车(2元起;6:40—18:40;1.5小时);影视城景区直通车每天8:30在西安北大街西北角苏宁电器门口发车,途经省体育场东门五环运动店、电视塔盘道麦德龙等站点,然后直达景区。从蓝田过去,可在蓝田汽车站乘坐前往汤峪、小寨的乡镇中巴,都途经白鹿原影视城。

汤峪温泉　　　　　　　　　　　温泉

(☎8283 8766;汤峪镇塘子村;塘子村和大兴汤院遗址公园套票138元起;⏰9:30—23:00)位于蓝田城南27公里秦岭终南山脚下的塘子村,早在秦汉时期便是温泉养生胜地,因宝鸡眉县也有个汤峪(即西汤峪,见221页),故有时将这里称东汤峪加以区分。如今的汤峪,几乎家家都卖泳衣、开饭馆宾馆、代售优惠门票。街上还有些小温泉,按指示牌找**碧水湾**就对了。门票包含沐浴用品及浴巾,另有168元的皇室御汤苑套票,可享受有独立淋浴与换衣间的私密包房,限时3小时。**大兴汤院遗址公园**与塘子村相距约500米,传说这是李隆基和杨贵妃最早沐浴的地方。整个院子古色古香,每个汤池都有着文雅的名字。

如果不喜欢泡露天混浴的池子，不妨去**陕西省汤峪疗养院**（☎8284 8687；单间160元起），当地人称"军区疗养院"，也在塘子村内，每个房间都配有浴缸，住宿条件较好。

蓝田汽车站有发往汤峪的班车（7元；7:00~19:00；约30分钟1班）。西安城南汽车站有920路公交车到汤峪（2元起；7:00~19:00循环发车，20分钟1班；1.5小时）。

🍴 食宿

西安与蓝田间交通极为便捷，如果不在汤峪泡汤住宿，完全可以在当天返回西安城区。蓝田特色小吃有荞麦饸饹面、洋芋糍粑、神仙粉等，路边摊就能尝到。汽车站周边的小饭馆也能品尝到当地小吃，推荐**独秀小吃城**（蓝新路南段；人均30元），凉拌饸饹、油糕和南瓜盖被都值得一试。人多可以去**蓝田九大碗民俗食府**（☎8272 8188；长坪路中段），品尝肘子、丸子、豆腐等传统蓝田九大碗。

ℹ️ 到达和离开

蓝田县汽车站（☎8273 4786；向阳路西段）有发往西安汽车站（火车站）的西蓝高速班车（10元；6:00~19:30，10分钟1班；50分钟），途中停靠康复路、万寿路地铁站；926路公交车（2元；5:00~19:00，8分钟1班）终点在西安市体育场，沿途停靠康复路地铁站，转乘方便。去往水陆庵、汤峪、白鹿原影视城等景区都可在汽车站内换乘乡村中巴。

长安

位于西安市南部的这个郊区，幸运地继承了长安这个古地名。它也是当之无愧的。悠悠终南留下了"寿比南山"的千古寄望，观音菩萨又在南五台护佑着万家灯火。而从关中各地搬来的一座座豪门大宅点缀着山下肥美的川野，玄奘、道宣、善导、澄观等大唐高僧也在此归灵安息。子午古道和千年银杏的传奇尚未结束，一座座大学城又为长安补充了新鲜血液。这里的文化底蕴极其深厚，远在西北角落的马王和斗门，近年来也依托着西汉和西周的历史遗址，派生出昆明池和诗经里（见136页方框）这样的新景点。

👁️ 景点

翠华山　　　　　　　　　　　　　　山
（见169页地图；☎8589 2176；www.cuihuashan.com；太乙宫镇南4公里；门票旺季3月至11月65元，淡季12月至次年2月40元；🕐旺季9:00~17:00，淡季9:00~17:30）"太

⭐ 值得一游

长安访寺

曾经唐朝的京畿重地是汉传佛教的4个宗派的发源地，还形成了以"樊川八大寺"为代表的寺庙群。下列佛寺主体都是重建的，但也各有唐朝古物保留下来。

华严寺（见169页地图；杜曲镇樊川路近师范附小）是华严宗的祖庭。复建的仿唐殿宇簇拥着两座唐代砖塔，分别安葬着初祖杜顺、四祖"清凉国师"澄观的灵骨。华严寺现今的规模略显局促，位于一处黄土地上，前有断崖后有峭壁，近2个多世纪一场场暴雨对它造成了极大毁坏。

兴教寺（见169页地图；杜曲镇西韦村北侧）和大慈恩寺同为法相宗祖庭，玄奘法师和两位弟子窥基、圆测就长眠于此。3座灵塔以"兴教寺塔"的名义列入了世遗，中间的方形五级楼阁式砖塔就是唐僧的舍利塔。山门上书"护国兴教寺"，"护国"二字是民国中央政府特命加上的。

香积寺（见169页地图；郭杜镇香积寺村）是汉传佛教最大宗派净土宗的祖庭，在日本也有一定影响力。这里的善导舍利塔为密檐式砖塔，原高13级，现存11级，和小雁塔有几分形似。寺东围墙外的五级楼阁式砖塔为善导弟子敬业的灵塔，寺内大雄宝殿前还有好几通唐代经幢。寺庙西南

长安区

1公里，**陕西考古博物馆**已于2019年8月开工建设。

净业寺（见169页地图；滦镇沣峪口村南1.5公里）阐释了"深山藏古寺"的唐诗韵味，从210国道上的山门要爬40分钟才到；站在寺前南望，还会感慨"水墨终南"名不虚传。这里为律宗祖庭，是南山律师道宣的驻锡地，道宣的三传弟子即为鉴真大和尚。寺里保存有道宣律师塔。

古观音禅寺（见169页地图；东大镇罗汉洞村）崭新的仿唐院落建得颇有水准，"古"则是一株无比巨大的银杏树，相传为李世民手植，每逢11月中上旬身披金甲、满地黄叶。近两年古银杏声名鹊起，2019年黄叶期甚至要提前在微信公众号"终南禅韵"上预约参观。这座禅宗道场也提供禅修课程。注意别和净业寺南1.5公里的观音禅院搞混了。

自驾可在一日内轻松游完。利用公交也能将其串起：兴教寺和华严寺在一条线路上，可在韦曲南地铁站附近乘735路将两寺连线游览。另外3处在韦曲南站的西南方向，可在韦曲南站外乘738路抵达香积寺，之后继续坐这趟车到堰渡村，可换775路到沣峪口（南1.5公里到净业寺）和祥峪十字（南500米到古银杏）；775路再向前到环山路李家岩路口，距三论宗祖庭**草堂寺**（见177页）就只有2公里了。

乙近天都，连山到海隅"，王维《终南山》所描写的就是翠华山，这个开发完善的景区正是游览终南的上佳选择。

千奇百怪的山崩地貌给予翠华山"地质地貌博物馆"的称号。《诗经》"百川沸腾，山冢卒崩"，说的是公元前780年一场大地震，翠华山的独特风光便形成于那时，"主景区" **天池** 也是一个典型的堰塞湖。推荐的徒步路线从山门旁的游客中心开始，经碧山湖、接圣台到天池，再从十八盘那边下山——这样能将翠华山的精华基本看全，可玩上大半天。

也有公路沿太乙峪深入景区，尽头处是以水潭溪瀑为主的"新景区" **翳芳湲**。也可在公路中途钻过隧道直抵天池，湖畔的水湫池村是山上的旅游集散地，有农家乐提供食宿。公路环绕天池，继续向南1.5公里终止，一个大草坡伸向高处。这里在夏季可玩滑草，冬季降雪后则变成了 **翠华山滑雪场**。

景区提供观光车，单程20元，可到天池、滑草场、翳芳湲。降雪后翠华山通常只开放天池和滑草场，观光车也涨价到30元。景区允许自驾车进入，需缴纳25元的停车费。

地铁韦曲南站乘729路，终点在太乙宫镇上的西安翻译学院，再换乘905路即到山门。调研时905路没有站牌，可向当地人打听候车位置，切莫轻信黑车司机。335路（途经五台乡北门）也到太乙宫，但要走近1公里才有905路。

南五台　　　　　　　　　　　　　　山

（见169页地图；8594 9234；五台乡南1公里；门票夏季45元，冬季25元；夏季9:00~17:00，冬季9:00~15:00）南五台也因5座小山头建有5座寺院而得名，还被列入"佛教八小名山"。和山西五台山不同，这里是观音菩萨的道场，在观音成道日（农历六月十九）有热闹的古香会，信众们朝台也在这一期间达到高潮。对于户外爱好者，南五台的徒步难度远小于翠华山，但风景仍然出众。楼阁殿宇坐守五台，互为照应，又一同俯瞰着长安的平原；若有幸碰上雨后初晴，云海浮动佛寺显露，更是宛若仙境。

🌿 秦岭动植物

众所周知，秦岭和淮河一线是中国南北分界线。但若想在秦岭山上一眼望尽南北双方迥异的自然风光并不现实，毕竟这是一道宽达100~150公里的雄壮山脉，而自然界里南北分界的现实情况也很复杂，并非简单一条线可以概括。

秦岭拥有面积开阔的山野腹地，让这里成为了青藏高原以外中国所剩无几的生态绿洲之一。地处南北交界的特殊地理位置，还让南、北方的动植物汇聚于秦岭，又各自适应南北两麓复杂多变的地质山貌，发展出极其丰富的动植物资源。今天秦岭设有多个国家级自然保护区，各个都是科研人员的常年据点。

秦岭有近200种特有植物，热爱植物的人置身于此会无比幸福。比如在主峰太白山，有机会看到独叶草、星叶草、红豆杉等珍稀植物，还能找到许多以"太白"冠名的植

左图：秦岭羚牛；上图：秦岭大熊猫。左图：©视觉中国；上图：©视觉中国。

物，如太白红杉、太白杨、太白贝母、太白黑人参、太白美花草等。在秦岭南坡，柑橘、油桐和茶树是常见的经济作物，同时伴着大片大片的竹林，其间还会点缀着棕榈树。

　　北坡植被的垂直地带性分布更为明显。山脚处满眼栎树（橡树）林，林里盘着千年藤。再往上是桦树林，这一林带也是秦岭北坡的一大特色。通常桦树林属于过渡林带，很少大面积稳定存在，早晚要被别的森林演化取代，但秦岭的气候条件极其适合它们长期生长，所以这里保存了稳定的桦树林植被。秦岭的桦树林以红桦为主，树皮是鲜红色的，但也像白桦那样裂开挂在树上。

　　继续向上海拔超过1000米，视线中开始交替出现了油松、华山松、巴山冷杉和太白红杉等针叶林。海拔高到2800米以上，分布着数量极少的秦岭冷杉。这是很珍贵的高大乔木，再现了距今6500万年前白垩纪恐龙时期的古生态环境。另外通常在海拔2500米及更高处，就有机会遇见高山灌丛和草甸，每年4月初到6月初，这里的高山杜鹃从低海拔到高海拔依次盛放。

　　号称"秦岭四宝"的大熊猫、川金丝猴、朱鹮、羚牛极其宝贵。地理隔离让这里的大熊猫进化出一个独特的秦岭亚种，和四川熊猫比起来基本特征是头圆且更像猫。位于秦岭南麓的佛坪自然保护区便是以大熊猫为主要保护对象，这里的野生大熊猫分布密度远远高于四川，大约每2~3平方公里就生活着一只。和大熊猫同享南坡密林的还有川金丝猴。它们鼻孔仰面朝天，又称"仰鼻猴"，毛色金黄、面部蓝色，颜色很鲜艳。由于川金丝猴与大熊猫的栖息地重叠，因此为保护大熊猫建立的保护区也给它们带来了不少好处。

　　朱鹮体态高贵、色彩优雅，族群故事极具传奇色彩，如今全球仅存的3000余只就是20世纪80年代陕西洋县唯一7只野生族群的后代。洋县位于秦岭南坡，当地为了保护朱鹮不仅

← 放弃工业，也不允许在农田里施放农药。羚牛是一种群居的高山动物，一般十几头或二三十头结队生活。它们体态高大，却具有攀岩走壁的天赋，皮毛厚重，因此不怕寒冷，但很怕热。羚牛会在夏季迁徙到海拔2500米以上的高寒草甸，冬天会下到针叶林中。

近年来随着秦岭生态环境的进一步改善，又有两种珍稀动物的野生种群被稳定发现，"四宝"因为它们的加入也升级成了"**秦岭六宝**"。一是金钱豹，这种"大猫"的体形比虎要小得多，但随着老虎在黄河流域的消失，便一跃登上了食物链的顶端。除了秦岭和大巴山区，金钱豹在陕北黄土丘陵的森林中也有分布。二是林麝，林麝是体形最小的一种麝，也是天然麝香的主要来源，因此具有极高的经济价值。秦岭巴山是其重要分布区，凤县、宁陕等县都有人工饲养林麝的基地，近年来也在有序地野化放归。⑬

兴教寺塔。

从半山腰的停车场、"神秀终南"石柱旁开始登山，不远处的**紫竹林**相传始建于隋朝，比浙江普陀山的观音道场还要更早。首先抵达大台**观音台**，海拔1688米，为南五台主峰。继续前行依次参观**文殊台、清凉台、灵应台、舍身台**，相互之间距离都不远。最后可抄近路从喇嘛石返回停车场。这样游览一圈约4小时，不过瘾还可去观音台另一侧的西林寺（大茅棚），小探后山的茅棚文化；或在观音台、灵应台挂单一晚，守望日落日出。

售票处到半山腰停车场有10公里盘山公路，可乘景区中转车，单程20元。自驾上山要额外收取40元的费用，途经**圣寿寺**可做停留；这也是南五台历史最久的一座寺院，内有隋代古塔，以及民国净土高僧、弘一法师之师——印光法师的影堂石塔。

地铁韦曲南站外乘730路公交，终点就在南五台售票处；338路终点则要继续向南步行1公里。环山2号线和335路设在五台北门站，距五台2.5公里。

关中民俗艺术博物院　　博物馆

（见169页地图；☎8582 9182；www.gzmsbwy.cn；五台乡南五台山路1号；门票120元，讲解100元；⌚9:00~18:00，周一闭馆，国家法定节假日和暑假正常开放）40座民居大院排列街旁，秦岭在不远处缱绻如画——猛一看像是仿古景区，但这里却有真古董！不过这些古建筑都不是土著，而是博物馆创立者王勇超先生历经20余年，一砖一石精心编号，从关中各村镇迁移、复建的。悠然南山下，原本要荒废的老屋古宅获得新生，只是耕读传统变成了旅游业。

穿过"**西京雄镇**"城门楼，明清古民居一条街延伸足下。两排古宅大都是明清高官或富商的府邸，很是气派。**阎敬铭宅院**的主人兴建了"天下第一仓"丰图义仓，**耿元耀宅院**则为渭北地区典型的前房后窑格局；**孙福堂宅院**拥有博物馆的制高点，登高所见风景无边，并辟有介绍陕西各地传统村落的资料馆。

上图：香积寺；下图：南五台古玉兰花开。

博物馆还收藏了3万余件器物，并整理出汉画像石、度量衡、兵器、烟具等多个展览。最有意思的是数量众多的拴马桩，或人或兽，神态各异，俨然"地上兵马俑"的阵势。留意饮马槽、柱墩、上马石等低矮不上相的陈列品，这里同样收藏了不少，足见用心。每天上午11:00元代古戏台**梨园**有华阴老腔表演，节假日可能增加场次，详情可关注新浪微博@关中民俗博物院。

地铁韦曲南站外乘730路、338路都到。环山2号线和335路的五台北门站步行过来1.5公里，途经的五台古镇不必浪费时间。

沣峪　　　　　　　　　　　　　　　峡谷

（见169页地图）由这条峡谷进山，翻越秦岭前往汉中的走法，基本就是著名的子午道，也是如今的210国道。自从大车改走西康高速，这条山涧便成了市民周末自驾的热门目的地，尤其是夏日，数不胜数的避暑客来此玩水，清凉一天后还能享用沣峪口的石锅鱼。

这里也是外地旅行者感受秦岭七十二峪的上佳之选。过路的公共交通很少，租一辆车自驾是最合适的选择。第一站可探访**净业寺**（见169页方框），继续向前1.5公里的**观音禅院**坐落在山涧中。再行10公里可到山水具备的**九龙潭**（☏8592 9307；门票夏季35元，冬季25元），继续前行19公里则是"一脚踏南北"的**分水岭**（海拔2130米）。

公交775路可到沣峪口。在这里能找到面的，可包车到九龙潭（50元）、分水岭（100元）等地。

秦岭和谐森林公园　　　　　　　　　公园

（见169页地图；东大镇惊驾村西南侧；免费参观；⏰24小时）这里是曾经的群贤别墅区，在近几年的秦岭违建别墅整治过程中接受改造，如今以和谐公园的名字对普通老百姓开放。

775路可到惊驾村，下车后步行300米即到。

🍴 食宿

探访寺庙，或在翠华山、南五台景区范

🌿 关中民居

关中平原自秦以来就是天府之国，"田肥美，民殷富……沃野千里，蓄积饶多"（《战国策》），农业发达，人口众多，城镇密集。明清时期，陕商行走天下，挣得巨额资产之后回乡修筑高宅大院，以求光宗耀祖，达官显贵、文人名士也往往斥资营建家族大院，并将他们信奉的仁义礼教融入建筑之中。纷纭600余年，关中平原至今仍留下不少精美大宅，以其独有的建筑风格，成为中国民居建筑中的重要组成部分。

目前能看到的关中传统民居建筑，以明清时期民宅为主，主要分布在西安、泾阳、三原和渭南、韩城等地。多为传统的四合院、三合院结构，单体建筑面积不大，基本由门楼、门厅、两侧厢房和上首厅房组成；相似的几进院落往往构成一个家族的居住空间，层层递进，错落有致。许多这样的大院又组成了一个富有生机的村落建筑群。

左图：韩城古城琉璃影壁；上图：党家村。左图：袁亮 摄；上图：©视觉中国。

韩城党家村是国内迄今为止保存最好的明清建筑村落，被称为"东方人类古代传统居住村落的活化石"。它的崛起仍然要归功于陕商的发达，据说在清朝年间村里党、贾两姓都是经商大户，百年间竟在村里修起了20多座四合院，以及祠堂、文星阁、堡寨等配套建筑。这些四合院一般都有高大的走马门楼，装饰着吉祥图案的砖雕，门前的石狮门墩也是雕刻精美，各有特色。渭南市合阳县灵泉村坐落在黄河西塬畔上，是关中地区保存较为完整完好的清代古村落，村中建筑同样以四合大院为主，多为两进院落，大门两侧影壁上以砖雕镶拼出耕读传家等家训，建筑上到处装饰着戏曲人物、花鸟虫鱼、吉祥图案等砖雕、木雕。此外，蒲城城区的杨虎城故居、清代考院、王益谦故居等都是典型的关中几进四合院。三原县孟店村周家大院初建于清代嘉庆年间，曾有17个院落，目前仅余一进院落，但仍能看出当时的气派与装饰的精美。

关中民居最浓墨重彩的一笔，应该是民宅中的雕刻装饰艺术。历代关中官贾富商在建造住宅时，局限于身份地位，无法在民居的建筑格局和规制上有所突破，便在装饰上花费心思与钱财，并期望由此表达人生理想和美好愿望。作为建筑材料的石头、砖头和木头，在能工巧匠的手中，被雕刻为门前的对狮、影壁上的牡丹富贵和门窗上的柿柿如意图案，营造出一个舒适优美的居住环境，装饰着房屋也寄托着主人对幸福生活的向往。

南五台山下的关中民俗艺术博物院收藏着从关中各地搜集迁移来的40个院落近千间民居建筑，不管是低调内敛、富有品味的大学士官邸，还是外表朴素、内里富贵的富商宅院，它们都有一个共同的特点，那就是强调建筑装饰元素，从屋脊、门楼、墀头、影壁到梁柱与门窗，都装饰着雕刻精美、寓意吉祥的图案。在今天看来，这些装饰语言，仍在述说着关中人的民俗文化和人生信仰。⑩

✅ 不要错过

深入终南山

户外爱好者会羡慕西安拥有终南山。户外俱乐部津津乐道的大寺或鹿角梁穿越是中高难度路线,入口在沣峪分水岭旁的秦岭梁景区。下面几处会轻松一些。

嘉午台(见169页地图;引镇白道峪村南)号称"小华山",登云梯、朝天梯、小梯子之险名不虚传,山顶的兴庆寺和龙脊也能让人惊出一身冷汗。登顶后可穿越狮子茅棚,东走大峪或西走小峪出山。路径都已被驴友踩得明显,但无论哪条路线上下都要8~10小时。739路和环山2号线可到嘉午台。

南五台后山 最流行的是石砭峪熊沟—观音台—西岔的穿越,耗时也需8~10小时。这条路线最大的亮点是能遇到不少当代"终南隐士"的茅棚,但出于文明考虑,请勿打扰他们的生活。熊沟没有公共交通,可从南五台或子午镇包车(50元);西岔往出走2公里就能到翠华山905路线上。

翠华山草甸环线 从滑雪场开始徒步,经过甘湫池后继续攀高3小时,就能走到山脊上壮阔的高山草甸。之后有一条岔路,别误拐去柞水营盘方向的秦楚古道,继续直行到九天瀑布,最终从翳芳渼回到游客大部队之中。这同样是一整个白天的行程。

牛背梁(见169页地图; ☎0914-428 3666; www.nblpark.com;商洛市柞水县营盘镇朱家湾村;门票旺季110元,淡季90元,交通费30元,缆车另行收费;⊙8:00~18:00)开发完善,除了针叶林、高山草甸、杜鹃花……还有机会看到野生羚牛。城南客运站旺季有可能开通直达牛背梁的大巴(60元;1小时),途经长达18公里的终南山公路隧道;如无直通车需在柞水县城中转约需2小时15分钟。一天往返很紧张,可在景区外的农家乐或酒店住上一晚。

南五台灵应台。

围内游览,当天即可回西安市区住宿。如因登山等需留宿,翠华山的天池、南五台的观音台都能找到落脚处。各村镇的农家乐和小宾馆更多,沣峪国道沿线则以黎元坪村、石峡沟村最集中。这些配置完善的标间也就百元左右,不过山里通常很潮,蚊虫也多。近年来,这一带的村落也出现了一些民宿(200元起),环境要好很多,可略微满足"隐居终南"的愿望。

ⓘ 到达和当地交通

感谢多所大学将新校区建在长安,西安市也顺势把各路公交开到了终南山下的许多角落。"长安汽车站"已名存实亡,地铁2号线**韦曲南站**外是各路公交车最集中的换乘站。

调研期间,4-xx的长安区公交(有人售票,无法手机支付)正在被西安公交"收编",预计将全部换成无人售票、可刷微信或支付宝的空调巴士新线路。发车频率很低的环山旅游1/2号线,前景很不明朗。

草堂寺护塔亭。

鄠邑

2017年9月,户县撤县设区,名字也改为鄠邑,据称是恢复秦国时期古老的称谓鄠邑城,从鄠县到户县再到"鄠邑",可以看出当地政府重视历史的初衷,鄠邑也的确有厚重的历史底蕴,重阳宫是道家天下祖庭,而草堂寺是佛教三论宗祖庭,在瞻仰古迹的同时,也别忘了土得可爱的鄠邑区农民画和传统的秦镇米皮。

◉ 景点

草堂寺 寺庙

(见186页地图;☏8495 3437;草堂镇圭峰山北麓;门票旺季35元,淡季25元;⏰8:00~18:30)东晋末年,后秦皇帝姚兴将来自西域龟兹的高僧鸠摩罗什请至长安,并为其修筑草堂寺,鸠摩罗什在寺译经13年间,有弟子3000人,主持翻译了印度大乘佛学经典94部、425卷,其中《妙法莲花经》被后世誉为佛经之王。草堂寺是佛教传入中国后的第一个国立译经场,也是中国佛教八宗之三论宗祖庭。13年后,鸠摩罗什在草堂寺圆寂,据史载,"以火焚尸,薪火形碎,唯舌不化",葬于舍利塔。

来草堂寺,必定先瞻仰**鸠摩罗什舍利塔**,这是一尊国宝级文物,供奉有鸠摩罗什真身舍利,由西域各国供奉的八色玉石所建,可惜只能隔着护塔亭的玻璃窗欣赏,但仍能清晰看到十二层塔身色泽晶莹,铁围山、香沸海、山峰、卷云、祥龙、坐佛等图案雕刻精细。此外,寺内还有柳公权手书的宝慧禅师传法碑、唐宣宗年间所刻的《唐故圭峰定慧禅师碑》、元代僧人所立草堂寺宗派图碑等文物古迹。正殿内供奉有明代施金泥塑如来佛像,佛像前安放着日本日莲宗奉送的鸠摩罗什楠木坐像。

草堂寺今存建筑多为后世所建,但园内古木参天,分外清幽。寺内西北角竹林旁有一口**烟雾井**,炎炎夏日仍可见雾气由井口蒸腾而上,入列"关中八景",曰"草堂烟雾"。不赶时间的话可在此处稍作停留,驻足大雄宝殿外听和尚诵经,或沿着指示牌上那条"佛走过的路"静静踱步。

从鄠邑汽车北站发出的908路公交车(5元;6:30~18:00,约20分钟1班)终点站就是草堂寺。

重阳宫　　　　　　　　　　　　道观

(见186页地图;8490 6200;鄠邑区祖庵镇北;门票25元;8:00~17:30)如果你是金庸迷,一定对重阳宫充满期待。这里是全真派三大祖庭之首,祖师王重阳修真悟道和遗蜕归葬之地,也被称为"天下祖庭",山门上方仍悬挂有元代皇帝御赐金匾。

金庸书中所写"全真七子"真有其人,走进重阳宫,中轴线上依次是灵官殿、七真殿,**七真殿**内供奉有全真七人像,这座清代建筑也是重阳宫到"文革"为止唯一没有被破坏掉的原物。往里走便是**重阳宝殿**,是新建的一座巨大的重檐歇山顶建筑,殿后即是重阳宫最具价值的**祖庵碑林**,内藏40余通有关道教全真派历史的碑刻,其中不仅有王重阳及七真画像碑、王重阳书写的《无梦令》诗词碑、元代书法家赵孟頫书写的《大元敕藏御服之碑》,还有元代皇帝留下的八思巴文和汉文合刻的圣旨碑,以及体现元代重阳宫盛况的模型。穿过碑林,可看到传说由丹阳真人马钰手植的银杏,旁边就是王重阳的墓冢,还能看到几位白云真人的石函。

金庸迷还可继续探访"活死人墓"的原址**成道宫**。出重阳宫山门后左拐东行,看到第一条乡间小路拐进去往北走约15分钟,右手边红色围墙围着的就是成道宫,从西南侧大门进去,在院内东北角能看到"活死人墓"石碑,碑后有座圆形小墓,传说王重阳就曾在墓内闭关修行。这碑是2012年所立,真正的"掘地为穴、积土成冢"的活死人墓其实已无从寻觅。

去重阳宫可在大十字公交站乘坐从五竹汽车站发出的去李朱寨的901路公交车(5元;6:52~18:55,约20分钟1班),重阳宫前两站是成道宫。

太平国家森林公园　　森林公园

（见186页地图；📞8254 5776；www.tppark.com；鄠邑环山路太平峪；门票60元；⏰3月至11月7:00~18:00，12月至次年2月8:00~17:00）太平峪，因隋朝皇家在此修建避暑别院太平宫而得名，唐代诗仙李白也曾在这里写下"暮从碧山下，山月随人归……我醉君复乐，陶然共忘机"的诗句，今天的太平国家森林公园，则以玩水赏花著称。景区分为四大部分，其中**黄羊坝景区**开发了约5公里长的游步道，一路往前，水声潺潺，园内独特的地质构造都配有专业讲解牌。走到清水岔一带，是**紫荆花海**，每年4月花开满谷，景色最为迷人。从清水岔开始道路分开，右侧步道是景区主路，沿途经过钟潭瀑布、龙门吊桥、龙口瀑布、百步天梯等景点，均有观景台可近前欣赏拍照，步行约3小时可到终点处**彩虹瀑布**，最大落差有160米，周围数十米内都弥漫着水雾，在阳光下可见虹落瀑底。其中最辛苦的一段是百步天梯，如果想省时省力，可在百步天梯索道下站乘坐索道（单程50元，往返80元）上去，接下来步行约1小时就可到达彩虹瀑布。

太平峪最高点为海拔3015米的**冰晶顶**，属于未开发区域，登顶需徒步一段长约7公里的驴友小路，没有户外徒步经验和未带专业徒步装备者请勿擅自登顶。翻越冰晶顶往下就是另一侧的朱雀国家森林公园。

在鄠邑汽车南站（吕公东路与草堂路交叉口西南100米）乘坐发往煤场的乡村公交（3元起；7:00~16:30）可到太平景区，返程末班车17:20发车。

中国鄠邑区农民画展览馆　　展览馆

[见186页地图；📞8481 2871；画展街14号；免费；⏰9:00~12:00，14:00~18:00（7、8月15:00~18:00）]鄠邑区农民画虽然源起20世纪50年代的政治宣传需要，却脱胎于民间剪纸、年画、刺绣等元素，丰富的画面想象力与大胆的色彩创造力，使得鄠邑区农民画最终成为中国农民画的代表。农民画展览馆用3个展厅及众多馆藏作品，展示了鄠邑区农民

（左页起）重阳宫；太平国家森林公园缆车；鄠邑区农民画展览馆。

☑ 不要错过

在秦镇老街上吃一碗正宗米皮

秦镇米皮的连锁店已经开到了全国，但要品尝到正宗的秦镇米皮，有必要来一次沣河之畔的秦镇。镇上处处都是米皮店，但要深入到老南街，才能品尝到最地道的那碗米皮。从丰京路上沣河大桥的西南角一个窄窄的路口进去，便是南街，往里走大约10分钟，便可以看到老南街薛德全大米面皮百年秘传老作坊的醒目招牌，在店里你还能亲眼看到一碗米皮的"养成"——师傅用一把几十斤重的霸气大刀，把整张以当地籼米制成的米皮切成细条，挑起细米皮到特制的辣子油里一蘸，拎出来放到碗里埋起豆芽，配上其他调料，洒上芹菜叶，一碗看上去色彩悦目、吃到嘴里"筋、薄、细、穰"的秦镇米皮，就可以配着黄酒上桌了。

在鄠邑汽车站（人民路）乘坐913路公交车（2元起；6:30~18:00）可到秦镇；西安城南客运站发出的928路以及快客大巴也都途经秦镇。ⓖ

画从早期战天斗地、大干快上的革命主题到后期回归到生产劳动、节庆场景、民风习俗等日常生活本真的发展历史，在一些著名画作旁，还有VR和二维码提供互动式的观展体验。

农民画展览馆位于城区画展街，908路、910路公交车都经停此地。从大十字步行过去约需10分钟。

如果你对鄠邑区农民画有兴趣，还可去"陕西农民画之村"东韩村（甘亭镇北转盘）看看，这里有潘晓玲、曹全堂、王乃良等当地农民画家开设的画室，也有提供农家饭菜的农家乐，可品尝当地特色饭菜，体验农民画创作和民间剪纸等。在鄠邑汽车站乘908路公交车到汽车北站下车后向东步行约200米即到东韩村。

🍴 食宿

如需在鄠邑留宿，可选择住在大十字一带，这里离农民画展览馆和汽车站都不远，购物与就餐都很方便。**瑞格酒店**（☎68994888；沣京路114号，城关派出所东隔壁；标双258元起；✳🛜Ⓟ）是当地条件较好的宾馆，步行至农民画展览馆大约10分钟。

鄠邑特色美食除了享誉关中的秦镇米皮外，还有用锅盔馍和猪肉做成的大肉辣子疙瘩（10元），挑一筷子面条放在臊子汤里涮着吃的摆汤面（10元），在**关中风味小吃城**（☎8481 7797；东大街20号钟楼古槐广场东南角；◷9:00~21:30）都能品尝到。有时间还可以去城区以北约6公里处的西安第二飞行学院军用机场旁边的小街上，品尝著名的**鄠邑区机场烤肉**。这里烤肉店很多，家家味道都差不多，从下午4点开始营业，直到深夜，招牌菜是烤羊肉（小把70元，大把140元），一般会赠送羊汤和洋葱蘸酱。

ℹ 到达和离开

长途汽车

鄠邑汽车站（☎8483 6569；人民路十字附近）有往返于西安城南客运站的928路、西鄠快客、西鄠高速班车，以及往返于西安三府湾客运站的930路。其中西鄠快客时间最短（14.5元；19:00前流水发车；45分钟），公交车耗时较长，但途经秦镇，可根据行程选择乘坐。**鄠邑汽车北站**（☎8481 2543；北转盘北）有发往草堂寺的908路公交车和发往秦镇的913路公交车。

火车

鄠邑站（鄠邑区秦渡街道）是西成高铁进入西安的第一站，每天有40多趟动车经停，到西安北站只需17分钟。鄠邑站有101路公交车（1元起；7:00~20:00）去往城区，途经鄠邑汽车站、大十字等地。

咸阳

告别汉唐之都西安向西，历史继续倒

米皮。

叙,同样有着深厚底蕴的秦都咸阳就在眼前。随着西咸新区的建设,咸阳与西安之间的界线已渐模糊,这座拥有秦宫遗址与汉代帝陵的城市,正在经历全新的改变。

景点和活动

★ 汉景帝阳陵博物院　　　　陵墓

(见186页地图;☎8603 2883;www.hylae.com;渭城区正阳镇张家湾北;门票旺季70元,淡季55元,讲解考古陈列馆50元,外藏坑保护展示厅50元;旺季8:30~18:30,淡季8:30~18:00)1990年西咸机场公路修建,一座黄土掩埋2000余年的汉代帝陵惊天出世,经考古发掘,发现这是埋葬着汉景帝刘启的汉阳陵。西汉第四位皇帝刘启与其父汉文帝刘恒共同开创了中国封建社会最早的黄金时代"文景之治",并为其子汉武帝刘彻开疆拓土奠定了雄厚的经济基础,汉景帝刘启与王皇后同茔异穴合葬的陵园是迄今发现规模最大的汉代帝陵,已探明的外藏坑就有81座,呈射线状分布在封土四周,陵区内还有10000余座陪葬墓。

进入陵区,首先看到的是阳陵巨大的**封土堆**,东北侧是**汉阳陵帝陵外藏坑保护展示厅**,从这里深入地下,是已经发掘的10座外藏坑,中空镀镆电加热玻璃幕墙和通道将你与外藏坑分隔在两个截然不同的温湿度环境中,在不影响文物所处环境的前提下,你可以近距离看到悬空的脚下,只有真人1/3大小的兵马俑面容安详,略带微笑,木质的上肢和丝质的外衣早已腐朽不见,只余涂彩的陶土身体,更增加几分神秘。每个外藏坑代表着汉代宫殿中的不同部门,大量歌舞俑、文史官吏俑、宦官宫女俑等在不同的坑里演绎着宫廷的日常生活,汉代葬仪"事死如事生",由此可见一斑。约15分钟的**幻影成像**(10元)讲述了汉景帝和汉阳陵的故事,可选择观看。

重回地面,可绕过汉阳陵的封土,向南穿过**南阙门遗址保护厅**,看看宗庙遗址中陈列的

汉景帝阳陵陪葬品。

那块罗经石。继续向南,走过银杏林,即到**考古陈列馆**,基本陈列《巍乎盛景》以近千件陵区出土文物,配合图文以及多媒体互动展示视频,介绍了"文景之治"背景下的汉阳陵营造过程以及考古发掘过程,那些身着铠甲的武士俑和身姿秀丽的侍女俑,向世人展现出汉代发达的手工业制作技艺。

在西安地铁2号线市图书馆站(D出口)乘坐游4路(2元,只收现金;8:30、10:20、12:00、13:40、15:20、17:00),约半小时即到汉阳陵,返程末班车18:00发车;咸阳火车站广场东侧有前往汉阳陵的5路公交车(6元;8:00~16:00,每小时1班),返程末班车17:00发车。

咸阳博物院　　　　　　　　　博物馆

(☎3321 3015;渭城区中山街53号;凭有效证件免费领票,讲解20元;◉9:00~17:30,周一闭馆)又是一座坐落在文庙中的博物馆,明代所建的文庙本身就是国保古建,有华丽的全木斗拱牌坊及古朴幽静的四进院落,辟有秦咸阳历史文物、精品文物、宗教文物、玉器、碑石、西汉兵马俑等多个展室,遗憾的是调研时《辉煌的帝都——秦咸阳文明展》常设展馆正在重新布展中,开放时间未定。

值得仔细参观的有两个展馆。**馆藏玉器展**不乏精品,其中"玉辟邪"和"玉仙人奔马"曾出现在中国邮政发行的邮票上。**西汉兵马俑展馆**内展出的是1965年出土于咸阳杨家湾汉高祖长陵陪葬墓(考古研究是周勃或周亚夫的墓)的兵马俑,近2000个步兵俑和近600个骑兵俑组成了庞大的"三千人马"列阵,它们每个约有半米高,色彩鲜明,军容严整,相比秦兵马俑的神态凝峻,更显轻松活泼,如果忽略它与秦始皇兵马俑的大小比例,这支地下军团的壮观同样不可忽视。

博物馆位于咸阳老街区,城区多趟公交车可到渭城中学站,下车后步行约15分钟即到。这片街区虽经历拆迁,仍保留不少老建

咸阳 183

唐顺陵遗址公园。

筑,博物馆东南侧仪凤街上有一处明代**凤凰台**,附近还有一座**安国寺**。博物馆东南方向的北平街南端有**咸阳古渡遗址博物馆**,距离都不远,有时间都可顺道一逛。

唐顺陵遗址公园　　　　遗址公园

(见186页地图;渭城区底张镇顺陵村;免费)顺陵是武则天母亲杨氏的坟墓,女皇登基后追封杨氏为孝明高皇后,扩建墓园并改称为陵,因规制所限只能封土为陵,但仍有内外两城共六座门阙和精美的石像生。关中唐陵何其多,然而被列入全国第一批重点文物保护单位的却只有昭陵、乾陵和顺陵,原因在于这里遗存有丰富的石刻群,被一些专家认定是"唐陵之冠"。

如今这里被开辟为开放式遗址公园,沿神道向北,首先看到的是**南门阙遗址**,只剩下两个长满荒草的土包,再往里走,两侧是华表、石马等,体态丰盈、神情盎然的一对**天禄**是顺陵石像生的代表,朱雀门遗址前的一对**走狮**则是所有唐陵中体量最大的,雕刻技艺精湛,东侧走狮看着眼熟,大多数人可能已经在陕西历史博物馆门厅中见过它的复制品。绕过顺陵碑还有两排石刻,分别为石人、石羊、石马、蹲狮。登上巨大的封土堆,向其他三个方向张望,能发现散落在农田里、绿树下的东、北、西门石狮。由于顺陵离咸阳机场很近,如果天气晴好,找好角度就能拍出唐代石像和飞机结合的有趣照片。

在西安地铁1号线后卫寨站可乘坐去往航投大厦的801路公交车(2元;6:30~20:00)在龙枣村站下,红绿灯路口看到顺陵国保碑就拐进顺陵路,步行约900米即到。从咸阳过去可乘坐10路公交车(2元起;7:00~19:00)在周陵镇站下,再同站转乘801路公交车到达。

海泉湾温泉世界　　　　温泉

[☎3388 8888;www.haiquanwan.com.cn;秦都区世纪大道中段;门票130元,带自助晚餐170元,标双378元(含双人温泉票);◷周一至周五12:00~23:30,周六、周日10:00~23:30]咸阳是首个获得"中国地热城"称号的城市,这个当地最佳的温泉度假中心有56个功能各异的泡池,包括印度佛浴、荷兰北极冰屋、以色列死海漂浮等异域风格。通过团购网站购票可获取优惠。门票包含全部沐浴用品,大厅过夜免费。

在西安地铁1号线沣河森林公园站乘坐364路、366路公交车均可到海泉湾站。咸阳城区28路、58路、1080路等公交车均可到海泉湾。

🏠 食宿

西咸之间距离不远且交通便利,可返回西安住宿。不过如果你喜欢咸阳的老街氛围,可以在**咸阳古渡国际青年旅舍**(☎32120222;渭城区中山街90号,咸阳博物院向东100米;铺40元起;❋⚡)住一晚,从这里去博物馆、咸阳湖、北门口夜市都很方便。火车站周边可供选择的快捷连锁酒店也很多。

在咸阳夏天去夜市是最好的选择,北平

街、中山街一带的老街区有**北门口夜市**，烧烤、卤味、小吃摊摆了长长一条街。此外，在**品味小吃城**（秦都区团结路近人民中路）能吃到陕西各地小吃，至于哪个摊位好，挑人多的摊位肯定没错。

❶ 到达和离开

西咸城际交通

西安与咸阳间有多趟公交车往返，在西安地铁1号线后卫寨站、上林路站、沣河森林公园站都可以转乘去往咸阳城区各地的公交车。此外，火烧寨公交站也有去往咸阳的13路、21路公交车。可刷支付宝乘车码。

长途汽车

咸阳长途汽车客运站（北站）（☎3312 3663；西兰路和咸宋路交叉口）有往返于陕西省汽车站（西安火车站）的班车，票价10元。也有发往乾县（14元，经停礼泉8元；7:00~18:00，流水发车；1小时）和彬州市的班车（41元；7:00~18:00，流水发车；2.5小时）。

西咸综合客运枢纽站（南站）（☎3322 8629；西咸新区沣东街道办事处东侧）有去往袁家村的班车（12元；8:20~19:00，12班；1.5小时）。

火车

咸阳站（咸阳市渭城区抗战路1号）是陇海铁路干线、咸铜线、西韩线上的重要站点，西出西安的慢车基本都会经停。站前广场有多路公交车去往城区。

咸阳秦都站（咸阳市秦都区碧泉路）是西宝高铁的一个站点，每天有多趟动车经停，到西安北、宝鸡南分别只需13分钟、51分钟。19路、21路、30路等公交车可到秦都站。

❶ 当地交通

抵离机场

咸阳机场大巴咸阳市区线发车点在2号航站楼（15元；8:30~22:00，30分钟一班；1小时），途经3号航站楼、火车站、渭城中学（咸阳博物院），终点在城区彩虹宾馆（秦都区彩虹路1号），从此处去往机场发车时间为6:30~18:30。

公交车

公交车路线基本覆盖城区，咸阳火车站是主要的公交车枢纽，1路公交车横贯市区，经过火车站、北门口十字、渭城中学、七厂十字等站。

出租车

出租车起步价7元，3公里后1.5元/公里，司机喜欢拼车和搭顺路客。滴滴打车软件在咸阳使用非常方便。

华清宫的雕塑。

秦岭连绵的山峰。

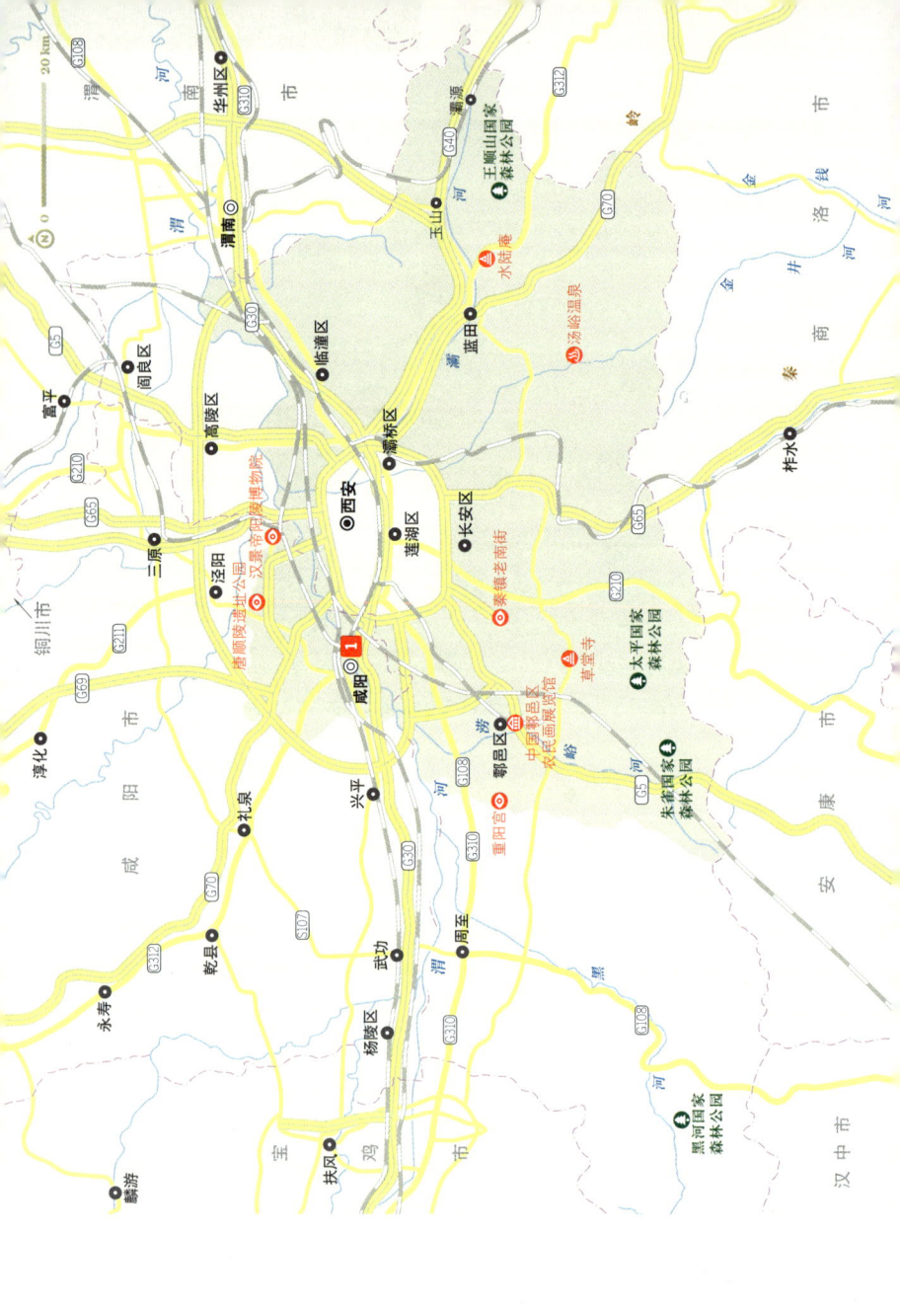

咸阳城区

◎ 景点
1 安国寺 D2
2 凤凰台 D2
3 咸阳博物院 D2
4 咸阳古渡遗址博物馆 E3

❂ 活动
5 海泉湾温泉世界 D4

⛌ 食宿
6 北门口夜市 E2
7 品味小吃城 C2
8 咸阳古渡国际青年旅舍 D2

✈ 交通
9 彩虹宾馆 A3
10 咸阳站 E1

在路上
本书作者 袁亮

"西风残照,汉家陵阙。"当年吟咏此句的诗仙李白,其所处的大唐盛世转瞬间也不过掩埋于同一垄黄土之中。身在关中平原,能与诗仙产生共鸣,何其幸哉。

进一步了解我们的作者,见271页。

华山南峰顶。

西安周边

西安周边

在中国地理版图上，关中平原位于中国大地的原点，在中国历史长河中，关中平原则是华夏文明的源头与起点。这里曾是土地肥沃、物产丰饶的"天府之国"，为周王朝与秦帝国提供了称霸天下的保障；秦岭逶迤，北山连绵，"披山带河，四塞以为固"的关中也成为汉唐帝国建立都城的首选。周秦王朝的辉煌浇铸在青铜重器的繁复纹饰里，汉唐帝陵的雄伟掩没于黄土荒草丛中，驮着丝绸的驼队离开长安走过了彬州大佛寺，耀州窑烧制的瓷器远渡重洋去到了异国他乡，千百年来的荣辱兴亡，都在关中平原为人们徐徐展开。

秦岭横亘，划分出中国地理的南北分界，也奉献出迷人的风景与海拔3767米的中国东部最高峰，登临太白，可以体验到雪山与石海的壮观，而在秦岭东部，"自古一条路"的华山，将是你面临的最大挑战之一。八百里秦川，在黄河与渭河的滋润下为关中百姓提供了安乐的生活，他们也因此创造出绚丽的民间艺术以及花样繁多的关中美食。游走关中平原，还有什么不能被满足呢？

☑ 精彩呈现

唐高宗和武则天乾陵..................198
华山..200
汉武帝茂陵................................211
周至..214
太白山国家森林公园................218
法门寺......................................222
宝鸡青铜器博物院....................226

何时去

- **3月至6月** 3月景区开始执行旺季票价，5月油菜花开了，6月礼泉的杏儿也熟了。
- **7月至8月** 随热气到来的还有暑假旅游大军，不如去秦岭深处避暑。
- **9月至11月** 秋高气爽，关中迎来最好的季节，适合登山看日出，少华山红叶成片。
- **12月至次年2月** 滑雪、泡温泉正当时，登顶华山一般不受影响，但太白山等景区会在冬季暂时关闭。袁家村、韩城古城等地年味儿渐浓。

西安周边亮点（见194页）
① 汉唐帝陵今何在 ② 华山天险 ③ 青铜器之乡
④ 走进古村落 ⑤ 吃遍关中面食 ⑥ 韩城古城寻古建

交通

➡ 西安城区的东、西、南、北、中各有一个长途汽车站，执行不同方向班车的发送。西安一日游最好乘坐高速班车。

➡ 各站发车时间有淡旺季之别。旺季常指5月至10月，收班多在下午6点甚至更晚；淡季会提前。书中所列末班时刻指的都是淡季。

➡ 西安有发往华山、太白山、法门寺、袁家村等地的景区直通车。

➡ 宝鸡、岐山、佛坪、华山等地已开通高铁和动车，往返更为便捷。

食宿

➡ 关中各地除华山有青年旅舍，党家村、韩城古城内有民宿和精品客栈外，城区多以快捷连锁和商务酒店为主，通常选择在汽车站或火车站周边最好。太白山、楼观台等景区有相对高档的温泉度假酒店。

➡ 除华山、太白山等景区外，在关中平原一碗6~10元的臊子面、擀面皮就能饱腹。

➡ 袁家村、周至水街、宝鸡西府老街、岐山北郭民俗村等地有小吃城，方便旅行者将关中各地美食一网打尽。

法门寺外观。

当地人推荐
博物馆是最好的课堂

孙周勇,陕西省考古研究院院长。

都说"地下文物看陕西",旅行者来了应该怎么看?

2020年,陕西省考古研究院就成立62周年了,这些年来,我们发现了120万年前最早行走于华夏大地的蓝田猿人,发现了半坡、李家村、石峁遗址散发出来的早期文明曙光,发现了周原、丰镐、梁带村、刘家洼遗址中隐藏的周代礼制文明的社会秩序,更是揭开了秦始皇帝陵、汉景帝阳陵地下王国的神秘面纱……值得骄傲的是,陕西的遗址博物馆和专题博物馆建设也始终走在全国前列,1958年建成开放的西安半坡遗址博物馆是中国最早的一座在遗址上建成的博物馆,历年来的重大考古发现伴随着的是一个个遗址博物馆的建成,而2018年11月开放的韩城梁带村芮国遗址博物馆采用了全新的布展理念,它们都是了解陕西乃至中国历史的一个很好的课堂。我建议大家来之前先做一点课堂预习,这样才能更加清晰地了解陕西。

陕西省考古博物馆已经动工,能否提前剧透一点精彩内容?

2018年下半年,陕西考古博物馆项目正式启动,选址秦岭,按目前施工进展看,预计在2021年底正式开放。我可以透露的是,这座

法门寺内景。

博物馆的宗旨就是让"小众的知识变为大众的文化",我们要做的就是让考古真正走到幕前来,让大家能够迅速了解最新的考古方法、手段与成果,而考古博物馆将成为最好的载体。

作为考古专家,能否为旅行者推荐几个你喜欢的博物馆?

关中地区有很多成熟的文博项目。我建议可以按历史脉络来走一圈,宝鸡青铜器博物院、宝鸡周原博物院和韩城梁带村芮国遗址博物馆都是很好的了解两周历史的博物馆,接下来是秦始皇帝陵博物院和汉阳陵考古遗址公园,你可以比较一下秦汉时期兵马俑的不同风格,唐桥陵考古遗址公园和法门寺遗址及珍宝馆也值得一去,它们从不同角度向我们展示了唐朝人在科技、艺术等方面达到的巅峰。

☑ 不要错过
✕ 最佳美食

➡ **豆花泡馍** 宝鸡人最爱的早餐,馍片的嚼劲儿与豆花的软嫩配合得恰到好处。(见230页)

➡ **韩城羊肉饸饹** 一碗荞面饸饹浇上肥美羊肉,热气腾腾味道十足。(见236页)

➡ **澄城水盆羊肉** 羊肉熬成浓汤,把烧饼掰成块泡着吃,蒲城、澄城和礼泉三地最有名。(见86页)

➡ **老潼关肉夹馍** 和西安肉夹馍不同,老潼关的馍很像油酥饼,夹上几片凉卤肉,肥而不腻。(见206页)

◉ 最佳博物馆

➡ **宝鸡青铜器博物院** 周秦王朝在这里留下太多国之重器。(见226页)

➡ **梁带村芮国遗址博物馆** 2500年前的玉饰与金器美到眩目。(见232页)

➡ **法门寺珍宝馆** 尘封千年的珍宝展示大唐风华。(见223页)

➡ **宝鸡周原博物院** 看看周人最初的起源地。(见224页)

◉ 最佳自然景观

➡ **太白山** 秦岭主峰,高山区石海连绵不绝,还有机会碰到野生羚牛。(见218页)

➡ **华山** 拔地而起的花岗岩巨峰直插云霄,险路带来的乐趣无穷。(见200页)

➡ **九嵕山** 唐太宗李世民昭陵所在地,山势雄奇,登高可俯瞰关中大地。(见208页)

西安周边亮点

❶ 汉唐帝陵今何在

关中平原，虎踞龙盘，黄土垄中，埋葬着汉唐帝国多少朝天子？**汉武帝茂陵**（见211页）、**唐太宗昭陵**（见208页）、**唐高宗和武则天乾陵**（见198页）已经开发成景区供游人凭吊，更多帝陵仍埋没于野山荒草间，只余一座封土堆和东倒西歪的石像生，不妨花点时间去走一走野陵，更能让人生出"古今帝王今何在，荒冢一堆草没了"的感慨。

❷ 华山天险

五岳代表着古代中国人的审美极限。西岳庙望见的莲花形高峰宛若缥缈仙宫，悬崖上的著名险道仍然让人倒吸一口冷气，西峰索道则为旅行者提供了前所未有的观景角度。还不过瘾，就去挑战一下"华山首险"和"第二险"的长空栈道、鹞子翻身。你一定会感叹，"天下第一奇险山"，古人诚不我欺。（见200页）

❸ 青铜器之乡

周秦两朝兴盛之地，铸就青铜鼎盛时代，宝鸡青铜器博物院（见226页）收藏着这些曾经深埋地底的珍贵器皿，我们在何尊的铭文"宅兹中国"上看到了"中国"最早的出处，我们在装饰着镂空龙凤图案的秦公镈上听到了秦帝国军团奏响的雄壮旋律，我们也在精致的折觥上感受到了周秦冶金技术的高光时刻，一座青铜器博物院，为世人珍藏了那些几千年前铸就的王朝礼制和家国荣光。

❹ 走进古村落

袁家村（见210页）可以基本满足你对关中古村落的想象，石磨、毛驴、老宅营造出的

左图:唐乾陵的石像;右图:唐昭陵的壁画。

关中风情,很适合拍摄"关中印象"的照片。要体验更加原生态的关中村落,不妨在韩城**党家村**(见235页)住上一晚,感受600多年来这个随陕晋商人经营而兴起的明清古村里的悲欢离合。而在凤翔**六营村**(见228页)你看到的则是世俗而欢乐的民间艺术,大红大绿的脱胎彩绘泥偶和马勺面具,寄托着关中人对幸福生活的向往。

❺ 吃遍关中面食

或许你已在西安永乐坊或者回坊里吃过这些关中面食,但关中每个地方的人都坚信自己家乡的面食最地道,岐山人认为用岐山醋燣(làn)的臊子才是臊子面的灵魂,扶风人则更爱一口一碗的"一口香",宝鸡人相信豆花泡馍是早餐的头牌,韩城人的早餐却离不了一碗热气腾腾的羊肉饸饹。和当地人一起在街边小店吃饭,才是对待关中美食的正道。

❻ 韩城古城寻古建

经历1500多年朝代更迭,仍然遗留三处国保级元代古建、两处国保级明代古建以及一座国保级清代石桥的**韩城古城**(见231页),对于文史爱好者来说无疑是一座天然古建宝库。漫步城中,不经意间你就与一座始建于唐代的大殿相遇,当你抬头仰望,还能看到元代戏台上那些上演着戏剧故事的精致木雕,而城中的人们仍旧过着喧闹嘈杂的日子,正是他们,留住了古城昔日的模样。

华山西峰。

宝鸡青铜器博物院展品。

4

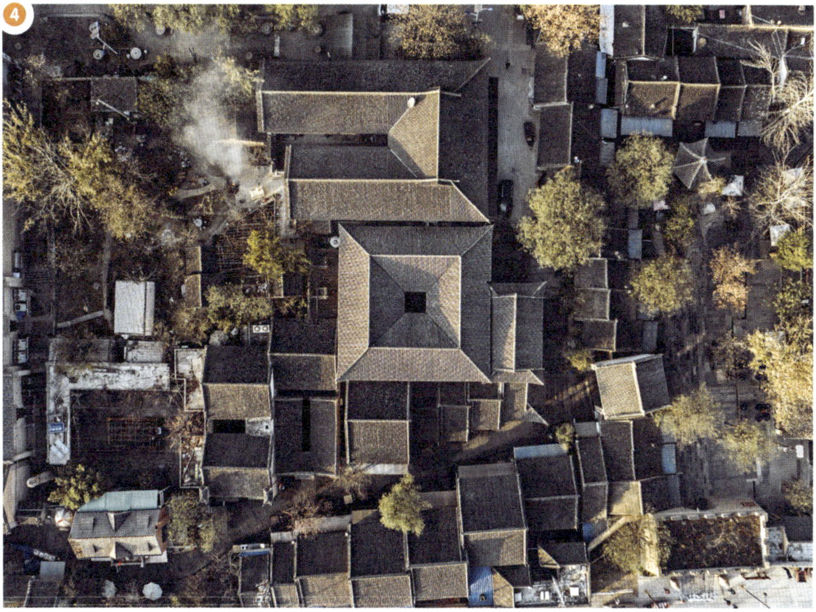

©视觉中国

俯瞰袁家村。

豆花泡馍。

5

袁亮 摄

韩城古建筑上的琉璃雕饰。

6

©视觉中国

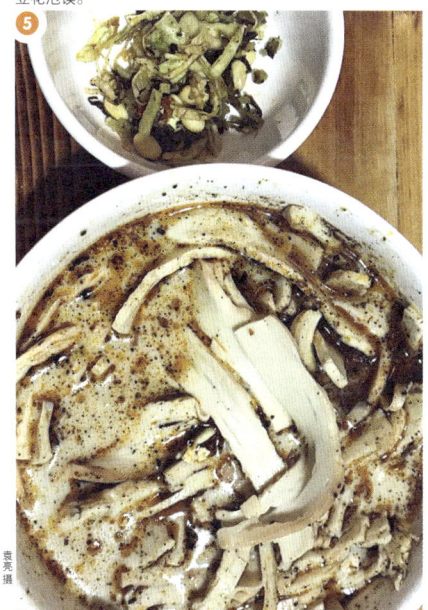

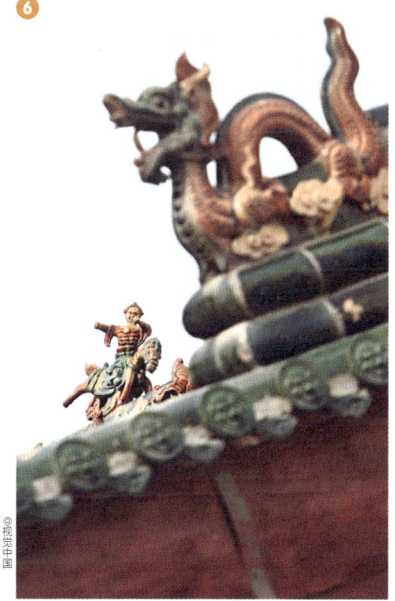

⭐ 最佳景点
唐高宗和武则天乾陵

武则天的一生，绝非范冰冰、刘嘉玲等塑造的美貌与智慧并存的女强人那般简单，这位中国历史上唯一的女皇帝，生前曾独揽朝政，死后却归葬其大唐高宗李治乾陵，曾为唐高宗亲笔撰写《述圣记》颂其德政，却为自己留下一道无字碑任后人述评。乾陵也是中国历史上唯一的两帝合葬陵，巨大而秀美的陵山与连绵的神道石像生，营造出关中平原上最为雄伟的一座唐代帝陵。

[📞3551 0222；www.tangwenhua.com；咸阳市乾县城北3公里，梁山；通票（含乾陵、博物馆和三座陪葬墓）旺季102元，淡季82元；⏱8:30~17:30]

在西安城西客运站乘坐发往乾县的高速班车（25.5元；7:00~19:00，15分钟一班；1.5小时），之后在乾县汽车站前乘坐2路公交车（1元；6:00~22:00）10分钟即到乾陵南门售票处。计划于2020年底开通的西银客专也设有乾县站。

乾陵景区共有5处景点，相距较远，建议乘坐观光车（往返30元；旺季8:00~18:00，淡季8:30~17:30）游览。如果只看乾陵，可直接从南门开始爬山。

远望唐乾陵。

乾陵神道

旅行团大都乘坐观光车从乾陵东门进入，直接走上神道。而我们更建议你从乾陵南门开始，穿过奶头山（双乳峰）之间的台阶，通过远观、登高等一系列的身体力行，逐步融入大唐帝陵的雄浑气魄之中。爬上台阶，神道笔直通向远方，从神道南端到第三道阙楼，两侧共有18对保存完好的石像生，华表、翼马、鸵鸟、石马、石人连绵向前——也正是从乾陵开始，唐帝陵的神道石刻形成了这样的固定组合。第三道阙楼前，东侧是大名鼎鼎的无字碑，仔细观察，上面有不少刻画的题字痕迹（甚至包括契丹文），那都是后世政客和文人留下的。西侧则是歌颂高宗功德的《述圣纪碑》，由武则天撰文、中宗李显书丹。再往前，两尊威武的朱雀门坐狮旁边是六十一蕃臣像，再现了当年高宗驾崩、六十一个国家派出使臣悼念的情景。可惜千年过去，蕃臣们只余残躯伫立在此。

乾陵陵山

走过乾隆年间陕西巡抚毕沅所立的**唐高宗乾陵碑**，继续向前，沿着陡滑的小路，10分钟之内就可以登上乾陵主峰**梁山**。这里视野开阔，关中平原的沃野就在脚下，遇到麦收季节更是金灿灿的一片。回望奶头山，更能感受到这里奇妙的风水之势。天晴时向东眺望，能看到唐肃宗建陵武将山，更远处还有唐太宗昭陵九嵕山。下山时可以从半山处往**睡美人肩**逛逛，其实就是梁山西侧的一个小土梁，一条深深的大沟坐落于梁下，相传为**黄巢沟**。

乾陵博物馆和陪葬墓

乾陵地下究竟埋有多少珍宝？据说乾陵至今没被盗挖过，而由于目前全球考古现场文物保护科技条件不够成熟，暂时也无发掘计划，所以这个问题仍然无解。不过乾陵共有17座陪葬墓，其中有几座早在20世纪中叶就进行了考古挖掘，发掘出来的文物及墓葬壁画已经令人惊叹。**乾陵博物馆**展品均是从陪葬墓中出土，以唐三彩、彩绘俑、壁画、石椁线刻画为主，虽然壁画均为复制（多数真品在陕西历史博物馆壁画馆可以见到），但仍能感受到富丽堂皇的盛唐气韵。"武则天时代展"则能让你对女皇的一生有更加全面的了解。**永泰公主墓**在博物院内，可沿着墓道进入墓穴直到地宫，

亮点速览

➡ 从南门拾阶而上，怀想唐时人们祭拜乾陵的心情。

➡ 细细欣赏翼马身上精致的卷云纹飞翼。

➡ 登顶梁山，回瞰这块沃野千里的风水宝地。

➡ 沿着墓道，步入永泰公主墓阴冷的地宫。

墓道两侧壁画已被揭取送走，目前墙上只余复制品，但至少可以直观想象一下当年的盛况。

永泰公主墓的北围墙外，向东1公里处有**章怀太子墓**，前往乾陵南门的路上有**懿德太子墓**。它们都与永泰公主墓结构相似，也有复制的墓道壁画可看。

★ 最佳景点

华山

三千里秦岭一路西去，势不可当，却有一整块白色巨岩硬生生地从中拔出，阴阳造化间又生出了泼墨般的绝顶三峰；再加上鬼斧神工的虬松奇石、参差错落的古宫名观、健步如飞的全真道士……华（huà）山就像中国传统山水画中的一座仙山，中华文化关于山的许多想象都在这里得到展现。这里还拥有"华山天下险"的标签；身体力行之际，悬崖绝壁上的狭路栈道刺激又过瘾，让人不由得感慨：西岳不仅是五岳海拔最高的一座，也很有可能是最好玩的。

（见207页地图；📞400 0913 777；www.chinahuashan.com；华阴市南侧；门票旺季3月至11月160元，淡季12月至次年2月100元；⏱24小时，冬季可能因雪临时封山，实况可关注新浪微博@华山风景名胜区）

华山松。

自古华山一条路

经过"睡神"陈抟老祖巨像和全真教道观**玉泉院**（夜间需绕行，有指示牌），从**西山门**步入华山峪。继续前行，在混元石才开始有台阶。过**东道院**记得回头仰望西峰峭壁，随即就到悬崖下的**回心石**。这里凿石筑梯，你将通过**千尺幢**、**百尺峡**、**老君犁沟**等有名的险道；集中注意力，拉紧铁链即能安全通过。恐高者可选择青虎路，这条新铺的栈道要好走很多。

从山脚算起，经过3～4小时的攀爬，终于抵达**北峰**（云台峰），至此登顶路已走一半。北峰海拔1614米，视野开阔，向南可眺望莲花似的绝顶三峰，东北侧的白云峰同样富有国画韵味。峰顶云台山庄里的"华山论剑"石碑是唯一被金庸先生"开过光"的，2003年，80岁的他曾来到华山，当时只有北峰开通了索道。

继续前进，走高处的日月岩、救苦台风景更好。之后**苍龙岭**也是经典险道，留下了"韩退之投书"的故事。过**五云峰**即到"关中八景"之首**华岳仙掌**的观赏点。再向前，**金锁关**红缨飘舞、群峰低伏，宣告着抵达了华山绝顶。北峰到金锁关耗时2～3小时。

北峰索道下的**智取华山路**是"迄今华山第二路"。这里最初是解放军偷袭山顶国民党残部的小路，但如今开放的大都是旅游开发后的新路，避开了最危险的部分。智取华山路从黄甫峪里的北峰索道下站开始，沿此路到北峰峰顶耗时1.5～2小时。

华山之巅

宛若莲花的华山绝顶，三片花瓣正是东、南、西三座主峰。我们建议沿顺时针方向游览，从东峰开始，最终在西峰结束，坐索道或步行撤退。这样走一圈需1～2小时。

金锁关向前，第一站可先去**中峰**（玉女峰）。它其实是三峰环抱中的一个小山包，坐落着小小的**玉女宫**，后院有一处天然形成的石坑，传说是玉女洗头盆。

前往**东峰**（朝阳峰）的路上不妨挑战**云**

梯:掌握好技巧,勿用身体贴着走,保持一定弧度才好发力。东峰很适合观赏日出(夏季5点半、冬季7点半左右),节假日甚至要提前好几小时占位。

告别东峰,在观景台看过三公三凤山。过南天门是复建的**金天宫**,为华山上现存规模最大的道观,供奉华山神白帝少昊。之后马上就能登顶华山最高峰**南峰**(落雁峰);山顶海拔2154.9米为五岳至高点,游人争相和石碑合影。

远观十分惊险的**西峰**(莲花峰)是传说《宝莲灯》沉香劈山救母之地,山顶的翠云宫供奉着三圣母,**斧劈石**上观日落更是万物熔金。西峰索道的上站在**镇岳宫**旁;天下第一洞房则位于西峰通往金锁关的捷径旁。

长空栈道和鹞子翻身

长空栈道(南峰南天门内;需付30元租用保险索; 旺季 7:00~18:00,淡季8:00~16:00)号称"华山首险"。入口处"悬崖勒马"

亮点速览

➡ 用双脚丈量"自古华山一条路"的每一级台阶。

➡ 沿着灯光串起的"天路"夜爬,再在东峰拥抱日出。

➡ 成功征服长空栈道,为自己的武学天赋点赞。

➡ 在西峰索道,收获曾经只属于飞鸟的巨崖视野。

➡ 透过西岳庙(见204页)的飞檐走脊,远眺西岳仙山。

➡ 带着猫粮爬山,接济华山上的"侠客猫"。

的石刻再一次提醒你量力而为,最难走的是刚开始踩着铁棍向下的一段,之后踩着绝壁上打钉铺建的木板,尽头处是**思过崖**。栈道需要两位相识者结伴,才能获准进入。

鹞子翻身(东峰宾馆旁;需付30元租用保险

计划行程

➡ **西安出发的徒步游：** 西安北站乘坐高铁（半小时）到华山北站，搭华阴公交1路、2路或打车前往4公里外的游客中心，购票后换乘摆渡车抵达玉泉院，开始徒步登山。也可在省汽车站（西安火车站旁）、纺织城客运站乘坐高速大巴（2小时），抵达华山镇后，步行500米到玉泉院，在西山门购票登山。早点从西安出发，正常体力的游客（山脚到西峰6~8小时）都能赶上西峰索道下山，这样就来得及去华山北站乘高铁返程。

➡ **西安出发的索道游：** 乘高铁到华山，推荐北峰索道上、西峰索道下，苍龙岭、华岳仙掌和绝顶三峰都能游到，也可体验爬山乐趣。纺织城客运站发往华阴的高速大巴，也可经停游客中心。

➡ **兵马俑出发：** 可不回西安转车。兵马俑景区乘307路、914路、915路在临潼东三岔下车，转乘临潼发往渭南的班车（10元；6:30~18:00；约每10分钟/班；1小时）；再在渭南金水路口或前进十字下车，原地等候渭南去华阴的班车（16.5元；7:00~18:00；约每20分钟/班；1.5小时），即到华山镇或游客中心。

➡ **夜爬：** 晚上9~10点（冬季可再推迟1~2小时）从玉泉院出发，一路都有灯光照明，旺季搭伴也很容易，到东峰顶正好可看日出。建议不要走太快，以防汗水浸湿衣服（或者带一条干毛巾）；再多带一双袜子，脚走湿了可以换穿。⊙

华山千尺幢。

游客中心和观光索道

华山游客中心（华阴市华岳大道南端）位于华山生态广场上，紧邻310国道上的标志性建筑"宝莲灯"。购买华山门票后，即可乘坐发往玉泉院的免费摆渡巴士（24小时运营）。这里也提供直升飞机观光项目（☏186 9139 0757；收费500元起/位）和去西安咸阳国际机场的大巴（☏186 9109 6346）。

北峰索道（旺季单程/往返78/150元，淡季单程/往返45/78元；⊙旺季7:00~19:00，淡季8:00~18:00，上山运客16:00截止）的下站设在黄甫峪深处，需从游客中心乘坐专线车（单程20元；20分钟）抵达。

西峰索道（旺季单程137元，淡季单程118元；⊙旺季7:00~19:00，淡季8:00~18:00，上山运客16:00截止）的下站设在瓮峪深处，需从游客中心乘坐专线车（单程40元；40分钟）抵达。索道上可直观西峰的"千仞峭壁"。

索；⊙旺季7:00~18:00，淡季8:00~16:00)为"华山第二险"，由于向下攀爬时无法看到峭壁上的石窝、只能伸脚摸索，也有人觉得它比长空栈道更加难走。下到底部可沿小路前往**下棋亭**，相传赵匡胤就在这里输了一局棋而将整座华山输给了陈抟。

最佳景点 203

华山东峰下山的路。

华山南峰金天宫。

华山及周边

区号：0913

👁 景点

爬完华山（见200页）的游客大都匆匆离去，实在有些遗憾。这一带正是黄河大拐弯的三省交界处，和华山并称的少华山、三省交界处的老潼关、寄托着厚望的西岳庙……和西岳华山一同构筑了古都长安的守护体系。

西岳庙　　　　　　　　　　　历史建筑

（华阴市岳庙街东端；与华山联票，或单独购买15元门票，讲解30元；⌚旺季 7:30~18:00，淡季 8:00~17:30）若不想登山，不如就在此遥参华岳。从汉武帝、唐玄宗、宋真宗直到清光绪帝，曾有多位皇帝来过这里，向白帝少昊敬献祭品。号称"陕西小故宫"的西岳庙正是古代皇家祭祀之地，金碧辉煌的琉璃瓦、雍容华贵的红墙、仿故宫城门的**五凤楼**，椽头藏九条龙的**棂星门**都是明证。这里也收藏着不少古碑，《**华岳颂碑**》《**唐玄宗御制西岳华山铭碑**》残石、《**西岳华山神庙之碑**》尤为珍贵。别忘了登上压轴中线且为制高点的**万寿阁**，回望远处，华山正在重门次第、古柏森森的西岳庙上方绽放。也可以跟着信众，去**三圣母殿**求一支灵签（10元）。

考虑到华山门票24小时的有效期，以及登山的疲惫程度，若要持华山门票参观这里，建议安排在第一站。华山游客中心有免费摆渡车往返西岳庙；或从华山北站下高铁后，打车或乘1路、2路公交车坐上1站到岳庙街口，先来这里参观。

仙峪　　　　　　　　　　　　　　峡谷

（华山镇玉泉院西3公里；与华山联票；⌚旺季 7:30~18:00，淡季 8:00~17:30）这是华山脚下的另一条峡谷，也为"秦岭七十二峪"之一。夏季降雨后最好玩，清溪飞瀑愈加活泼，花岗岩崖壁也显得更加清丽。这里游客很少，经常能享受包场的待遇，**逍遥亭**更是望山发呆的绝佳之地。仙峪游玩2~3小时足够，体力消耗也不大，时间宽裕的话作为登

©视觉中国

山前的热身挺好。

华山游客中心有免费摆渡车去仙峪,经停玉泉院。

少华山 山

(☏481 0160;www.shaohs.com;华州区莲花寺镇南3公里;门票旺季 3月至11月90元,淡季 12月至次年2月 60元,观光车往返30元;⏰8:00~17:00,15:30停止入内)少华山和相距40余里的华山(太华山)并称"两华",在《水浒》中是"九纹龙"史进的山头。景区主要开发了两个区域。**石门峡**坐落在小夫峪深处,是秦岭常见的峡谷风光,属于休闲游。蟠龙山顶的**潜龙寺**要坐**索道**(往返旺季130元,淡季100元)才能到达,这里最大的卖点是一段69米长的玻璃栈道。10月下旬至11月上旬的少华山红叶小有名气,此时景区也会举办旅游节。

在华山镇或紧邻华山游客中心的310国道上,可以拦乘华阴发往渭南的班车(7:00~18:00;约每20分钟一班),在少华山路口(8元;45分钟)下车,步行2公里或等候华州(华县)开来的公交。若从西安过来,可在纺织城客运站乘坐前往华州的高速大巴(24.5元;7:45~19:00;约每20分钟一班;1小时10分钟),到站后再转石碴厂、柳枝火车站方向的公交车(3元),或直接打车(25元)去8公里外的少华山。注意公交车不一定每趟都上到景区门口,返程下到国道候车更有保证。

老潼关 地标

(潼关县秦东镇)历史迷和武侠迷或许会对这里念念不忘。自从东汉末年设关,潼关就取代了函谷关的地位,成为"关中门户"和"天下名关",潼关县城也因此繁华不断。但在20世纪50年代,由于三门峡水库的修建,库区中的潼关展开了轰轰烈烈的迁城运动,将县城从黄河边搬到了秦岭下的今址。然而水库建成后并未达到计划蓄水高度,老县城的位置未被淹到,但拆城搬迁的历史已无法倒流。

今天的老潼关衰落无比,只在铁路桥北

(左起)华山西岳庙;华山西岳庙石碑;少华山悬空玻璃栈道。

的**水坡巷**能看到一些老房子，以及**民国陇海铁路遗址**。原上高大的城门楼属于近年来新建的**潼关古城**仿古小镇。景区调研期间小镇尚未完成全部施工，且人气堪忧。但这里居高临下，站在崖边，黄河大拐弯、风陵渡、中条山尽收眼底，"山河表里潼关路"的气魄仍在。南侧保留有一段**古城墙遗址**，夯土层比西安城墙还要厚。走进城门楼里开设的**潼关县博物馆**（免费参观；9:00～17:00, 16:00停止入馆），看完展览，消逝的老潼关更让人扼腕叹息。

秦东镇又叫港口镇，这里和对岸的山西风陵渡之间曾拥有黄河最繁忙的摆渡航线。黄河岸边也复建了一座水城门，一旁的**潼关黄河风景区**可坐游船，也能吃到黄河鲤鱼。下游方向再行500米，还有一个叫**潼关古渡坊**的湿地公园。来到原产地，俗称"热馍夹凉肉"的潼关肉夹馍不可不尝。**小花肉夹馍**（肉夹馍8元，鸭片汤8元）是老字号，对面有**马超刺曹古槐遗址**。

华山北站旁的华阴汽车站乘坐去潼关的班车（6:30～18:40；约每25分钟一班），在港口镇南街村（8元；45分钟）下车。之后向北步行，可依次游览水坡巷、潼关古城、黄河风景区和古渡坊，返程可在小花肉夹馍旁等候华阴班车拐过来接客。从西安方向来推荐坐火车到潼关，出站后坐免费的1路、6路公交到潼关汽车站，再转乘发往华阴或风陵渡的班车，在港口（3元；20分钟）下车。

潼关古镇。

🛏 住宿

山脚下的华山镇曾是香客们的集散地，如今则成了徒步爱好者的爬山大本营。这里大街小巷有许多民房改造的小旅馆和"青年旅舍"（铺35元起，标间60元起），楼下是超市、楼上是住宿，条件不会很好但也便宜，老板对开钟点房休息的业务很熟练。酒店（标间100元起）集中在310国道两边，注意面向国道一侧的房间会有较大的噪声。近年来也有一些不错的民宿，**希所·西岳公社**（177 8285 2397；华山镇景苑路；房间198元起；❄ 🛜 P）还立志打造华山最美民宿。

进山后住宿价格和山势一样节节高升，到了山顶更是贵得惊人，服务态度也是"不缺你一个住"，条件却是只能和衣凑合一晚。因为缺水，山上就别奢求洗澡了（包括千元一晚的标间），冬季水管还会冻住；好在前台会向每一位住客提供一壶开水。主要酒店有**云台山庄**（铺130元）、**五云峰饭店**（铺140元）、**东峰饭店**（铺180元）和**西峰饭店（翠云宫）**（铺150元），都可通过景区咨询热线（400 0913 777）预订。

🍴 餐饮

华山镇餐饮集中，但多为看着划算吃着伤心的游客餐，不过比起山上已经算幸福了。虽然有最高限价，但到了山顶，矿泉水竟可卖到15元/瓶，方便面超20元，一个煎饼也要15元。负重没有太大问题的话，可背上3瓶500ml的水和2瓶功能饮料，再带些巧克力、能量棒、牛肉干等高热量食品。**广润超市**（华山镇310国道近金穗宾馆）货品齐全，价格也是面向当地人的，可在此补给；这里也有手套

华山景区

等简单的户外用品和剪纸、皮影等民俗礼品。

华阴市区能吃到水盆羊肉、大刀面、时辰包子等东府特色,西岳庙前的仿古岳庙街就有不错的几个店家。

❶ 实用信息

华山景区外围的拉客现象有所好转,但旅行者仍不能掉以轻心。若遇司机强烈推荐某个店家,或突然告知华山临时封闭,务必多长个心眼。

景区门票可用手机支付,山上所有店家也接受微信或支付宝买单。不过还是建议取一些现金,游客中心、华山镇都不难找到ATM机。**华山邮政所**(华山镇玉泉路)有含邮资的华山风景明信片出售。

❶ 到达和离开

长途汽车

华山旅游专线车站(华山镇310国道金穗宾馆

唐昭陵。

内）离玉泉院很近，有往返省汽车站（西安火车站旁）的高速大巴（38元；7:00~18:00；2小时）。

华阴汽车客运站（华阴市北环路近高铁站）在华山北站东侧，有发往西安纺织城客运站（39.5元；6:30~18:00；约每小时一班；2小时；途经游客中心、华山镇）渭南、潼关、蒲城（14:55）的班车。

火车

华山北站（华阴市华岳大道北端）是郑西高铁车站，有多班高铁（二等座54.5元，约30分钟）往返西安北站，回省城的末班车通常在22:00以后。站外可乘公交1路、2路 [民居] 去游客中心，1路车更快一些；去华山镇打车约20元，也可搭华阴汽车站去罗敷、渭南的班车（2~3元），在半路下车。

华山站（玉泉院西1.5公里）计划重新开放，有动力集中式列车往返西安火车站。之前的华山火车站改名孟塬站，有普通客车（硬座19.5

元，1.5~2小时）去往西安。

❶ 当地交通

华阴市区的公交免费乘坐，其中1、2路连接华山北站和游客中心，3路能到西岳庙。滴滴等网络约车软件在这里也很好用。

唐太宗昭陵及周边
◉ 景点

昭陵   陵墓

（见247页地图；咸阳市礼泉县烟霞镇北8公里；门票旺季 30元，淡季 20元；⏰8:30~18:00）九嵕山（"嵕"音同"宗"）位于关中平原北部北山山脉礼泉境内，海拔高达1188米，四周分布着9道山梁，风景秀丽，在唐太宗王李世民还是秦王时就曾多次途经九嵕山，对这座气势十足的山峰情有独钟，当你远远望见这座突兀挺拔、山形秀美的山峰时，或许就能对唐太宗当时的心情感同身受。太

唐建陵石刻。

★ 值得一游
最美还是建陵翼马

唐帝陵十八座，各有各的特色，但说到雕刻最为精美的翼马，还得数唐肃宗建陵神道上的两座。肃宗李亨是唐玄宗李隆基之子，其陵墓虽不如乾陵、昭陵规模宏大，却赶上了盛唐石刻艺术炉火纯青的时候，同时也意外地逃过了朝代更迭的浩劫，神道石刻基本完整地保存到了现在。

建陵位于礼泉县建陵镇石马岭村武将山南麓，与唐太宗昭陵相距不远，千百年来的风雨侵蚀和水土流失，把原来的神道冲刷出一道深沟，两侧的石像生则散落到土梁上，有一些甚至被黄土掩埋。从近年开始，相关部门才陆续将石像生从黄土中清理出来，按原有位置大致摆放，2019年夏天又在每座石像四周安装了铁栅栏。目前可以看到的石像有华表、翼马、鸵鸟、仗马、翁仲等共36件，这些石像雕刻生动写实，显示出当时工匠精练、娴熟的雕刻技艺。尤其是东西对峙的两座翼马，体型矫健，鬃毛翻卷，身侧翼翅呈卷云纹向上延伸，四腿间有祥云流动，上下呼应，仿佛下一刻翼马就要腾云飞去。由于长年风雨冲刷，加之黄土掩埋，翼马周身斑驳，更添一份沧桑。继续往半山上走，树林中还有一对朱雀门坐狮和清代陕西巡抚毕沅所立的"唐肃宗建陵"碑亭。

建陵目前没有公共交通可以直达，建议自驾或包车前往。最方便的是在参观昭陵博物馆后在门口包车（200元左右）一并游览昭陵和建陵。自驾时最好将导航目标设定为石马岭村，如果设为唐建陵，导航很可能会将你带到一座荒山上，那里其实是建陵遗址所在地武将山北坡，看不到石刻。⓪

宗驾崩后如愿葬入九嵕山昭陵，地宫封闭，但整个陵区的建设直到百年后的开元年间才结束：数百位文武大臣、皇亲国戚相继陪葬在陵园中，昭陵也因此成为中国历代帝王陵园中规模最大、陪葬墓最多的一座。

更多人可能是从"昭陵六骏"才知道唐太宗昭陵的，但如今来昭陵已然看不到这六匹曾陪太宗征战疆场的骏马石刻，"昭陵六骏"石刻真品中有4件安置在西安碑林博物馆（见66页）中。由于九嵕山的南麓过于陡峭，昭陵的祭坛设在了**北司马门**。进去之后首先看到的是巨大的李世民塑像，神道两侧没有石像生，只是陈列着凌烟阁二十四功臣画像和新刻的昭陵六骏，一路走去仅能看到残存黄土堆的祭坛、门阙、献殿遗址。沿小路爬半小时可登顶陵山，俯瞰四野，脚下是北山和黄土塬地貌的结合，能看见"虎踞龙盘"的黄土沟壑以及星罗棋布的陪葬墓土丘。

昭陵距昭陵博物馆和袁家村还有约14公里山路，需包车或自驾前往。博物馆门口的商店和袁家村都能找到车（往返120元）。快到昭陵时会路过**韦贵妃墓**和**长乐公主墓**（通票40元），司机一般会游说你购票参观，但其实两座墓内都没有文物遗存,参观内容基本上就是沿着墓道走到墓室,想看墓中精美壁画得去昭陵博物馆。

昭陵博物馆　　　　　　　　博物馆

(见247页地图;3576 7009;咸阳市礼泉县烟霞镇;门票 旺季40元,淡季25元,讲解30元;8:30~18:00)名为昭陵博物馆,其实是以**李勣墓**为主体而建,李勣("勣"音同"绩"),原名徐世懋(即《说唐演义全传》中瓦岗寨的军师徐茂公),因军功卓著而被赐姓"李",其墓以象征军功的象形冢,墓前立有唐高宗手书的**神道碑**。陵园中陈列的石像生有一部分是来自唐建陵和昭陵陪葬墓,注意看那对坐狮、鬃毛翻卷,神态生动,正是昭建陵石刻的代表。陵园里有4座展馆,左首展厅为**昭陵文物精华展**,一进门就能看到唐十八陵示意图和昭陵园区沙盘,展品以各陪葬墓中出土的唐三彩、三彩俑为主。右首展厅为**唐墓壁画展**,《献马图》《歌舞图》《侍奉图》等是唐朝墓葬壁画的经典之作,虽然都是复制品(部分真品可在陕西历史博物馆壁画厅中见到),但仍然值得细细欣赏。其中韦贵妃墓、段简璧墓中出土的众多侍女图尤其精美,画中侍女或着条纹长裙,或为幞头男装,婀娜多姿,对于研究唐代初期妇女服饰有着非常重要的意义。第三、第四展厅为**昭陵碑林**,收藏了40多座由各处陪葬墓移来的墓碑,文章与书法皆出自当时名家和王公大臣之手,历史价值不亚于西安碑林。

昭陵博物馆距袁家村约1.5公里,可步行前往。

袁家村　　　　　　　　　　　　村落

(见247页地图;www.yuanvillage.com;咸阳市礼泉县烟霞镇袁家村)虽然已成为网红好几年,袁家村仍然是西安周边最吸引人前往的目的地之一,袁家村人也仍然在孜孜不倦地继续打造着新的景点,村口的大型游乐场已经初具规模。

村子有南北两条主街,努力用石磨、毛驴、木头门窗、传统作坊营造出一番怀旧氛围,但游客显然更乐意在小吃街上品尝各种关中美食,旋面、烙面、膝子面、野菜饺、蓼花糖、粉汤羊血,家家都不重样,回民街上有熟悉的红红酸菜炒米、老米家泡馍等老字号餐厅。当然,文艺青年也能在这里找到钟意的地方,开在老房子里的星巴克自带小资气息,晚上还可以去酒吧街喝上一杯。

吃喝闲逛之余,村口**关中大观园**(3599 0600;门票 50/70元;10:00~18:00)有飞翔影院、关中大地震、帝у探秘等主题游乐项目,更适合带孩子们去体验一回刺激的沉浸式互动游戏。

🛏 食宿

昭陵、博物馆和袁家村可以安排一日游,当天返回西安住宿。如果有时间也可以在袁家村停留一晚,南街两侧全是当地村民开设的农家乐,多为大炕房,价格在100元左右。如今也有不少精品酒店和民宿入驻袁家村,但价格略贵,标双通常在300元以上,在西安开了几家网红店的**左右客精品民宿**,在这里一间房要600元以上。村口**礼泉天元度假酒店**

记住几个关中地理名词

关中 东有潼关、西南有大散关、西北有萧关、东南有武关,汉唐又称"关西""关内"。

八百里秦川 关中平原西起宝鸡峡、东至潼关,长达300多公里,土壤肥沃。

渭河 黄河第一大支流,冲刷出了关中平原,灌溉了汉唐盛世的伟大文明。

南山 即秦岭。平均海拔2000多米,与海拔500米的关中平原形成强烈对比。

北山 平均海拔1000多米,由多条山脉组成,是关中和陕北黄土高原的分界线。

东府 西安东边的渭南地区,历史上曾有"左冯翊""同州府"等别称。

西府 西安西边的宝鸡和咸阳的部分地区,历史上曾有"右扶风""凤翔府"等别称。

马嵬坡前觅一缕香魂

"马嵬坡下泥土中,不见玉颜空死处。"白居易在《长恨歌》中所写到的马嵬坡,就在兴平境内,当年杨贵妃在马嵬坡兵变中自尽身亡,后人遂在此地建起一座**唐杨氏贵妃之墓**(见247页地图;3824 0024;咸阳市兴平市马嵬镇西500米;门票 旺季45元,淡季30元;旺季 8:30~18:00,淡季 8:30~17:30),作为唐朝历史上重大转折事件的发生地,以及杨玉环香消玉殒处,马嵬坡吸引了很多人来此怀古。墓区不大,立有一尊汉白玉杨贵妃塑像,和日本山口县的杨贵妃墓前的塑像一模一样,内有献殿,保存着历代文人名士拜谒杨贵妃留下的碑刻等。

借杨贵妃之名气以及袁家村开发的启发,当地在马嵬镇也搞起了一个**仿古村落马嵬驿**(见247页地图;3824 0666;免费;咸阳市兴平市马嵬镇北1公里),利用几十年前搬迁后废弃的窑洞院落,打造成一处关中民俗文化体验园,高低错落的台塬地形很有特色,也有各种小吃、民俗演出、手工艺品作坊等。

在兴平汽车站乘坐开往晃庄的1路公交车(2元起;7:00~19:15)可到杨贵妃墓,在前一站马嵬街道下车,向北步行约1公里即到马嵬驿。

马嵬驿民俗村。

(3892 5555;标双 318元起;)是袁家村最高档的酒店之一。

袁家村小吃街和回民街从早上就开始营业,一直到深夜,完全可以满足你的一日三餐加宵夜。

到达和离开

西安城北客运站有发往袁家村的直达班车(22元;8:10~19:00,约1小时一班;1.5小时),西安城南客运站每天也有班车(24.5元;9:30~19:30,共6班)前往袁家村。袁家村汽车站有直达班车发往西安城北客运站(22元;6:10~17:20,共12班)和西安城南客运站(24.5元;7:10~17:30,2小时一班)。

汉武帝茂陵

八百里秦川,汉唐帝陵众多,与唐陵不同的是,汉陵封土为陵,汉武帝刘彻的**茂陵**[见247页地图;3845 6140;咸阳市兴平市茂陵村;门票(与博物馆联票)旺季75元,淡季55元;旺季 8:00~18:00,淡季 8:00~17:30]是关中平原上除秦始皇陵封土堆之外规模最大的封土陵。茂陵于武帝即位第二年开建,直到53年后武帝驾崩才完工,这造就了咸阳塬上"东方金字塔"中最辉煌的一座。直到今天,历经2000多年风雨洗刷,茂陵的封土堆仍保持有46.5米的高度,封土上松柏青翠、芳草萋萋,不过已用铁丝网围起,只能仰望或环绕一圈。记得向西北方向瞭望,隔着围墙还有一座比较大的封土是陪葬墓**李夫人墓**,又称英陵,"倾国倾城"最早用来赞美

三原城隍庙。

的就是她。

茂陵向东约1公里是**茂陵博物馆**(见247页地图; ☏3845 6140; 茂陵向东1公里; 与茂陵联票,讲解50元起; ☉旺季8:00~18:00, 淡季8:00~17:30),馆中墓葬其实是霍去病墓,他17岁获封骠骑将军,率军深入西域,力克匈奴,军功赫赫。霍去病英年早逝,汉武帝遂为爱将修筑了这座仿祁连山形的墓冢。石雕**马踏匈奴**就供奉在霍去病墓前,两侧亭廊下还有10余件汉代的大型石刻,彼时的工匠巧妙地运用了石头本身的质地和形状,只寥寥数刀就让顽石有了动态神韵。

登上墓顶高台,能看到博物馆围墙外的卫青墓,墓主是霍去病的舅舅,官至大司马。围墙东侧有金日(mì)䃅(dī)墓,墓主同为汉武帝辅臣。再往正东方向远望,能看到平阳公主墓、霍光墓和上官桀墓等陪葬墓封土堆。往东北方向能远远地望到汉昭帝刘弗陵的平陵,上官皇后陵与窦婴等汉家重臣的陪葬墓也在附近。

博物馆设有**珍贵文物展厅**,陈列有金银器、陶俑等出土文物以及瓦当、空心砖等建筑构件,其中错金银铜犀牛尊、鎏金铜马、鎏金银高擎竹节熏炉、四神纹玉雕铺首等都是国宝级文物。注意看那几件四神空心砖,青龙、白虎等神兽形象,也出现在博物馆喷泉、石桥、观景亭等建筑上。

从西安前往茂陵,可在城西客运站乘坐发往兴平的高速班车(17.5元; 19:00之前流水发车; 40分钟),到兴平汽车站换乘11路公交车(3元; 7:00~17:10),终点站就在茂陵博物馆。从博物馆返回的末班车18:30发车。

茂陵在咸阳境内,从咸阳出发可在火车站乘坐发往南位镇的12路公交车(1元起; 8:30~18:30)在夏家寨站下,同站换乘1142路公交车(2元),终点站即是茂陵博物馆。

三原城隍庙

(见247页地图; ☏3228 2524; 咸阳市

大佛寺石窟内的佛像。

三原县东大街33号；门票 旺季40元，淡季35元，讲解 30元；◎旺季 8:30~17:30，淡季9:00~17:00，周一 10:00~16:00）这里是全国保存最完整的明清建筑群之一，始建于明洪武八年（1375年），供奉的城隍唐卫国公李靖就是三原人。穿过城隍庙广场，首先看到的就是一座10多米高的影壁，顶部砖雕和琉璃脊饰非常精致，影壁前有重达10吨的一对铁旗杆，各有铁龙盘旋其上，牌坊、山门、戏楼、钟鼓楼和拜殿、献殿、正殿、寝殿依中轴线由南向北排开，各处建筑上砖雕、石雕、木雕以及琉璃构件无不图案繁复，雕工精致，尤其是中院的第四道木牌坊，斗拱层叠，阑额雕刻有"八仙过海""女娲补天"神话故事，昂头上雕刻着58个神态各异的童子，充分体现了明清建筑华丽琐碎的装饰风格。

三原城隍庙同时也是**三原县博物馆**，东西两侧偏殿中展示着三原各地出土的文物，其中**唐代文物展厅**里有一些三原地区唐墓中出土的陶俑三彩俑、墓志铭等文物，值得一

★ 值得一游
丝路东线上的大佛寺

唐贞观二年（628年），为纪念浅水塬之战的阵亡战士，李世民下令开凿了这座**大佛寺**（见247页地图；☎3479 1330；咸阳市彬州市彬县大佛寺村；门票 旺季35元，淡季20元；◎旺季 8:30~17:30，淡季8:30~17:00），据说大佛的形象就是按照李世民的样貌所塑。从那以后千百年来，从长安出发、满载丝绸、瓷器的驼队，沿泾河走丝绸之路东段北线前往兰州时，都会在这座大佛的注视下继续西行。

登上明镜台，走进拱洞，当眼睛逐渐适应光线的变化，佛祖的眼光在不经意间与你对视，直教人瞬间屏息。大佛身高20米，头光、背光雕刻精美，两侧的大势至菩萨和观世音菩萨体态俊美，神情耐人寻味。"西方三圣"加上200余尊大小佛像、飞天，为世人保留了唐代佛教艺术的风格和演变，因此，大佛寺作为丝路东段的唯一石窟寺被列入《世界文化遗产名录》。在大佛窟两侧还有千佛洞、罗汉洞、丈八佛窟和修行窟等洞窟，能发现历代的题刻，甚至能找到"解放大西北"时期的字。

在西安城西客运站乘坐发往彬州市的高速大巴（45.5元；7:00~18:00，约20分钟一班；2小时）到彬州市汽车站，出站后乘坐前往亭口的3路公交车（1元起；6:30~20:30）可到大佛寺门口，打车过去约25元。计划于2020年底开通的西银客专设有彬州东站，离城区不远。⒧

看。拜殿内陈列的描绘十殿阎君、十八层地狱的庙藏画，据称是清代作品，也有一定的欣赏价值。殿前东西两侧分别立有洪武二年明太祖敕建城隍庙的大明诰命石碑和明万历年间所铸的铁质焚纸楼，都是颇为珍贵的文物。

从城隍庙出来，步行至三原金店站乘坐105路公交车（2元）可前往**东里花园**（见247页地图；鲁桥镇东里村；门票 20元），这里曾

是李靖故居，如今则是以清代建筑为主的仿江南式园林，除亭台楼阁外还有一处**唐代田野零散石刻文物展示区**，陈列着60余座从三原境内收集来的唐代墓葬石刻、墓碑等，虽多有损坏，但仍能看到唐代石刻简练写实的艺术风格。

西安城北客运站有频繁的班车（15元，20:30之前流水发车；1小时）前往三原汽车站，出站乘102路公交车（2元）可到城隍庙。城隍庙广场西侧有家**赵家千层油饼**，是三原老字号小吃店，俗名"抹布串油饼"的千层油饼是特色，吃之前得先用筷子将面饼抖开。

周至

"金周至、银户县（今鄠邑区）"中的周至自古便是响当当的粮仓，如今仍是西部农业大县。周至最著名的景点当属楼观台，相传是老子传播《道德经》的"天下第一福地"，如今则大搞旅游业，建起富丽堂皇的道文化展示区。周至最迷人的景致则藏在秦岭山脉的深处，隐匿在秦岭腹地的老县城，是穿越太白山的必经之地，正待有心者前来寻访。

◎ 景点

楼观台　　　　　　　　　　　　　　　　古迹

（周至县城东南15公里终南山北麓）与老子、道家和道教有关的遗迹是主要看点，而"终南千峰耸翠，以楼观为最佳"的秦岭风光则是很好的陪衬。这里分若干个独立售票的景点，不妨挑感兴趣的两三个景点游玩一日。

赵公明财神文化区（集贤镇赵代村；免费；◎9:00~18:00）除了正宗财神赵公明之外，还汇聚了妈祖、关公、黄大仙等各路财神，混搭出一个喜庆的财神文化区，旨在鼓励你逢神必拜、花钱求财（请保持清醒判断）。**问道阁**是园区地标建筑，登顶可一览楼观台景区全貌。园区东侧**楼观后街**上售卖当地土产和旅游纪念品，可在这里品尝到各种关中

楼观台。

美食。财神文化区以东1.5公里处有座**曲江农博园**（门票50元），内有若干个蔬菜大棚，以及专门介绍农耕文化、种植技术的展馆，可以带城里孩子长长见识。

终南山古楼观（☏8712 3333；免费；◎9:00～18:00）是半山腰一大片仿明清宫殿建筑群构成的道文化景区。景区门外有开放式的**宗圣宫遗址**，道观建筑依照碑石所载元代全貌图重建，内有一棵相传为老子手植的银杏，树龄已有2000多年，正殿中有老子生平文图展。进入景区后，中轴线上依次有太清门、上清门、玉清门，在此之间各有大殿，不过都是近年新建，怎么宏伟怎么来。越往上爬，神仙级别越高，逢殿必拜需1个多小时。

从古楼观景区西侧门出来就是**楼观台国家森林公园**（☏8518 0545；门票 旺季45元，淡季30元；◎8:00～17:30），穿过百竹园，不久就爬到老子的**说经台**（门票30元），这是楼观台最著名的古遗迹，现存多为明清古

大秦寺塔。

☑ 不要错过

终南山下寻古塔

周至境内，终南山麓，有两座古塔，一为目前所知唯一的隋代砖塔，一为景教在关中留下的珍贵遗迹，两塔相距不过十数公里，值得你花上半天时间前往寻访。

仙游寺法王塔

仙游寺原是隋文帝所建皇家行宫，佛教兴盛时又成为寺院。**仙游寺法王塔**在1998年因黑河引水工程搬迁时意外发现塔下地宫，出土了10粒隋代佛骨舍利和精美石函等珍贵文物，据此也确认这是目前所知唯一的隋代砖塔。不过，现在看到的矗立在山顶的法王塔已经修缮一新，全无半点历史印迹。好在仙游寺还有白居易任职周至县尉时在这里一气呵成的史诗《长恨歌》，在**仙游寺博物馆**（马召镇金盆水库北梁；门票15元）《长恨歌》暨古今碑石艺术陈列厅中你能看到与之有关的种种，馆内还有舍利馆、文物历史陈列等展厅。在周至县乘坐106路公交车到马召镇后离仙游寺还有2公里盘山公路，也可以从县城包车前往，单程一般45元。

大秦寺塔

如果你去过西安碑林博物馆，一定欣赏过那座国宝级石碑《大秦景教流行中国碑》，据史载，此碑于明天启三年（1623年）出土于周至大秦寺，碑文中记述了景教入华的一段秘史和传教事迹。大秦寺正是历史上基督教传入中国最早的寺院之一，但历经损毁，目前仅余一座大秦寺塔（县城东南20公里的楼观镇塔峪村）。此塔始建于唐贞观年间，现存塔身为宋代风格七层八棱楼阁式空心砖塔，塔内仍遗存有景教泥塑和多处古代叙利亚文字，塔体已向西北方向倾斜数米。大秦寺塔距楼观台景区不远，从化女泉景区外向西南方向步行约800米就能看到大秦寺塔倾斜的塔身。

建。大门两侧的碑厅里有历代碑石17通，记述了楼观道派的兴衰。拾阶而上是老子祠，有唐代楷书《道经碑》与《德经碑》，而元代状元高文举的梅花篆体《道德经》是稀世珍品。边上一副楹联读作"玉炉烧炼延年药，正道行修益寿丹"。传说这些完全不能辨认的组合字为老子所创。从说经台往西可登炼丹峰，往东则可往洞宾泉、闻仙沟。东侧显灵山上一尊24米高的老子铜像与说经台遥相呼应。

森林公园往西还有两个小景区，**化女泉**（免费）供奉的是九天圣母等道教女神仙，**延生观**（免费）是唐朝玉真公主修道别馆的遗址，不过都以大片新建仿古建筑为主，如有时间也可顺道一游。

从周至汽车站乘坐发往集贤产业园的106路公交车（6元；5:25~18:50，流水发车）可到古楼观景区和赵公明财神文化园。西安市汽车站（水司）每天有去往谭家寨的班车（20元；7:00~19:00，12分钟一班）途经楼观台。西安城南客运站每天有一班车直达景区（25元；9:50）。

水街   湿地公园

（周至县城南3公里沙河湿地公园）免费
这是当地治理沙河后建起来的一座以关中民俗体验为特色的湿地公园，又叫水街，长廊、栈桥、垂柳、画桥带出几分江南水乡的灵秀，河两边古朴的土坯房则尽显关中风情。当地人喜欢到这里来过周末，旅行者也可以在这里品尝关中小吃，体验民俗风情。

水街距城区也就三四公里，在城区乘坐106、111路公交车可到，打车也就5元。

🍴 食宿

如果要在周至停留一晚，可选择住在周至汽车站周边，**橡山酒店**（☎6336 9777；周至县二曲镇二曲路1号院内，汽车站对面；标双148元起；✳🛜🅿）综合条件不错，提供简单早餐，停车场车位很多。至于吃饭，除了可去水街（见本页）集中品尝关中美食外，也可在太白南路上找家小饭馆尝尝有名的周至扯面。

🎓 关中古塔

陕西境内有280余座历代古塔，其中有近一半分布在关中平原。在这些古塔中，仅唐代古塔就有近20座，如此集中且以大中型砖塔为主，在全国都数一数二。究其原因，关中是大唐帝国的政治、经济和文化中心，长安城及其周边地区又是汉地佛教中心，是中国佛教多个流派的祖庭所在地，佛塔这种源自印度的宗教建筑，自西域传入，在关中地区大量修建，并且融入汉地建筑元素，成为唐代佛教建筑的代表。

在唐朝以前，隋文帝已经在中国掀起了建造佛塔的高潮，这一时期中原佛塔也逐渐由木塔演变为更易搭建、更为坚固的砖塔。周至县黑河峪口的仙游寺法王塔是保存至今的唯一一座隋塔，其四面方塔和有地宫的结构与后来的唐塔几乎一样。

关中地区的唐代古塔，最具代表的就是西安城内的大雁塔和小雁塔。大雁塔始建

左图：泾阳县崇文塔；上图：彬州区开元寺塔。左图：©视觉中国；上图：©视觉中国。

于公元653年，为青砖筑造的四方楼阁式塔，塔壁各层有圆形券窗，内部是直筒式的"厚壁空心"；底部设有地宫，藏有供佛珍品。小雁塔建于公元707~709年，原高15层，是中国早期典型的四方密檐式砖塔，塔身较为秀丽。值得一提的是，在蒲城尚存一座南寺唐塔，又称慧彻寺舍利塔，始建于公元627年，比大雁塔还早了20多年，同样是方形四面楼阁式砖塔，塔身各层砌有典型的唐式券门和直棂窗。位于周至县城的八云塔，与小雁塔同时期修建，其外形与小雁塔更似一对"孪生兄弟"。总的来说，关中唐塔整体造型简洁，风格豪放，充分体现了大唐盛世磅礴雄伟的文化特色。

宋代的关中平原，虽然不再是京畿重地，但仍是最为重要的军事要道，频繁的战争催生了百姓对宗教的依赖，商业经济的发达也为修建大型砖塔提供了条件。这一时期的砖塔也摆脱了佛教功能的限制，出现了风水塔、瞭望塔、造景塔、航标塔等各种类型。建筑工艺的进步，让斗拱、塔檐、平座勾栏等仿木塔的砖雕结构变得更自然、精致；六角形、八角形的塔占据上风，比起四方形塔，它们眺望的视野角度更全。颇具代表性的是彬州区开元寺塔，塔体呈七层八角形，腰檐上置平座栏杆，有普柏枋、斗拱、撑檩和飞檐，外观凝重挺秀，装饰细节精致。此外，蒲城崇寿寺塔、铜川耀州区神德寺塔、周至县大秦寺塔等都是典型的宋代砖塔。

明朝是中国古代最后一个建塔高峰期，建筑工艺的进一步发展，让塔建得越来越高，而关中地区作为筹划治理西北的基地，经济发展仍然走在前面，因此，这里出现了中国最高的明代砖塔——泾阳县崇文塔，高达87.218米，方圆几十里都能望见。

遗憾的是，发生于1556年的明代嘉靖大地震，让关中乃至陕西古塔经历了一场浩劫。今天保存下来的这100多座关中古塔，依然矗立在这片土地上，成为陕西古代建筑的珍贵遗产。

另辟蹊径
自驾黑河国家森林公园

黑河是西安的水源地之一，黑河国家森林公园（见247页地图；☎8510 2008；周至县城南61公里；www.heihepark.com；门票 旺季55元，淡季30元；⊙全天）入口位于108国道上，之后沿着黑河逆流而上，都属于公园的范围。入口处有WWF（世界自然基金会）的自然教室（可提前在官网查看体验活动信息）。自驾从周至县城出发，向南沿108国道行驶约60公里后到达黑河国家森林公园入口，经过黑河峡谷、一线天等景点后，主路会在河水分流处分岔，往右（北）通往大蟒河景区和傥骆古道的北口骆峪，往左（南）则会经过厚畛子镇直到老县城。公园生态保护很好，运气好的话能看到羚牛、锦鸡、大鲵等野生动物。

我们更推荐经厚畛子镇到老县城这条自驾路线，你可以在厚畛子镇找家农家乐休息一下，品尝当地的自腌腊肉。离开厚轸子镇，继续往西南方向走约18公里，经过大树沟景区，就到了周至老县城。这里在清代是繁华一时的佛坪厅故城，如今已颇为落寞，几分钟就能走遍东、西、南三个城门，旧时的荣聚站、县衙、文庙、书院等所在之处都空留一棵大松树。建议你先到西门外的文物管理所参观，请讲解员免费介绍老县城历史和三龙戏珠浮雕等碑石的故事。老县城内有多家农家乐提供简单食宿。

这条自驾路线单程约105公里，需4~5小时，路况总的来说不错，但过了厚畛子镇会遇到一段崎岖的盘山公路，还有蹚水路段，好车技和高底盘缺一不可。当你到达秦岭梁分水岭，一切辛苦都会变得值得，陕地的豪迈与川渝的灵秀融于风景之中。需要提醒的是，在西安人民抵抗酷暑的时节，在秦岭梁和老县城都起码要穿一件长袖外套。_{LP}

黑河国家森林公园。

❶ 到达和离开

西安市汽车站（水司）有发往**周至汽车站**（☎8711 1651）的高速班车（27元；7:00~19:00，20分钟一班；1.5小时）和走西宝南线的普通班车（19元；7:00~19:00，5分钟一班；2小时）。从周至汽车站返回西安的高速班车同样车次频繁，最晚17:30发车。西安市汽车站每天还有一班车直达楼观台景区（30元；8:30）。

太白山国家森林公园
区号：0917

（见220页地图；☎咨询400 639 1615，救援571 1682；www.tbpark.com；宝鸡市眉县汤峪镇；门票 旺季90元，淡季54元，观光车 单程30元，往返60元）海拔3767米的秦岭主峰太白山，是矗立在中国大陆腹地的东部最高峰，这里有"太白积雪六月天"的关中胜景，也有中国东部罕见的第四纪冰川遗迹石

太白山国家森林公园。

海、石河；这里是亚洲第一植物宝库，各种植被垂直分布，形成"一山见四季"的独特景观，羚牛、熊猫、金丝猴、红腹角雉栖息于此。传说姜子牙曾在拔仙台点将封神，三国时期的古栈道从这里穿越秦岭，唐有韩愈曾为山神掌管太白的传说，写下"西南雄太白，突起莫闲篿"的诗句，宋有苏东坡为民求雨，长跪拜仙台感动龙王的逸事……如今的太白山国家森林公园历经多年开发，已是成熟景区，旅行者既可以选择观光车、索道实现一日轻松登临天圆地方，也可以来个太白山负重二日徒步，穿越自然保护区，登顶拔仙台，四顾远望，八百里秦川尽收眼底。

太白山景区冬季会因为冰雪天气暂时关闭，可提前登录官网查询。

◎ 景点

汤峪到下板寺

自驾车辆不允许进入景区，需统一在太白山游客服务中心搭乘**景区观光车**[游客中心上行 ⊙8:00~14:00，30分钟1班（坐满提前发）；下板寺下行 ⊙11:00~19:00，30分钟1班（坐满提前发）]至下板寺，一路经过观音洞、铜墙铁壁、莲花峰瀑布、三国古栈道等景点，约1小时到达**红桦坪**。这里海拔2260米，拥有比较罕见的"万山红遍、层林尽染"的红桦树林带，伴生着秀雅杜鹃、金背杜鹃、密枝杜鹃、太白杜鹃等高山杜鹃，花期从每年4月底持续到7月。看罢红桦林，可乘观光车继续上行，也可在此乘坐**天下索道**（上行/下行130/100元；⊙8:00~19:00），9分钟就能提升1200米直到海拔3511米的天圆地方，全景透明玻璃车厢方便你尽情欣赏太白山植被的变化和脚下的万亩杜鹃。

观光车约45分钟到达下板寺，这段路程有很多掉头大弯，晕车者最好提前备好药品。

下板寺到天圆地方

下板寺是观光车的终点站。从这里就开

太白山国家森林公园

地图标注：
- 至眉县(20km)
- 至法门寺(31km)
- 太白山漂流
- 中心大道
- 太白山游客服务中心
- 关中环线
- 汤齐路
- 汤峪镇
- 迎宾大道
- 龙泉路
- 西滑峪
- 太白山凤凰温泉
- 太白山凤凰温泉酒店
- 汤峪沟口
- 御汤苑温泉
- 下板寺
- 红桦坪
- 拂云阁索道
- 天下索道
- 滑索
- 拜仙台
- 上板寺
- 天圆地方
- 至拔仙台

本图为示意图

始徒步上山。也可以坐15分钟的**拂云阁索道**（单程/往返50/90元；⊙8:00~19:00）到上板寺。坐在缆车里一定记得低头看看来时的路，那些180度的大弯如一条白色飘带迂回跳跃在绿毯之上。到达索道上站后，已经明显感到温度的下降。再往前不远有**滑索**（50元），可以等到下山时玩上一把。

在松林中穿行约1.5小时后到达传说苏东坡在此长跪求雨的**拜仙台**。经过拜仙台后，松林逐渐退去，视野变得开阔起来。接下来到达**上板寺**，这里海拔有3200米，生长着大面积的太白红杉林，树形奇特，到了秋季，整个太白红杉林一片金黄。再走半个小时就能到达天圆地方（海拔3511米），当地人俗称"3511"，是常规旅行者的终点，常见的那张"太白云海"宣传照就是在此拍摄的。这里还立有"秦岭主峰太白山、中国南北分界线"的石碑供游人拍照，其实到真正的主峰和分界线还要继续前行（见221页方框），登顶的路途才刚刚开始。

😊 活动

汤峪温泉　　　　　　　　　　　　温泉

太白山脚下的眉县西汤峪是西安周边有名的温泉胜地，和蓝田的东汤峪（见167页）齐名。眉县即郿坞，《三国演义》中董卓带着貂蝉离开长安来此小住，也许就是专门来泡温泉的。如今汤峪镇已获"中国温泉之乡"称号，**太白山凤凰温泉**（☎571 7788，400 001 1899；198元/人；⏱10:00~22:30），提供免费的茶饮和水果，有室内温泉SPA区和30多个露天池子可泡。另有**御汤苑温泉**（汤峪口青园山庄；票价45元），是一个露天的大池子，虽然条件简单，但是就在沟口，风景不错。

太白山漂流　　　　　　　　　　　漂流

（☎0917-293366；汤峪镇迎宾大道中段；158元/人）漂流落差166米，河道长9.6公里，乘坐6人位无动力冲锋舟，可漂2~3小时。开放日内12:00~16:00随到随漂。漂流起点距太白山游客中心约1公里，起止点之间有景区中巴往返。

🛏 食宿

如果有时间，下山后可在汤峪镇住上一晚。这里空气清新，有汤峪温泉可泡，20:00~21:00有音乐喷泉可看。因为邻近岐山，这边的岐山臊子面、擀面皮、呱呱、臊子烧排骨等美食也比西安正宗多了。

汤峪沟向西的街上有很多家庭型宾馆，条件大同小异，标间120元起。沟口向东有**太白山凤凰温泉酒店**（☎571 7777；标双600元起，含两张温泉票），汤峪国际温泉度假小镇已有多家高档温泉酒店，入住即可享受各种温泉浴。可登录太白山景区官网查询和预订。

山上下板寺、上板寺、板寺新村、大小文公庙、大爷海都有住宿，但条件简朴，且海拔越高价格越贵，餐饮亦如此，建议你多背一些高热量的食物和水。在住宿点扎营也要收费，一顶帐篷30~60元。

ℹ 到达和离开

陕西省西安汽车站（☎8742 7420；新城

登顶太白山，从天圆地方到拔仙台

告别"3511"，过小文公庙进入**太白山国家级自然保护区**（门票60元，可讲价；16:00之后禁止进入）才算真正开始徒步太白山，手机信号消失，基本上是在海拔3500米以上、布满石海的山腰上徒步，注意可能会出现不同程度的高山反应，需量力而行。

从小文公庙到大文公庙通常需要1~1.5小时，接下来就是一段俗称"好汉坡"的山路，海拔继续升高，注意适当休息。需1.5~2小时到**大爷海**。这是保存较完整的典型冰斗湖，形成于古老的第四纪冰川。夏季晴朗时如同"蓝色眼"，发起怒来浪却能高达数米。再走1小时可到主峰拔仙台（海拔3771.2米），也是太白山的最高点。台顶俯瞰众山，脚踏中国大陆东部最高峰。二日徒步者通常在大爷海住宿一晚，次日早起在拔仙台等候壮丽的云海日出。从汤峪登顶拔仙台并不需要专业装备，但登山杖和护膝能更好地保护身体和规避风险。手电筒、移动电源、防晒霜、睡袋、常用药品依个人需要准备，还要做好保暖和防雨雪的准备——冲锋衣或厚雨衣最佳，一次性雨衣和雨伞并不实用。5月初至10月初登顶最佳，不过暑假人多雨也多，太白积雪可能都消融了。雨天看不到景，还可能有危险。

小文公庙、大文公庙、大爷海都有补给和住宿，带上适合饮用水和高热量食物，床铺价格通常是上下单人铺150元/人/床位，通铺100元/人/床位，高峰期还会挤进更多人，淡季则可讲价。房间都是活动板房，不要对住宿条件抱太高期望。

如果没有拍摄云海日出的需要，也可以在一天之内登顶拔仙台再下山，不过需要提前一晚住在汤峪，一大早从游客中心乘坐首班观光车（7:30）到红桦坪乘坐天下索道，不到9:00就到天圆地方，之后有10个小时的登顶往返时间，赶在19:00前回到天圆地方就能在当晚回到汤峪。Ⓛ

大西线旅游年卡

由大西线旅游联盟联合发行的**大西线旅游年卡**（88元；有效期一年，又称宝鸡旅游惠民一卡通），包含35家关中平原西部景区，其中有法门寺景区、乾陵、终南山古楼观景区、茂陵博物馆、太白山国家森林公园等热门景点，去一次法门寺就值回票价。可关注微信公众号**大西线文旅**（daxixianwenlv）申请开通电子卡，开卡后第一次游览景区免门票，第二次可享受一定门票折扣。使用时请提前在线预约景区，入园时出示身份证及电子卡即可。

区解放路354号，火车站前）与太白山游客服务中心之间每天有高速大巴往返（37.5元，18:30之前流水发车；2小时），淡旺季车次或有变动，可电询汽车站。

法门寺

区号：0917

据传2500年前，佛祖释迦牟尼圆寂后所化8万4千颗真身舍利被阿育王分别送往世界各地，其中19份传入中国，陕西扶风境内法门寺就是供奉舍利的圣地之一。从那时起，法门寺地位卓然，并在唐朝成为皇家道场，唐代历朝皇帝瞻礼舍利的各种珍宝也都深藏于真身宝塔地宫之下，直到1000余年之后的1987年才重新面世。

如今的**法门寺文化景区**（见247页地图；☏525 8888；www.fmsjq.com；宝鸡市扶风县法门镇；通票旺季100元，淡季90元，全程讲解180元；观光车30元；◷8:30~17:30）已被打造为标准的中国式5A级旅游景区，分为旧址和文化景区两大部分。游览一般从南门进入，沿佛光大道向北，旧址（法门寺和珍宝馆）位于大道东侧，建议先把时间花在这里，毕竟欣赏出土于地宫的大唐珍宝才是来法门寺的重要理由。

法门寺前的石象。

景点

佛光大道　　　　　　　　　　现代建筑

按照景区规划的初衷，长108米的佛光大道会让游览者感觉到菩萨之因到佛之果的成佛过程。从景区南门进入，依次经过佛光门、般若门、菩提门及圆融门四道巨大的"佛门"，大道两侧矗立着同样巨大的十尊金光闪闪的菩萨像，中间分布着佛陀胜迹、法界源流等雕塑小品。从南到北步行约需30分钟，不过，多数人都乘坐观光车匆匆而过，前往大道尽头的合十舍利塔。

合十舍利塔　　　　　　　　　现代建筑

在景区南门就能远远望见这座矗立于佛光大道尽头的巨大建筑（尴尬的是它建成不久就被网友评为2012年中国十大最丑建筑之首），抽象的双手合十状外塔拱卫着中间一座唐风金塔，释迦牟尼留存于世的唯一一枚佛祖真身指骨舍利（灵骨）就在塔内的佛像前展示，可惜走到最近处离宝物也

法门寺珍宝馆中的鎏金莲花纹银熏炉。

还有10米远,基本看不清佛骨真容。注意,佛指舍利只在每月农历初一、十五及周末(10:00~16:00)从地宫升起供人瞻仰。

一楼有法门素食餐厅(35元/人;11:30~14:30),提供米饭、蔬菜及菌菇汤套餐,有兴趣可以去尝尝。

法门寺　　　　　　　　　寺庙

法门寺始建于东汉末年,有"关中塔庙始祖"之称,至今已有1700多年历史。不过今天看到的法门寺建筑都是近年在遗址上重建的,真身宝塔的前身早在1986年大地震中就被摧毁,也正是因为这次地震,人们才在1987年的维修中发现了地宫之中封存1113年的佛骨舍利和唐代皇家珍宝。1988年复建的仿明代十三级八棱真身宝塔下地宫尚存,进去之后可以隔着玻璃一睹唐朝地宫真容。从地宫出来可在寺院四处逛逛,钟鼓楼、大雄宝殿都为典型的仿唐建筑风格,在喧嚣的景区里算是难得的清静之地。

法门寺珍宝馆　　　　　博物馆

(9:00~17:00)珍宝馆也称法门寺博物馆。公元874年,唐僖宗将舍利送还法门寺,一枚灵骨、三枚影骨、两千多件奇珍异宝按唐密曼荼罗结坛供养,封入地宫,与世隔绝1113年之久,直到1987年才重见天日。2499件地宫出土文物中有40件国宝级文物和148件一级文物,可谓"穷天上之庄严,极人间之焕丽"。**东馆**文物厅中展出了这些来自大唐的金银宝函、密宗法器、宫廷茶具和绫罗锦缎等。珍藏着一枚影骨的八重宝函除第一重檀香木宝函破损外,其余七重都以金银珠宝造就,工艺精湛;银华双轮十二环锡杖与日本正仓院珍藏的白铜头六环锡杖相比,无论是工艺还是等级都高出几重;失传千年的秘色瓷一次就出土13件,价值连城。此外,其他金银器、纺织品除了尽显皇家奢华之外,更为后世研究唐朝经济、文化和科技发展史提供了翔实物证。**西馆**历史展厅则讲述了法门寺两千年历史以及地宫发掘过程。院内还有一处地宫复原厅，再现了地宫刚刚被打开时的原貌。

ℹ️ 到达和离开

西安城西客运站（见225页）有直达法门寺的高速大巴（37.5元；9:00、11:40；1.5小时），其他时间可在城西客运站乘坐到扶风的高速大巴（37.5元；7:00~18:20，20分钟一班；1.5小时），到扶风汽车站后换乘中巴（4元），当地不少乡镇中班都经过法门寺南门。打车前约约需20元。**扶风汽车站**返回西安的班车（37.5元）。

☑️ 不要错过
叩问周人之源

周朝是中国历史上持续时间最长的朝代，周朝时期兴起的宗族制、井田制以及礼乐制度等，对后世中国影响深远。周人最初起源于何地？**宝鸡周原博物院**（📞525 1193；扶风县法门镇召陈村；免费；⏰9:00~17:00）也许能为你解惑。

周原遗址位于今陕西省宝鸡市扶风、岐山一带，从20世纪50年代起陕西考古部门就对这里进行了长期发掘，出土大量青铜器、玉器等，发现了地基、柱坑、排水管等宫殿建筑遗址和构件，并确认这里就是周文化的发祥地和灭商之前周人的聚居地。博物馆地面建筑根据遗址考古研究复原了当时的宫殿建筑，地下一层是《赫赫宗周 万邦之方——周原遗址考古成果展》展厅，分为"叩问周原""考古周原""周原梦想"三个部分，以遗址出土文物配合文图资料，系统地介绍了周朝的发展历史以及周原遗址的发掘史，展厅中针对小朋友的遗址考古知识介绍尤其不错。不过这里出土的不少青铜重器还得去宝鸡青铜器博物院才能看到。

扶风汽车站有去黄堆的公交车（6元；7:30~18:00），在下樊村口下，再往里步行约1000米可到。Ⓛ🅿️

6:20~18:00，20分钟一班）车次频繁。

岐山
区号：0917

除了闻名全国的岐山臊子面，这里还有悠久的历史值得探寻。岐山既是周人的发祥地，也是《封神榜》"凤鸣岐山"的发生地，更是诸葛亮陨落之处。岐山一日游可以串起周公庙、五丈原等历史古迹，也可以去北郭村体验吃喝玩乐的西府风情。

🔴 景点
周公庙　　　　　　　　　历史建筑
（见247页地图，📞811 0075；宝鸡市岐山县北郭乡庙王村；门票 70元，讲解 50元；⏰旺季 8:00~18:00，淡季 8:30~17:30）人们常说梦见的周公，其实是周文王之子姬旦，他晚年归隐凤凰山麓，"制礼作乐"，确立了宗法制、分封制等稳固中央政权的典章制度，"周公之礼"据称也是他制定的婚配准则。周公庙始建于初唐，现存多为元明清建筑。进山门先见乐楼，尚存元代木构风貌；高大的汉白玉周公雕像矗立眼前，身后的八卦亭造型独特。再往北，可以看到并列的三座主殿，分别是周公殿、召公殿和太公殿，殿中有周公生平展。沿石阶向上，还有祭祀周部族始母姜嫄的姜嫄殿以及祭祀周部族先祖后稷的后稷殿。半山腰石洞里供奉有一尊玉石玄武像，千百年来求治百病的百姓将这位"玉石爷"摸得光滑洁净。

《诗经》中"凤凰鸣矣，于彼高岗"所写的正是周公庙后的凤凰山。2004年山上发现西周高等级贵族墓葬，虽已被盗一空，仍为寻找"不封不树"的周王陵带来了巨大进展。逛完周公庙可以接着爬上凤凰山看看山顶的金色凤凰像，往返约需1小时。

在岐山汽车站外乘坐101公交车（2元；6:45~18:30），途经北郭民俗村、中国·周原景区，终点站即是周公庙。

五丈原诸葛亮庙　　　　　历史建筑
（见247页地图，📞877 0456；宝鸡市

岐山县蔡家坡镇五星村；门票30元，讲解30元；⊙8:00~18:30）公元234年，诸葛亮率军出关伐魏，屯兵五丈原，与魏军相持百余日后天星陨落，病逝军中，后人于初唐时在五丈原上为其建庙以供祭祀。"秋风五丈原"大概是《三国演义》中最令人感伤的情节，"五丈之原安能卧龙"的谶言也吸引着无数人来到这里，缅怀武侯一生功绩。

诸葛亮庙现存建筑有山门、献殿、正殿、八卦亭、落星亭等，献殿两侧的墙上嵌有37块相传为岳飞手书的《前出师表》《后出师表》石刻，因集诸葛亮文章、岳飞书法和著名石雕工匠樊登云刀刻于一体，而被称为"三绝碑"。供奉诸葛亮的正殿后西侧有诸葛亮衣冠冢，东侧还有供奉诸葛亮发妻黄月英的殿堂，后花园中央落星亭中展示的正是相传昭示诸葛亮病逝五丈原的落星石。

或许是受中国·周原景区的启发，敢想敢做的岐山人又在诸葛亮庙大兴土木，要搞一个规模宏大的五丈原文化景区，规划图显示，建成后的五丈原将被一道巨大的人工环状瀑布包围，人行电动扶梯直上原顶，倒是可以省了盘山公路上山的辛苦。

岐山蔡家坡汽车站外有312路公交车（5元；1.5小时一班）可到诸葛亮庙门口，但车次极少，也可以在岐山高铁站前的公交车站乘坐开往陕汽、陕开（陕西开关厂）的班车（2元；6:30~19:00，20分钟1班），到诸葛亮庙路口（五星村）下车，过小桥后沿盘山公路步行约两公里可到售票处。下山时如果错过了312路公交车，可打售票处旁电话（138 9175 5974）叫村里的面包车，送到山下岐山高铁站20元/人。

🍴 食宿

如果要在岐山住一晚，可以选择蔡家坡一带，距岐山高铁站较近，食宿也较为方便。蔡家坡汽车站对面的**紫园酒店**（☏296 5555；蔡家坡凤凰西路；标双168元起（含早）；❄❄🅿）总体条件不错，早餐还提供岐山臊子面。

岐山美食可不只臊子面，还有臊子肉夹馍、岐山擀面皮、烙面皮、呱呱等小吃。汽车

中国·周原景区

全国有多处周公庙，岐山周公庙因建在周人旧地和周公采邑而更显不同，当地政府更是在凤凰山下新建了一处以周文化为卖点的大型游乐场**中国·周原景区**（☏821 9227；通票198元；⊙旺季9:30~18:00，淡季10:00~17:30），除有的周公庙、凤凰山之外，人工打造出一座巨大的周城，城内有周天子六驾大型雕塑、仿周王室宫殿以及百工坊、诸子百家园、封神乐园、百鸟乐园、中轴文化展示区等周文化主题园，文化展示、美食娱乐、游乐设施等样样都有。园区内每晚还会上演大型奇幻实景剧《**封神演义之炫战**》（门票160元；当天具体演出时间以景区公告为准），再现姜子牙封神、武王伐纣等传奇故事。此外，园区内有**周原索道**（往返55元）可直达凤凰山顶金凤凰塑像处。大园区入园免费，周公庙门票70元，百鸟乐园门票60元，封神乐园门票60元，通票则包含以上景点及索道门票。Ⓛ

站周边、农贸市场都有很多不错的小吃摊。距周公庙2公里的**北郭民俗村**更适合旅行者将岐山美食一网打尽。这里家家户户都能做拿手的小吃套餐（35元起），有臊子面（管吃管够）、擀面皮、锅盔、肉夹馍等。

ℹ️ 到达和离开

西安城西客运站每天有发往岐山汽车站的高速班车（44.5元；7:00~18:20，20分钟一班；2小时）。**岐山汽车站**（岐山县医苑路与北环路交会处）每天有到西安城西客运站的高速班车（44.5元；6:00~18:20，25分钟一班），到宝鸡的高速班车（25.5元；6:00~18:30，20分钟一班），以及到岐山站的班车（6.5元；7:00~17:10，30~60分钟一班）。

岐山站（**高铁**）（蔡家坡五丈原镇）每天有19趟动车（二等座40元，49分钟）往返西安

北站。从这里前往诸葛亮庙和蔡家坡比较方便,要去周公庙就要在站前转乘到岐山县汽车站的班车(6.5元;7:00~17:10,30~60分钟一班)。

宝鸡

区号:0917

宝鸡是关中平原西部历史最为悠久的城市,周人在这里建立了最早的国家组织和早期的都邑,秦国在这里"开地千里",为统一天下奠定了雄厚的基础,周秦王朝同时也留下了灿烂的青铜文化。除了丰富的人文景观,从小吃到民俗,来这里还可以体验到更为传统的西府风情。

◎ 景点

宝鸡青铜器博物院　　　　　　　博物馆

（☎276 9016；www.bjqtm.com；渭滨区滨河大道东段中华石鼓园内；免费，讲解60元；✆9:00~17:00,16:30停票,周一闭馆）宝鸡是周秦两朝兴盛之地,铸就青铜时代的鼎盛繁荣,从西汉开始,宝鸡境内就不断有青铜重器出土,人们熟知的青铜器四大国宝毛公鼎、大盂鼎、散氏盘与虢季子白盘均出土自宝鸡。在宝鸡青铜器博物院,你能见到更多青铜器珍品。

经过"青铜铸文明"的序厅,进入博物馆第一展厅**"青铜之乡"**,能看到2003年发掘的眉县杨家村青铜器窖藏复原模型,从这里出土的27件青铜器中的精品陈列在旁,这些青铜器属于西周的单氏家族,件件都有铭文,总计4000余字,为史上首见。这些铭文所述内容,解答了西周诸王世系等众多历史疑问。

第二展厅**"周礼之邦"** 藏有诸多宝鸡出土的青铜器珍品。镇馆之宝**何尊**独享展厅C位,这块1965年以30元的价格从一位农民手中收购上来的"废铜",如今是国家文物局认定的首批禁止出国(境)展览文物,除造型独特、纹饰繁复外,最珍贵之处在于铭文中有"宅兹中国"字样,"中国"之称谓最早的文字记载即出于此处。厉王**胡簋**是周厉王为祭祀先祖而铸,因是西周唯一的出土王器而

(左页起）周公庙；宝鸡青铜器博物院中的何尊；中华石鼓园。

被称为"王簋"，又因是青铜簋中最大的一件而被称为"簋王"。**墙盘**共有284字珍贵铭文，记述有西周七代周王的重要史迹，和《史记·周本纪》的内容相互印证。这两件文物同样也被列入禁止出国（境）名录。

第三展厅"帝国之路"通过众多青铜器讲述秦人的历史。大型打击乐器**秦公镈**是秦人学习周礼的见证，其上铭文记载了秦早期的世系。镈身四条扉棱上的缕空龙凤纹饰，体现了秦人同样高超的冶金技艺。

第四展厅"**智慧之光**"以模拟作坊的形式，介绍了周秦时期青铜器从制模翻范到铸造成器的完整工艺，这里展出的最为精致的青铜艺术品**折觥**无疑就是当时冶金技术的最佳代言人。

此外，博物院四楼还有**古代玉器与艺术生活展、古代陶瓷与文化生活展、古代铜镜与时尚生活展**等展厅，展出在宝鸡出土的其他文物，布展非常用心，从灯光、展板到文图说明都极具艺术性，值得花点时间参观一番。

宝鸡青铜器博物院位于**中华石鼓园**内，此地原为陈仓山，大唐贞观年间在这里发现了10件秦国石鼓，鼓身以籀文铭刻四言诗10首，曾被康有为誉为"中华第一古物"。石鼓历经劫难，现藏于北京故宫博物院，你可在石鼓园中看到它们的复制版。登上**石鼓阁**（20元；9:00~16:30）可俯瞰宝鸡市景和渭河。

从中华石鼓园出来，山下有新打造的**陈仓老街**，类似微缩版袁家村，怀旧气息深厚的老街上分布着各色店铺，有时间不妨在这里品尝一下宝鸡当地小吃。

从宝鸡火车站乘坐10路、71路公交车到中华石鼓园站下车，从石鼓园北门沿路标步行上坡，10分钟即到。从宝鸡南站来此可乘坐28路公交车在石鼓园南门站下车，打车过来一般12元。

宝鸡民俗博物馆 博物馆

（330 6912；渭滨区公园南路；免费，讲解50元；9:00~17:00，16:30停票，周一闭馆）宝鸡旧称西府，地处八百里秦川西段，

⭐ 值得一游
六营村看凤翔泥塑

看罢宝鸡民俗博物馆，如果对凤翔民俗工艺品还有兴趣，可去**凤翔六营村**（见247页地图；宝鸡市凤翔县六营村）看看，从这里走出的凤翔泥塑闻名全国，2002年的生肖马邮票、2003年的生肖羊邮票、2007年的生肖猪邮票，都选用了"凤翔制造"泥塑动物，且都出自六营村的能工巧匠。村口泥塑广场上矗立着巨大的泥塑狮，宽阔的主路两旁几乎家家门前都挂着"泥塑世家"的牌子，院子里有人在制作泥塑，大多是自制自卖，前店后场。村口第一家就是凤翔泥塑非遗传承人胡新民家开设的**艺博园**（☎725 1875），院子里堆满了各种泥塑作品，可以参观制坯、黏合、阴干、描线、上色、涂油等泥塑制作全过程。除了泥塑，这里还有马勺脸谱、麦秆画、剪纸等手工艺品展示。

宝鸡汽车西站有到凤翔汽车站的高速班车（17元；7:00~18:00滚动发车；1小时），也可乘坐宝翔城际公交（9元；6:00~19:00；1.5小时）前往，但车程较慢。六营村距凤翔汽车站还有5公里，没有直达公交车，打车过去一般15元。ⓛⓟ

凤翔六营村泥塑。

民间艺术源远流长，精变剪纸、凤翔泥塑、木版年画、千阳刺绣、社火、秦腔等世代传承着西府人的生活艺术。在宝鸡民俗博物馆里，你就能欣赏到这些淳朴又丰富的民间风俗艺术。

博物馆常设展陈分为两部分，一楼**"西府人生"**全面展示了宝鸡人的出生、婚嫁、葬礼、祭祀、信仰等人生礼俗，一组蜡像生动还原了民间社火的热闹场景；二楼**"宝鸡风尚"**则展现了丰富多彩的民间艺术，其中有好几重量级展品如木版年画《佳人爱菊》与泥塑生肖猪等都是上过中国邮政发行的邮票的。在非物质文化遗产陈列厅，除了能欣赏到泥塑、木版年画、西秦刺绣、草编、面花等民间作品，还可以买到部分由当地非遗传承人制作的工艺品。

从宝鸡城区乘10路、17路、22路、46路公交车在人民公园站下车向南即到；或乘20路、28路、61路公交车在公园南路站下车向北即是。

大唐秦王陵　　　　　　　　　　　陵墓

（☎368 5109；金台区陵原村；门票45元，讲解30元；⏰8:30~18:00）这位大唐秦王可不是唐太宗李世民，他是晚唐、五代的传奇人物李茂贞，因镇压黄巢起义有功而被唐僖宗赐姓李，后获封秦王。他为后世所熟知的逸事还有一桩，就是重修了扶风法门寺。

进入陵区，可先看看左右两侧偏殿中的大唐秦王陵出土文物展，这里展出了不少精美的出土文物以及地宫石刻图片，有些石刻你就算进入地宫也欣赏不到。陵墓的亮点在于秦王和其妻刘氏的两座**地宫**，最让人惊艳

宝鸡民俗博物馆里的年画。

的是刘氏地宫墓道中的**端楼**，高8米、宽4米，用青砖雕砌出来的飞檐斗拱、勾栏门窗极其精美，有明显的唐代木构风格，是镇馆之宝。墓室甬道两侧，还雕刻有胡人牵驼图、汉人牵马图、抬轿图、散乐图等，人物刻画极为生动。不过地宫内灯光昏暗，基本拍不到好看的图片。

在宝鸡火车站乘坐开往封神文化主题乐园的游19路公交车（2元；6:00~20:00）到西府老街下，往西北方向步行20分钟可到秦王陵。

姜子牙钓鱼台　　　　　　　　　　公园

（见247页地图；☏678 0320；宝鸡市陈仓区天王镇南5公里；门票50元，讲解30元；◐8:00~18:00）据说"姜太公钓鱼，愿者上钩"的故事就发生在此地。**太公庙**前的唐代古柏、**文王庙**供奉的百子娘娘、钓台石上的跪坐凹印都是看点，水库的自然风光也值得一看，可以乘船一游（15元），也可沿着土路徒步，约40分钟能下到上游的岸边。

在宝鸡汽车西站乘坐宝翔城际公交车（2元起；6:00~19:00）到陈仓区客运站，下车后在陈仓区行政中心站转乘11路公交车（2元；40分钟）直到姜子牙钓鱼台景区。从景区返回的11路公交车最晚18:10发车。

🛏 住宿

宝鸡酒店业发达，各家品牌连锁快捷酒店和各档次商务酒店都有，火车站周边选择较多。**汉庭酒店宝鸡火车站店**（☏325 1616；渭滨区经一路步行街3号；标双 160元起；❄ 🛜 🅿）和**如家快捷文化路开元广场店**（☏280 0066；渭滨区文化路2号；标双 139元起；❄ 🛜 🅿）位置不错，交通、餐饮、购物都很方便。**开元快捷酒店**（☏329 6666；渭滨区文化路5号开元步行街；标双 128元起；❄ 🛜 🅿）房间装修简洁温馨，卫生间干湿分离，紧邻开元商场，顶层有小吃城；离火车站只有500米距离。

😋 就餐

本地人最引以为傲的西府小吃自然是重头戏,很多社区楼下的小店就能让人吃得很满足。**西府老街**是新近开发的美食街,仿古街区里分布着各式特色小吃店,可品尝到西府一口香、擀面皮、岐山臊子面、豆花泡馍、礼泉烙面、凤翔老锅盔等西府小吃。中华石鼓园外的**陈仓老街**也能品尝到各种西府小吃。

艳阳天民俗村 小吃

(📞3305559;渭滨区公园南路208号;🕐11:00~14:00,17:00~21:00)餐厅就在民俗博物馆对面,从装修到菜品都突出民俗特色,岐山臊子面、扶风臊子面、西府一口香、搅团,你能想到的西府小吃这里基本都有,想多尝几样建议买3.5~4元的小份或者12元的小吃三拼和18元的小吃五拼。

老凤府豆花泡馍 小吃

(📞186 0917 3708;金台区联盟路第五大道B3-8;🕐6:30~12:00;人均6元)这是宝鸡当地独有的一种早餐,将切好的馍片或麻花泡在鲜嫩的豆花里,放不放辣随意,再加一大把店家自制的酸菜,馍的嚼劲儿与豆花的爽滑形成鲜明的口感。你还可以选择加鸡蛋、豆干等,一碗豆花泡馍下肚,至少可以撑到大中午。

ℹ️ 到达和离开

长途汽车

宝鸡汽车客运中心站(📞341 9000;金台区西宝高速公路延伸段近斗中路)有发往西安(50元;7:00~18:20,半小时1班;2小时40分钟)、咸阳机场(61.5元,6:00~19:00,每小时一班;2.5小时)的高速大巴。公交7路、22路、33路、34路、52路可到。

宝鸡汽车西站(📞321 2694;渭滨区经二路106号)有发往凤翔、岐山、眉县、扶风、法门寺等地的班车。公交4路、5路、7路、9路、36路、39路、40路可到。

火车

宝鸡南站(渭滨区下马营)每天有40多趟动车可到西安北站(二等座51.5元;1小时左右),基本都会经停岐山站和咸阳秦都站。7路、28路、54路、55路、80路公交车可达。

宝鸡站(渭滨区经二路近文化路)位于市中心,是陇海线和宝成线上的大站,有发往全国各个方向的列车。前往西安硬座25.5/28.5元,耗时2小时左右。火车站有10余条公交线路可达,公交站多在站前广场西侧,与宝鸡南站间有28路公交车往返。

ℹ️ 当地交通

宝鸡城区公交线路分布广泛,对旅行者来说途经汽车西站、宝鸡站、汽车客运中心站的7路公交车、往返于宝鸡站与宝鸡南站、途经中华石鼓园的28路公交车等线路最为实用,游19路则途经金台森林公园、金台观、西府老街,可到大唐秦王陵。城区公交车可扫支付宝乘车码乘坐。

出租车起步价7元(2.5公里),超出部分每公里1.7元,在城区乘坐打表规范。

韩城

即使在人文底蕴浑厚的关中平原,位处

自驾关中环线

如果在陕西地图上标出关中环线公路,它就像一条珠链,串起了关中平原阎良区、临渭区、蓝田县、长安区、鄠邑区、周至县、眉县、岐山县、扶风县、乾县、礼泉县、泾阳县、三原县等13个区(县)以及40多个乡镇。这条环线也是一条生态旅游专线,你可以规划一次4~5天的历史主题自驾游,从西安出发,480公里的行程中,依次探访昭陵、乾陵、周公庙、五丈原诸葛亮庙、楼观台、草堂寺、水陆庵等历史文化古迹。你也可以环山公路为主线,来一次2~3天的自然风光行,一路走来,登临太白山、翠华山、终南山,一览秦岭雄姿。

东北一隅的韩城仍独树一帜。这里有大禹凿开、鲤鱼欲跃的龙门，有春秋初期低调而富足的芮国都城，有世界级文化名人"史圣"司马迁，有占全国六分之一的现存元代建筑，有不逊于黄河对岸山西的明清古城，还有名扬海外的"民居瑰宝"党家村。一天的时间或许还不够了解韩城历史，你不妨在古城或党家村停留一晚，再走一回沿黄公路，好好欣赏黄河风光。

景点

★ 韩城古城　　　　　　　　历史街区

（韩城新南；免费）韩城古城的历史可以追溯到隋朝，1500多年以来历经朝代更迭，目前保留下来的古建筑仍然不少，与山西平遥、四川阆中、湖南凤凰等地并称中国六大明清古城之一。对于文史爱好者来说，这座拥有三处国保级元代古建、两处国保级明代古建以及一座国保级清代石桥的古城，堪称古建宝库。

游览古城通常从东门口开始，从隍庙巷进入古城，可先去**韩城市博物馆**（见233页）了解一下这座古城的历史。继续向西走到金城大街，再向南一直走到底，就是正在兴建的古城南城门。出城门可以看到横跨濠水之上的**毓秀桥**，清康熙年间韩城邑人、云贵巡抚刘荫枢出资建造此桥，并以28文钱的超低价卖给韩城县的故事成为当时一段佳话。

重新回到古城，沿金城大街向北，各类店铺依次排开，当地人仍过着喧闹嘈杂的真实生活。位于金城大街中段东侧的**庆善寺大佛殿**是少见的元代建筑，始建于唐贞观628年，经宋元明清历代修葺，单檐歇山式屋顶配上石刻券形窗户，略显不伦不类，但细看檐下斗拱，仍有宋构遗风。

继续向北，位于金城大街北段西侧的**北营庙**也是元代建筑，有过殿、献殿与寝殿等建筑，为了增加殿内的空间，当年的工匠采用勾连搭的形式将几座殿堂连为一体。最精致的还是对面的戏台，上面装饰的木雕多数仍是元代遗存。

出北营庙向东北方向走几步就是**九郎庙**，正殿为元代木构，殿下的柱子顶部和底部明显内收，尚有宋代"束柱"的风格。韩城是历史故事"赵氏孤儿"的发生地，九郎庙正是为祭祀救孤主角程婴而建的庙宇。

在金城大街中段西侧还有一座**状元府博物馆**（门票30元，讲解60元；夏季9:00～17:30，冬季9:30～16:30），依托清乾隆年间

☑ 不要错过

山间盘旋的诗——
宝成铁路巡礼

宝成铁路，是宝鸡的另一骄傲。它北起宝鸡，穿越秦岭，沿嘉陵江一路南下直至成都，"复刻"了古蜀道之一的陈仓道，是新中国第一条工程艰巨的铁路，也是第一条全面实现电气化的铁路。

宝鸡市南郊杨家湾车站到秦岭车站之间的**观音山展线**，是世界上有名的铁路展线：两站之间直线距离6公里，爬升高度却达680米，因此线路迂回盘旋，拉伸长达27公里，3层重叠层层上升，形成马蹄形和螺旋形组成的"S"形展线，最终攀升上陡峭的秦岭北麓。

体验观音山展线的最佳方式是乘坐6063次绿皮火车，7:32从宝鸡站始发，过杨家湾站后可走到车门处，方便两边景色切换着看；接下来会在观音山站、青石崖站稍停片刻（两个车站附近都能眺望到对方），绕桥钻山之际扶摇而直上，最终在8:45抵达秦岭站（票价3元）。6063次火车在此摘挂补机，继续南下。

欣赏观音山展线的另一种方式是登上**大散关**（见247页地图；渭滨区二里关，川陕公路19公里处；门票40元；8:00～18:00）修复的烽火台，等候一列火车驶过观音山展线的那一刻。大散关是关中四关之一，被陆游的一句"铁马秋风大散关"写尽了沧桑和豪迈。在宝鸡汽车西站乘坐前往凤县（5元）的班车可到，在途中也有机会直观地欣赏到宝成铁路铁轨的坡度之陡。

韩城

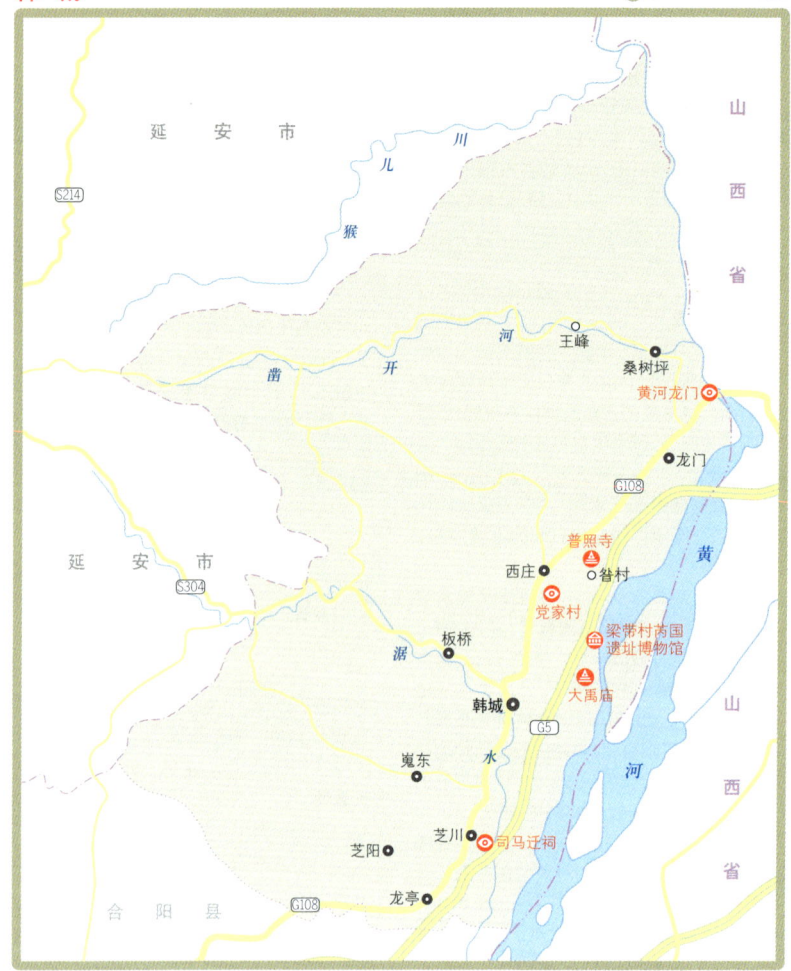

状元王杰故居，展出韩城名人字画以及民间木雕石刻等藏品共千余件，有时间不妨进去看看。

在新一轮旅游打造热潮中，古城也不能免俗地开辟了关中民居风格的**隍庙古街区**和**美食街**等新去处，品牌门店、文创小店和各种小吃铺纷纷入驻，以韩城特产的大红袍花椒为卖点的花椒酸奶、花椒啤酒等随处可见。

韩城古城位于城区南边，可从新城打车（10元）到东门进城，也可在城区乘坐101路、102路公交车（1元）或旅游公交在老城南关下，从南门进城。更推荐的是从新城汽车站一路向南步行，约15分钟下到达金塔公园，在这里俯瞰老城全景后沿台阶下行，从北关进城。

★ **梁带村芮国遗址博物馆** 博物馆

（☎0913-535 8581；西庄镇梁带村；门票50元，讲解50元；⏰冬季 9:00~17:30，夏季 8:30~18:00）芮国，曾是周朝时期游离于春秋五霸之外的诸多小诸侯国之一,长期湮灭于史书记载之中,2004年8月,考古工作者在韩城梁带村发现1300余座两周时期的墓葬及车马坑,此后5年,考古工作者在这里发掘了七座大墓及百余座中小型墓,共出土金、玉、铜器等各类文物2万6千余件,其中国内首次发现的重大文物70多件。2018年2月开馆的梁带村芮国遗址博物馆,用600余件(组)出土文物让这个低调而富足的周代诸侯国重现于世人面前。

博物馆基本陈列为常设展**《古芮寻微 故国韶光》**,以遗址发现、西周礼制及墓葬规制、墓主身份推测、出土文物珍品等单元完整再现了古芮国灿烂的历史文化以及当时的社会生活。芮国墓地27号墓出土的**七鼎六簋**,据专家论证是迄今为止出土最为完整的春秋早期诸侯级礼器,为东周贵族列鼎列簋制度提供了翔实的物证。在同一座墓中还出土了48件金器,其中一件**金鞘玉剑**堪称精品,金质剑鞘上雕刻有三组镂空龙纹,飘逸灵动,制作精良。在展出的玉器中最为瞩目的是芮姜夫人墓中出土的**梯形组玉佩**,以梯形玉牌为中心共串联了20条串饰,每条串饰又用不同年代的琉璃管珠、玛瑙管、绿松石以及玉质管珠穿系而成,据推测这是一件经过重新设计与组合的饰品,是现陕西地区发现的等级较高的周代组玉串饰。此外,你还可以见到镇馆之宝**玉猪龙**,这枚来自5000年前的红山文化玉器出现在2000年前的芮国墓地,本身就颇具传奇性。

梁带村芮国遗址博物馆距城区约7公里,可在韩城客运总站乘坐韩城-大桥乡村公交车(2元起;7:30~18:30,每20分钟1班)在解家村下,步行穿过村子,再过一个铁道交口,约需15分钟即到博物馆。从城区打车前往约需20元。

韩城市博物馆　　　　　　　　　博物馆

(✆519 8228;金城大街隍庙巷东;门票50元,讲解80元;⏱夏季8:00~18:00,冬季9:00~17:00)在文庙里建博物馆是陕西特色,韩城市博物馆更将文庙、东营庙和城隍庙"三合一",一举涵盖宋、元、明、清共108座单体建筑。

从东门沿隍庙街进入古城,首先看到的就是**城隍庙**前华丽的木构牌坊,门前的琉璃影壁富丽堂皇,进入城隍庙,各处大殿的屋顶上同样装饰着精美的琉璃覆瓦和脊兽等,西戏楼至今仍是当地秦剧剧团的演出舞台。

城隍庙南面是韩城市博物馆售票处,在这里购票之后进入,首先看到的是**东营庙**。这里曾是守护城池驻军的5个兵营之一,因建有祭祀关羽的庙宇,后来改称营庙,庙旁一块三龙壁让人眼前一亮。

从尊经阁旁边的小门进去,就是**韩城文庙**,这是陕西保存最完整的文庙古建群之一,院内古木森森,五龙壁上的琉璃游龙栩栩如生,棂星门的斗拱上装饰着繁复的龙云花草,柱顶上也有琉璃蟠龙,这一切都昭示着韩城文庙的地位。博物馆在完整地保留了古建筑外貌的前提下,充分利用各殿堂举办各类文物陈列,遗憾的是调研期间馆方正在进行新一轮装修布展,暂未开放。

司马迁祠　　　　　　　　　　　历史建筑

(见232页地图;✆541 4335;芝川镇东1公里;门票80元,讲解100元;⏱8:00~18:00)写出我国第一部纪传体通史《史记》的司马迁正是韩城人,西晋时期汉阳太守在韩城黄河岸边为其立祠,缅怀这位伟大的史学家。经历代修缮,今日我们看到的是依山而居、气势雄伟的司马迁祠与墓建筑群。更加轰轰烈烈的扩建在近几年,穿过祭祀大道和雕塑广场就要花上10分钟,走过一道小石桥后,才真正进入**司马迁祠墓景区**,司马古道相传建于隋代,路面高低不平的巨大石块已经历了千余年时光。登上99级台阶,经过"高山仰止"和"河山之阳"等牌坊,继续前行,献殿中收藏着历代祭拜太史公的碑刻,寝宫中供奉着宋塑太史公像。后院有朴素的司马迁衣冠冢,外形仿佛蒙古包,相传是忽必烈敕建。站在祠堂门外,可眺望远处的一线黄河,漂亮的沿黄景观大道从山下穿过。

下山之后不过桥,往西南方向走几分钟,是**八路军东渡黄河出师抗日纪念园**,建有纪念碑和抗日史料展厅,可顺道前去缅怀这段东渡抗日的革命历史。

2019年,司马迁祠景区扩建为**国家文史公园**(观光车25元,2人座电瓶车60元/小时),新园区位于司马迁祠北边,内有司马湖、成语园、玉兰园、芝川古渡等景观,有时间也不妨进去逛逛。

在韩城客运总站或古城南关乘坐大禹庙-司马迁祠旅游公交(2元;7:00~19:40,约10分钟一趟)可至司马迁祠景区,但淡季时公交车到芝川镇就会调头,步行到景区还需15分钟,坐三轮车4元可到。从城区打车去司马迁祠单程约需40元。

大禹庙 寺庙

(见232页地图;527 0387;周原村;门票20元;9:00~17:00)大禹庙也是韩城元代建筑之一,但"养在深闺人未知"的精美壁画才是这个偏僻小庙的最大惊喜。始建于元大德五年(公元1301年)的大禹庙目前仅余献殿与寝殿两座主体建筑,在献殿前的白砂石柱上你可以找到"岌大元国大德五年岁次辛丑孟夏制"的题记。寝殿中有精致的小木作神龛,供奉着坐式禹王像、郭子仪夫妇和巨灵官。最值得欣赏的还是两壁绘制的明代壁画,东墙的主角是唐朝名将郭子仪,左上方的庆功宴寿场面与右下方的"单骑见回纥"情节一文一武,描绘了郭子仪人生中最得意的两个片段;西墙以4个画面来描绘孙悟空大战红孩儿的西游记故事,明代人笔下的唐僧师徒跃然墙上。记得抬头仰望,寝殿藻井上还有168幅彩绘板画,花鸟虫鱼各不相同,精致程度可见一斑。

庙内还有"神楼"陈列展,六架神楼精致完整,神像情态栩栩如生。耍神楼也是农历六月初十祭祀大禹庙会上的重头戏,届时还会有热闹的锣鼓表演。

从城区过来可乘坐大禹庙-司马迁祠庙旅游公交车,终点站在周原村路口,下车后步行5分钟即到。

韩城古城毓秀桥与城门。

党家村　　　　　　　　　　古村落

（见232页地图；☎532 5950；西庄镇党家村；门票50元，讲解30元；⏰8:00~18:00，工作时间外可随意进入）这个有着近700年历史的村寨以党、贾两姓为主，受到黄河对岸晋商文化的影响，两姓村民纷纷外出经商，最终在故里建起了100余座民居四合院。由于党家村所处的地理环境、屋顶的特殊材料等原因，屋顶寸草不生、常年整洁，民居历经数百年也毫无颜色。更难得的是在20世纪80年代至今的农村建设新高潮中，村民将新房都盖在了北面的塬上，古村老屋得以保存至今。

售票处就在塬上的新村，下坡的水泥路边有俯瞰老村的观景台。进村后，踏着青石铺就的古老巷道，两侧都是高墙围起的四合院，门楣、照壁上的砖雕木刻繁复精致，中日广场、惜字塔、贾祖祠、党祖祠、元代古井点缀其间，西北侧的文星阁塔是村中最高的建筑，位于高处的泌阳堡、看家楼等旧时防御体系蔚立依旧，在这里还能俯瞰村子全貌。

司马迁祠磨盘路。

一路逛来，时有老人背着手踽踽独行，农妇在院中绣花剪纸，一派悠闲景象。夏天山村凉爽无比，秋天满山红叶增添别样景致。

目前全村开设了多处农家乐，提供地道农家饭菜，也可以在这里住上一晚，享受古老村庄的与世无争。

韩城客运总站门口乘坐发往下峪口的中巴车（2元起；6:10~19:00，约5分钟一班），走的是108国道，到党家村路口3元，之后向东步行25分钟可到。旅游旺季有从城区发往党家村的专线公交车，途经芮国遗址博物馆、普照寺等景点。城区打车到党家村约需30元。

普照寺　　　　　　　　　　历史建筑

（见232页地图；☎535 3357；昝村镇吴村；门票20元；⏰7:30~18:00）韩城号称拥有全国六分之一的元代建筑，当地也在努力将普照寺打造成元代建筑博物馆，近年来已经陆续从各地迁来6座元代木构建筑，这一工程至今仍在进行中。

不要错过普照寺的**山门**，它其实是从城北西原村迁移而来的**天圆寺大殿**，檐柱上有"金承安四年"（1199年）题记，悬山式屋顶斗拱下出现了元代标志性的大檐额。进门后

自驾沿黄观光路

沿黄公路号称陕西省"一号公路"，是沿黄河西岸修筑的一条南北向公路通道，北起榆林市府谷县墙头乡，南至渭南市华山莲花座，全长828.5公里，沿途珠链般串起了西岳华山、壶口瀑布、洽川湿地、韩城古城、黄河蛇曲国家地质公园、乾坤湾、吴堡古城等50余处名胜古迹景点。其中韩城段沿黄公路长约75公里，从北至南依次途经黄河龙门、处女泉、党家村、梁带村芮国遗址博物馆、韩城古城、司马迁祠等景区，全程路况良好，两侧绿化带风景漂亮，在古城至司马迁祠路段路边还新建了美食街、农家乐等，尤其适合来一次自驾一日游。

右侧矗立的**高神庙**由三座大殿组成,原址在城南苏村,也是韩城本地比较成熟的元代建筑的典型,雄壮繁复的斗拱是一大看点。

沿着石阶登上高处,进入**普照寺**,大雄宝殿为单檐歇山顶元代建筑,殿内佛龛供奉有一佛二菩萨二弟子塑像,均为元泰定三年(1326年)的彩塑,具有极高的艺术价值。上部藻井的130幅明代彩绘包含了花鸟鱼虫和人物,笔触十分生动,历经数百年依然墨色不减。

再往上走,高台上有从韩城象山中学迁移来的**紫云观**,这是一组六座建筑,按原有方位和平面格局复原。主殿三清殿正脊上一对精美的元代琉璃鸱吻最为引人注目。

在城区乘坐韩城-大桥乡村公交车(3元;7:30-18:30,每20分钟1班),在昝村十字路口下车,向西步行约100米即到。

🛏 住宿

韩城景点较多,有必要住上一晚。夏秋季节建议住在党家村,村里的农家乐都能提供简单干净的床铺(30元起)和地道的农家饭菜,**大照壁农家院**(☎532 2536)、**双旗杆院农家乐**(☎137 7272 8785)等都是四合院,条件相对较好。

韩城古城内住宿丰俭由人,既有设在明清古院落中的艺术范儿**隐居客栈**(☎132 7966 2255;隍庙巷;标双300元起;❄❂),也有中规中矩的**古城客栈**(☎180 1640 9412;标双180元起;❄❂)。如果住在城区,可选择**如家**(☎839 5566;黄河大街近乔南西路;标双118元起;❄❂P)等连锁快捷酒店。

🍴 就餐

韩城最出名的小吃是羊肉饸饹,可去新城**天德羊肉饸饹馆**(龙门大街近香山路,金塔公园向北200米)品尝一下,小碗8元,大碗10元。古城内有**美食街**,提供羊肉饸饹、红甜面以及关中各地的小吃和各类烧烤。

ℹ 到达和当地交通

新城汽车站(☎520 2461;龙门大街北段近火车站)有发往西安纺织城客运站的高速大

📖 水利工程和八百里秦川

水利是务农之本。关中地区能成为古都西安的京畿大粮仓,与这里历代的水利工程息息相关。

秦国东进之前的国力积累,很大程度得益于郑国渠,而最初修建郑国渠的计划却也是一个"间谍行动"。韩国畏惧强大的邻国秦国,选派水利专家郑国去秦国说服嬴政修建一条大型水渠,以图疲秦。计划虽被识破,郑国却用利害劝服了嬴政。经过10年艰辛修筑,郑国渠建成。整个灌区西起泾河,东至洛河,北自原脚,南抵渭河,引泾河水灌溉农田,史书中记载河渠灌溉良田4万余顷,同时也改良了盐碱地。渠成后渭北平原由旱地农业转变为灌溉农业,农作物产量大幅度提高,亩产量达到黄河中游的4倍。

西汉时随着京兆一带的人口急速增长,关中的农业生产水平亟须质变。汉武帝刻意经营水利,一时出现了"用事者争言水利"的

左图：西安渭河堤路；上图：鸟瞰西安渭河。左图：©视觉中国；上图：©图虫创意。

局面。引泾的白渠、引渭的漕渠（同时也为漕运使用）、引洛的龙首渠等大中型工程修通，郑国渠也得到了很好的维护，最终形成了功能完善的关中水利网络。

唐朝出现了中国历史上最早的全国性水利法规《水部式》。不过关中地区经过了千余年的开发和战乱，生态破坏严重，气候也比汉朝时期寒冷，粮食产量有所下降。据记载，并称"郑白"的郑国渠和白渠，在汉朝最鼎盛的时候灌溉了4万4千余顷良田，到唐代宗大历年间灌溉面积锐减至6千2百余顷。因此大唐皇室把希望寄托在漕运上，通过隋唐大运河源源不断地从江南、河北调粮至京。

唐朝以后，关中失去了中国政治文化中心的地位，经济颓势越发明显。但历朝历代仍有新的水利灌溉工程修建，如宋朝丰利渠、元代王御史渠、明朝广惠渠、清代龙洞渠。晚清同治年间的回民起义给关中地区带来了巨大的破坏，造成了"渠堤坏决"的恶果。

民国十九年（1930年）关中大旱，好在新的灌溉工程已经提上议程，时任陕西省水利局局长的李仪祉，在于右任、杨虎城等陕西籍政治名人的鼎力相助下，倡导修建了"关中八惠"渠，分别引泾、洛、渭、梅、沣、黑、泔、涝等八条河流之水灌溉。八百里秦川再一次成了"八百里粮川"。以泾惠渠为例，灌地60多万亩，受益人口达82.7万，粮食产量由以前每亩60斤左右增加到450斤左右。这也是陕西的近代骄傲之一：中国内陆地区的现代化发展十分艰难，但中国水利现代化的标志工程——泾惠渠——却在陕西建成了。

巴（61.5元，7:00~18:00，每20分钟一班；2.5小时）。

如果要去蒲城，可在**韩城客运总站**（519 1810；黄河大街近乔南路）乘坐班车（41元；7:50~15:30，共7班；2小时），去富平的班车每天只有一班（46元；16:00；2小时）。去往下峪口、芝阳等乡镇的班车也在这里发车。

对旅行者最有用处的是司马迁祠-大禹庙旅游公交车，途经汽车站、古城南关等地。

出租车一般不打表，新城内皆为5元，新城与古城之间往来10元。

滴滴叫车软件使用普遍，去芮国遗址博物馆、党家村、司马迁祠等景区均可使用滴滴叫车。

蒲城及周边

蒲城这座渭北小城可谓风水宝地，唐十八陵中有4座都选在了蒲城，邻县富平则拥有5座唐帝陵。唐睿宗桥陵的石刻绝对不会让你失望，唐玄宗泰陵也值得一看；县城中有好几处历史建筑，唐宋南北二塔、明代文庙、清代考院、关中老宅以及杨虎城故居、林则徐纪念馆等都等着你穿街走巷地寻访。

◎ 景点

桥陵国家考古遗址公园　　　　陵墓

（见247页地图；722 3368；蒲城县坡头镇安王村北；门票35元；9:00~17:00）桥陵的主人是唐睿宗李旦。这位盛唐前夕的皇帝，生前被母亲则天、妹妹太平公主、儿子唐玄宗李隆基的光辉所掩盖，死后倒也享受到了李隆基的孝顺，其陵寝建筑充分彰显了气势磅礴的盛唐风华。

唐睿宗桥陵以丰山为陵山，陵园周长13公里，地面建筑都已灰飞烟灭，4个门外的石狮依然巍然不动。从景区大门沿神道一路探访要走上好久，两侧保存较好的石刻印证了"桥陵石刻甲天下"的说法。这里共有48尊巨大的华表、獬豸、鸵鸟、石马和翁仲，造型高大丰满，细节雕刻精致，鸵鸟的绒毛、马鬃头的花纹、獬豸尾部的突起生动异常，翁仲表情各异，一喜一悲就过了千年。继续向前是

🍂 大唐帝陵今何在

陕西历史博物馆展厅里有一幅大唐帝陵示意图，由此可以清晰看到，十八座帝陵（唐高宗和武则天乾陵、唐僖宗靖陵、唐肃宗建陵、唐太宗昭陵、唐宣宗贞陵、唐德宗崇陵、唐敬宗庄陵、唐武宗端陵、唐高祖献陵、唐懿宗简陵、唐代宗元陵、唐文宗章陵、唐中宗定陵、唐顺宗丰陵、唐睿宗桥陵、唐宪宗景陵、唐穆宗光陵、唐玄宗泰陵，）分布在关中平原北部，自西向东延绵约150公里。如果将各个墓陵用一条线串联起来，隐隐约约可以勾勒出一条矫健飞舞的游龙。当然，这只是后人一个有趣的猜想，当年的唐朝历代帝王，在选址营建陵园时并没有一个总的规划，但他们都不约而同地相信，八百里秦川，是唐王朝长治久安之地，而关中平原，的确有符合风水中的龙脉一说。

公元618年至907年，唐王朝历时289年，共有21个皇帝，其中有19位皇帝的18座

左图:唐乾陵无字碑；上图:唐崇陵泣血天马。左图：袁亮摄；上图：袁亮摄。

陵墓（高宗李治与女皇武则天合葬于乾陵）都选址在关中渭河以北的北山山脉中，少数封土为陵，大多"因山为陵"，即以天然峰丘为陵山，在南面山腰开凿羡道，深入地下修筑地宫（墓室）；山下陵园地面建筑仿长安城而建，分内外两重，以神道为中轴线来布局，有高大雄伟的城阙、封丘和庄严的寝宫、游殿、祭坛等，外城之外还有大片陪葬墓区。神道两侧石像生基本按照唐代帝王生前的仪卫雕刻而成，对称安置有华表、瑞兽、祥鸟、仗马、侍臣、狮子、蕃臣像和石碑等。

唐十八陵规制与格局基本一样，但规模的大小和营建的精细程度就大不相同。事实上，唐朝289年历史中有21位李氏子弟曾登上皇位，但普遍熟知的通常还是开辟了"贞观之治"的唐太宗李世民，中国第一位女皇帝武则天，以及缔造了"开元盛世"的唐玄宗李隆基，而唐太宗昭陵、唐高宗和武则天乾陵、唐玄宗泰陵正是凭借昌盛的国力和繁荣的经济，成为唐十八陵中规模宏大、石刻艺术精湛的代表，就连李隆基的父亲唐睿宗的桥陵和其儿子唐肃宗的建陵，也因此而沾光，拥有高大的陵山和雕刻精美的石像生。

经历千年风雨和朝代更迭，关中平原上唐十八陵的地面建筑早已荡然无存，陵园或被开垦为田地，或被荒草掩埋，唯有高耸的陵山和神道上的石像生，顽强地向世人展示着大唐王朝曾经的辉煌。在已经开发为旅游景区的唐高宗和武则天乾陵、唐睿宗桥陵考古遗址公园中，可以完整地了解到唐帝陵石像生的布局和唐代石刻艺术的无穷魅力。这些石刻依据形象大致可分为陵墓标志、祥瑞鸟兽、仪卫人马和纪念性石刻等四种，多数都以整块青石雕刻而成，是中国帝陵石刻艺术的巅峰之作。

与前朝帝陵石刻相比，唐帝陵石刻中比较特别的是祥瑞鸟兽中的天马。天马又称翼➡

马,组成翼翅的三根长翎状似卷云纹,极具动感。这其中又以唐肃宗建陵与唐德宗崇陵前的翼马最为漂亮。此外,值得一提的还有唐帝陵石刻中独有的蕃臣像(又称宾王像),它们依据当时的少数民族形象雕刻而成,首次出现是在唐太宗昭陵,唐高宗和武则天乾陵前的蕃臣像则最为壮观,60余尊各族蕃臣像组成了东西两个方阵。这些蕃臣像的设置,体现了唐朝开明的民族政策以及与周边少数民族的密切交流。

说到唐十八陵,不得不提的一个人应当是毕沅——他或许是关中平原上最早的"走陵人"——清乾隆年间两任陕西巡抚,在任14年间,遍访唐十八陵后,他为每座帝陵题写了名字并勒石为碑,这为后人寻访唐陵提供了一手资料和准确的坐标。

一对朱雀门石狮,两旁阙门遗址只余黄土两堆。再往后就是陵山,有小道可上东山梁观景台,登顶约需半小时。

桥陵景区距蒲城14公里,可在蒲城城西客运站乘坐前往大孔的乡镇中巴(5元;7:15~18:45,30分钟一班),约15分钟即到桥陵路口,下车后步行约200米即到售票处。

唐惠陵博物馆　　　　　　陵墓

(见247页地图;蒲城桥陵镇双合村;门票20元;◎9:00~17:00)蒲城有桥陵、泰陵、景陵、光陵等4座唐帝陵,惠陵其实是桥陵的陪葬墓。墓主李宪是李旦之长子,后让位于其弟李隆基,因让位之功被唐玄宗李隆基追封为"让皇帝",并将其与妻子合葬于桥陵附近。2000年3月,考古工作者对唐让帝惠陵进行了抢救性发掘,出土文物860余件(组),彩绘壁画500余平方米和一座石椁。2017年8月,又在遗址区建成唐惠陵博物馆,包括文物展厅、地宫、墓冢等几部分,展厅中陈列了陵墓中出土的陶俑、铜铁器、银玉器等。走进地宫,还能看到甬道两侧残存的精美壁画,绘有皇家宫阙、仪仗、宫女、仆从、乐伎等内容。在墓冢最深处,存放着一具精雕细琢的石椁。

唐桥陵石像。

唐惠陵博物馆位于城西7公里处,目前尚无公共交通可到,从城区打车前往约需25元。

蒲城博物馆　　　　　　历史建筑

(☎721 5713;蒲城县红旗街14号;门票10元;◎9:00~17:00)像关中其他县市一样,蒲城博物馆也坐落在文庙里,南门外的明朝六龙壁由琉璃花砖精砌而成,值得留心观赏。大成殿北的明伦堂现为**蒲城碑林**,藏有历代名碑200余通,最有名的是唐泰陵陪葬墓出土的高力士碑。我们调研期间,其他展厅正在进行重修布展,暂未开放。

蒲城博物馆在县政府东150米,从蒲城客运中心站乘坐102路公交车(2元;7:00~19:00)在盛世金华站下即到。

博物馆北墙外矗立着一座建于宋代的**崇寿寺塔**,又名北塔,与南塔**慧彻寺塔**(蒲城中学校园内,唐代所建)遥相呼应。两塔相距不过2公里,如有兴趣可步行前往蒲城中学,南

富平陶艺村 241

杨虎城将军纪念馆。

塔始建于唐贞观年间,据说比西安大雁塔还早上20多年,是我国现存最早的唐塔。

杨虎城将军纪念馆　历史建筑

(蒲城县东槐院巷29号;免费;◉9:00~17:00)这座漂亮的关中传统民居建于1934年,砖雕和木雕都很精美。蒲城人杨虎城将军与其母孙一莲、夫人谢宝贞、张惠兰均曾在此居住过。纪念馆内最主要的是"杨虎城生平展室",不少历史照片翔实地记录了他的一生。另外还有西安事变专题展和蒲城近现代名人展。

我们调研期间,杨虎城故居所在的槐院巷一带正在大兴土木,将建成槐院里历史文化街区,与纪念馆相邻的**清代考院博物馆**(门票20元;东槐院巷17号;◉8:00~17:00),这是晚清光绪年间所建的科举考场,在2019年刚刚被列入第8批国家级重点文物保护单位,对称排列的二十四间"号舍"是文生考试的地方,百年前的书生便在这些狭小房间里参加八股考试,可顺道一游。

🍴 食宿

蒲城距西安不过1.5小时车程,完全可以轻松一日游,以当天返回西安住宿为佳。如想品尝当地美食,可去**红旗饭店**(☎187 9196 6153;蒲城县南环路;人均40元)尝尝高力肉、带把肘子、哨子烧鱼等特色菜。

❶ 到达和离开

蒲城客运中心站(☎836 1608;蒲城县渭清路附近)每天有高速班车(35元;6:00~19:00,40分钟一班;1.5小时)往返于西安纺织城枢纽站,也有发往西安火车站的班车(35元;8:10~16:50,40分钟一班)。如果要去富平陶艺村,可在这里乘坐发往富平的班车(15元;7:00~17:30,滚动发车;1小时)。

富平陶艺村

(见247页地图;☎400 600 5369,822

玄宗唐泰陵

唐玄宗李隆基可能是整个中国历史上最具争议的帝王。他一手将帝国的中心从"神都"洛阳重新拉回到了长安,他与杨玉环的爱情故事也令人怀想。初唐帝陵几乎都在西府,而唐玄宗除了为其父睿宗李旦选定桥陵墓址,他自己的陵墓也在东府蒲城境内。

唐泰陵(见247页地图;蒲城县保南乡唐陵村; 免费)即玄宗的陵寝,陵山金粟山很漂亮,紧紧地环抱住朱雀门的神道和石刻;登顶北望,玄武门的石刻也清晰可见。前往泰陵可在蒲城汽车北站(迎宾路近延安街)乘坐发往师家山的班车(7:50、10:00、12:30、14:30)到泰陵路口下车,步行2公里可到朱雀门神道;回程可到下车的路口等车,从师家山返回的班车过了15:00就没有了,如果错过时间也可继续往南步行1.5公里到兴林村,这里返回蒲城的车会多一些。蒲城打的到泰陵单程40元。

此外,蒲城境内还有唐宪宗景陵、唐穆宗光陵,在邻近的富平境内则有唐中宗定陵、唐代宗元陵、唐顺宗丰陵、唐文宗章陵、唐懿宗简陵,但相比桥陵、秦陵而言,陵区几乎没有开发,陵山规模较小或只是封土为陵,神道石刻保存程度更差,如果有兴趣也可以自驾或包车去看看,体验一次走野陵的别样感觉。 LP

唐泰陵毕沅碑。

8900;富平县乔山路1号;入园免费)这里是中国首家以现代陶艺为主题的陶艺博物馆群,园区内随处可见有趣的陶瓷元素。**富乐国际陶艺博物馆群**[822 8214;陶艺村内;单馆20元,通票80元; (夏)9:00~19:00,(冬)9:00~17:30]包括7座风格各异的建筑,展览着来自欧洲、大洋洲、美洲和亚洲艺术家创作的陶艺作品,或抽象或写实,值得细细欣赏。看罢艺术品若有创作冲动,可去**玩泥体验中心**(制陶40元/1.5小时,烧陶 按规格10~60元; 9:00~17:30)尝试完成一件属于你自己的作品。作品需等待烧制,中心提供有偿邮寄服务。陶艺村内还设有陶艺生活馆、餐厅、咖啡馆和酒店等,适合轻松待上一天。

西安城北客运每天有高速大巴(22.5元;6:40~19:00,20分钟一班;1小时)发往富平汽车站,出站后在十字路口乘坐1路公交车(2元;6:20~19:00),终点站就是陶艺村。富平汽车站返回西安的末班车为19:30。

铜川

铜川这座因煤矿和水泥而闻名的城市,如今正在转型塑造文化和养生的城市形象,药王孙思邈、书法家柳公权、《溪山行旅图》的作者范宽、史学家令狐德棻、思想家傅玄等风骨人物为这里留下了丰厚底蕴,曾显赫一时的耀州窑至今仍吸引着人们去窑火仍存的陈炉探古寻幽,药王山上收藏的碑刻与西安碑林相比也不逊色。从西安出发来个铜川一日游非常轻松,一早乘车到耀州,先去药王山欣赏摩崖石刻,再去耀州博物馆和陈炉镇看看。

富平陶艺村的陶艺作品。

景点

耀州窑博物馆　　博物馆

（见247页地图；☎718 9413；王益区黄堡镇；**免费**，讲解100元；9:00~17:00，每周二闭馆）或许你已在陕西历史博物馆见过了耀州窑的明星作品，就是那件北宋青釉剔花倒装壶，当你走进耀州窑博物馆，院子里就矗立着这件倒装壶的巨型放大版。耀州窑自唐代在黄堡镇创烧，到北宋形成"十里窑场"的鼎盛局面，明清时由于瓷器中心南移而日渐衰落，如今陈炉镇仍在出产耀州瓷，连续烧造陶瓷的历史长达1300余年。博物馆就建在黄堡耀州窑遗址旁，分为展厅、唐宋窑遗址和唐三彩窑址三部分。9个展厅以时间顺序排列，一路走来，从唐、五代、宋、元到明清、民国，你会看到唐代展厅中的镇馆之宝黑釉塔式瓷盖罐，北宋展厅内的青瓷造型简洁，釉色淡雅，代表着耀州窑的巅峰，而到清末民国时期耀州瓷已陷入落寞境地。特展厅陈列的是1974年北京故宫博物院调拨给这里的历代瓷器精品，同样值得一看。

从博物馆出来左拐，沿公路走约5分钟，斜对面就是唐宋窑遗址（与唐三彩窑址联票20元；开、闭馆时间与博物馆相同），继续往前5分钟则是唐三彩窑址（开、闭馆时间相同），在这里你能够看到耀州瓷的烧造流程。

从耀州区城区乘坐6路公交车（分段售票，2元起；6:20~20:30；10分钟一班）最多半小时即可到达耀州窑博物馆。

陈炉镇　　古镇

（见247页地图；☎748 2007；铜川印台区东南15公里的山上）陈炉得名于"陶炉陈列之所"。金、元以后，耀州窑的中心从黄堡转到了东边十几公里的陈炉，后者炉火绵延至今，是国内唯一遗存的古代耀州窑烧造基地。镇上四处可见"瓷片铺路，罐罐（匣钵）堆墙"，还有数代废弃瓷片堆积而成的"文化层"。陈炉的窑洞也很有特色，这里的窑洞多为平地箍窑，而且各户窑洞因地势层层相叠，形成"你家的窑背我家的院"的景象。

镇上有多家烧瓷作坊。其中**李家瓷坊**规模稍大,生产以倒装壶、公道杯为主的仿宋青瓷产品,可以在这里看到制瓷的许多步骤。**许家瓷坊**以黑釉瓷为主,还有一些创新的工艺和手法,更接近当代人的审美。

每年9月,陈炉镇会举行祭窑神活动,虽然其信仰内涵已与传统的仪式大相径庭,但仍是一睹民间曲艺表演的好时机。具体时间可电询景区。

耀州区新区有3路旅游公交车前往陈炉镇(10元;8:30~16:00,每小时一班),整点发车,大约20分钟后路过耀州窑博物馆。你完全可以算好时间,在参观完博物馆之后在门口乘坐这趟公交车继续你的耀州窑之行。如果时间不凑巧,你可以乘坐6路车先到铜川老区川口车站,从那里打车到陈炉一般40元。从陈炉镇返回耀州区的末班车17:00发车。

药王山　　历史古迹

(见247页地图;282 9891;耀州区城东1.5公里处;门票 淡季50元,旺季70元,观光车 20元;8:30~17:30)传说这是药王孙思邈最后隐居的故里,景区分为北洞药王大殿、碑林、摩崖造像、南庵药王隐居地四处,各景区之间有山路相连,步行游览需3~4小时,想省时的话可乘坐观光车往返。

乘坐观光车一般首先到达的是**南庵景区**,这里又称"升仙台",是北宋至元末祀奉孙思邈的场所,金殿内展示的棺椁、西侧的药王手植柏、元殿内的元代《帝后行佛图》大型壁画以及西侧碑廊陈列的宋代到民国时期31块歌颂药王的碑石,都是很有价值的文物。沿步道往下走可到**耀县碑林**,这里有北魏到隋唐时期的碑刻100多通,其中尤以《魏文朗造像碑》《姚伯多兄弟造像碑》《青龙魏碑》《张僧妙法师碑》等北朝造像碑最为珍贵,是古代石刻艺术的瑰宝。接下来可乘坐观光车到东侧的**石佛洞摩崖石刻**,这里现存23龛45尊佛像,从唐、五代至元、明时期都有,年代特点鲜明,唐代观世音菩萨体态丰腴,缨络华贵,而明代坐佛则略显呆板,

更有趣的是左下方的一尊光滑而黑亮的造像，当地人相信摸了它就会消除百病，景区为保护文物陆续采取隔断、设栏、收费等办法，但仍阻止不了人们的争相触摸。1937年6月，梁思成、林徽因夫妇应国民政府邀请赴西安做小雁塔的维修计划时，曾对药王山摩崖造像做了测绘，保留了珍贵的旧时资料。欣赏过摩崖造像后乘坐观光车往回走，通元桥北侧的**北洞**是明代人纪念孙思邈所造的药王大殿，而比药王彩塑更具价值的则是殿外院中的四通《**千金宝要碑**》，它收录了900多个药方，是世界上最早、最完整的药方碑。

每年农历二月初二"龙抬头"，药王山都要举行盛大的庙会。

药王山距耀州城区约3公里，打车过去10元，城区乘坐公交旅游专线（2元；7:00~18:30）可直达景区。

食宿

铜川与西安之间往返便捷，旅行者鲜有在铜川过夜的。如果要住，可选择住在耀州区药王大道中央广场一带，这里有如家、七天等连锁快捷酒店，耀州文庙及药王山都在步行范围内。

当地美食首推耀州三面，即咸汤面、窝窝面和荞麦饸饹。中央广场五楼的**上街里·耀州印象小吃体验地**（10:00~21:30）可以品尝到包括"耀州三面"在内的各种关中小吃。**药王养生苑**（660 2111，药王大道与宝鉴路交叉口；人均60元；9:00~21:30）除了宴席用菜外，也有很不错的耀县特色窝窝面（8元）。

到达和离开

去铜川一般在西安城北客运站乘坐班车（25.5元；7:10~19:20，20分钟1班；2小时）到耀州区客运站，从耀州区返回西安的班车车次频繁（24.5元；7:00~18:20，25分钟1班；2小时）。耀州区有公交车去往耀州窑博物馆、陈炉镇和药王山。

（左页起）耀州窑博物馆；陈炉古镇；药王山的佛像。

袁家村。

梁带村芮国遗址博物馆展出的玉器。

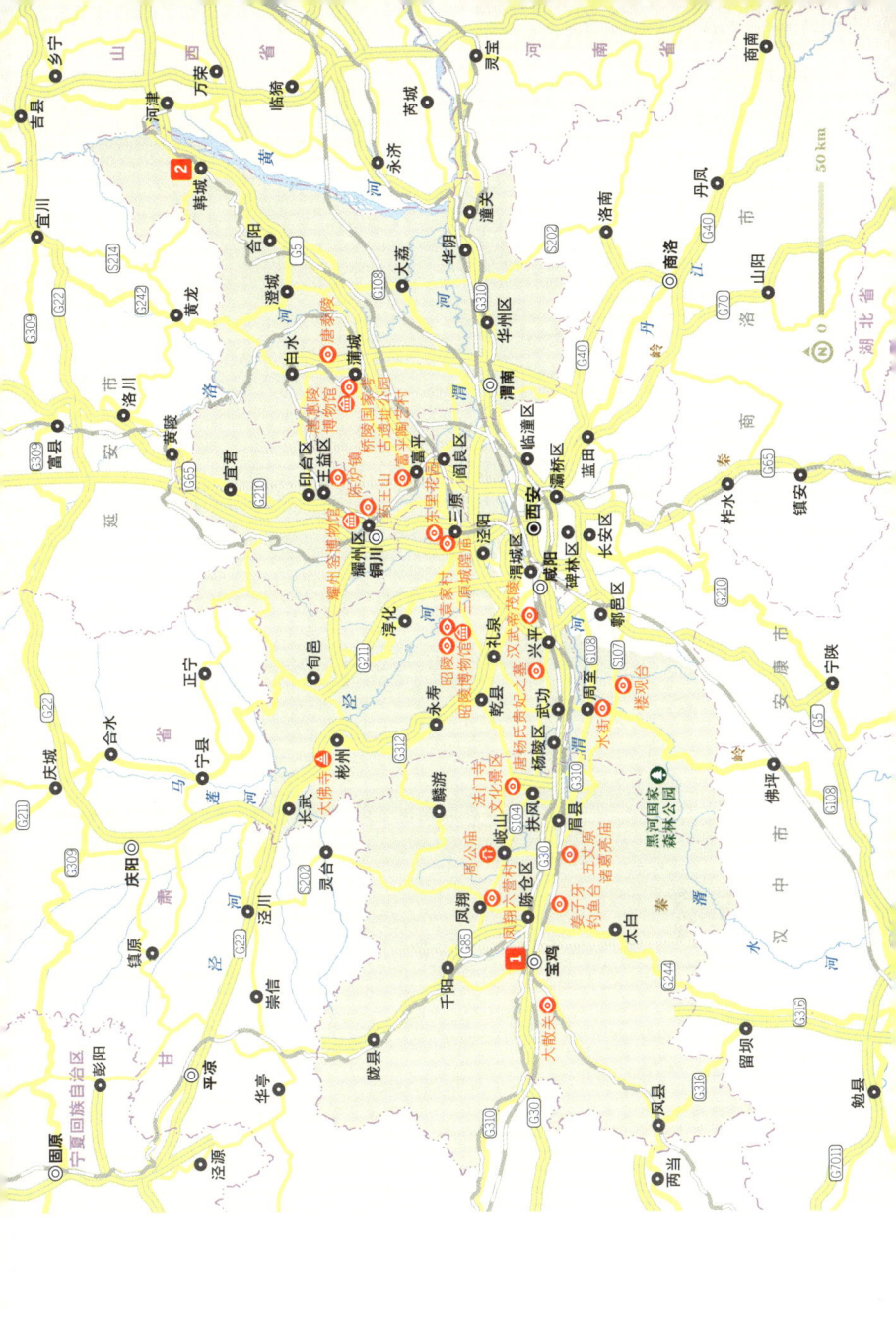

宝鸡城区

宝鸡城区

◎ 景点
1 宝鸡民俗博物馆...................B3
2 宝鸡青铜器博物院...............D3
3 大唐秦王陵...........................A1
4 中华石鼓园...........................D3

🛏 住宿
5 汉庭酒店宝鸡火车站店.........D1
6 开元快捷酒店.......................D1
7 如家快捷文化路开元广场店...D1

✘ 就餐
8 陈仓老街...............................D3
9 老凤府豆花泡馍...................D3
10 西府老街.............................B1
11 艳阳天民俗村.....................B3

ⓘ 交通
12 宝鸡汽车客运中心站...........D3
13 宝鸡汽车西站.....................B2
14 宝鸡站.................................D1

韩城城区

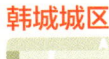

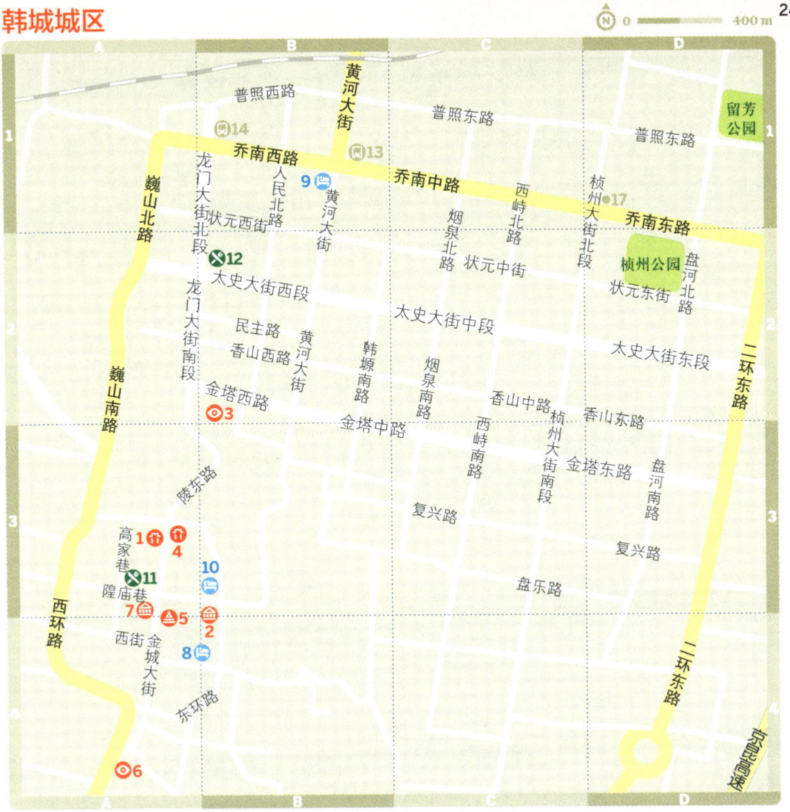

韩城城区

景点

1 北营庙......A3
2 韩城市博物馆......B3
3 金塔公园......B2
4 九郎庙......A3
5 庆善寺......A3
6 毓秀桥......A4
7 状元府博物馆......A3

住宿

8 古城客栈......B4
9 如家......B1
10 隐居客栈......B3

就餐

11 美食街......A3
12 天德羊肉饸饹馆......B2

交通

13 韩城客运总站......B1
14 新城汽车站......B1

宝鸡秦岭公路。

© 视觉中国

生存指南

住宿..........................251
住宿类型.......................251
住哪儿..........................253
最佳住宿.......................254

出行指南..................259
证件..............................259
保险..............................259
银行和无现金支付......259
电话和网络..................259
购物..............................260
邮政和快递..................260
营业时间......................260
气候..............................260

旅游信息......................260
团队游..........................261
摄影和摄像..................261
危险和麻烦..................261
独自旅行者..................262
无障碍旅行..................263
女性旅行者..................263
同性恋旅行者..............263

交通指南..................263
到达和离开..................263
飞机..............................263
长途汽车......................264
火车..............................264

自驾车..........................265
当地交通..................265
抵离机场......................265
公交车..........................265
地铁..............................265
出租车..........................266
自行车..........................266
三轮摩的......................266

幕后..........................267
索引..........................268
如何使用本书..........270
我们的作者..............271

住宿

住宿类型

从青年旅舍、民宿、客栈到高星级酒店,西安的住宿选择五花八门、丰俭由人。不过在"五一""十一"和春季等各节假日,以及七八月份的暑假,西安迎来了旅游旺季,这时房价上涨是常规操作,热门住宿最好提前预订。

青年旅舍

青年旅舍的理念是从西方兴起的,具有低成本、结识新旅伴等优点,面向的主要群体也是背包客。在这里你很容易得到旅游信息、订票、上网、自助洗衣等服务,公共活动空间往往比房间还要吸引人,开放的环境也更有"在路上"的感觉。但随着背包客文化在中国"方兴即艾",青年旅舍在中国的发展也开始走下坡路。

YHA China-国际青年旅舍(www.yhachina.com)在陕西的加盟旅舍并不多,调研期间在西安市有4家(全陕西省内也只有这几家),宿舍铺位40~80元。持有YHA会员卡(年费50元)可以享受会员价,通常是每个铺位便宜5元,或者每个房间便宜10~30元。不过有时候,**去哪儿网**(95117;www.qunar.com)能提供比会员价更便宜的房价。

还有更多未加入YHA组织,但风格和服务类似的青年旅舍,一些因占据了很有特色的街区,或具有特色主题,一直以来也不愁客源和好评。除了本书列举的以外,你还可以登录青芒果旅行网(www.qmango.com)等网站查询。

民宿、客栈和酒店式公寓

中国的民宿理念源于日本和中国台湾。随着社会的飞速发展,进入中国市场不久的民宿已迈入了整体物业改造的阶段,而非腾出部分房间的传统模式。它们在装修上都下了一些功夫,营造出相应的居家或文化风格,适合追求格调的旅行者。一些大资金流主导的规模化、品质化、职业化运营的民宿,价格更堪比中档酒店,同时也被冠以"轻奢"的头衔。

作为热门旅游目的地,西安的大街小巷以及华山、袁家村等地,也出现了一些民宿,但品质良莠不齐,如果要在网络上提前预订,你需要一定的鉴别能力。**Airbnb爱彼迎**(400 841 8888;www.airbnb.cn)是风靡全球的民宿资源网站,**去哪儿网**、**携程旅行网**(95010,400 830 6666;www.ctrip.com)、**飞猪旅行网**(951 0208;www.fliggy.com)等国内旅游门户网站也设有民宿频道。

客栈、酒店式公寓与民宿各有类似之处。客栈的房间通常也具有一定格调或地方特色,多为酒店经营模式。酒店式公寓大都是传统的商务装修风格,但拥有厨房、餐厅等生活配件,一般为个人业主运营。西安也能找到不少客栈和酒店式公寓。**游多多旅行网**(www.yododo.com)汇集了一批合作客栈,品质不错。

快捷酒店和商务酒店

作为老牌商旅城市,西安的品牌连锁快捷和商务酒店也是比较放心的选择,没有惊喜也不会有太大失望。它们选址一般都比较方便,要么在城中心,要么靠近交通枢纽,一些还占据了闹中取静的好位置。在西安,快捷酒店房价一般在100~150元,商务酒店覆盖150~200元区间,全季、如家精选、麗枫、宜必思

食宿价格范围

本书所列的住宿,在该区域中是按照推荐程度、而非价格高低排列的,更推荐的排列在前。标间指的是带独立卫浴间的房型,除非特别注明,都不提供早餐。我们这里列出的都是住宿淡季价格,在旺季和节假日会有所上浮。

分类	住宿价格范围	餐饮价格范围
¥(经济)	150元以下	人均20元以下
¥¥(中档)	150~400元	人均20~80元
¥¥¥(高档)	400元以上	人均80元以上

等中端商务酒店要更贵一些,通常是250元起价;通过官网预订时常有折扣。**OYO酒店**(www.oyohotels.cn)以经济型快捷酒店为主,拥有一系列合作资源。

出了西安,在关中其他县市,最可靠也最省心的选择一般都是品牌连锁快捷酒店。

宾馆和招待所

关中小县城,宾馆和招待所之类的住宿也很常见,价格一般在100元左右,房间各方面包括卫生条件都很一般,住客的来源也可能比较复杂,入住前最好用你的江湖经验判断一下。以当地的经济支柱产业(林业、电力或者矿产)打头的宾馆,相比起来会好一些。

农家乐和小旅馆

再下到村镇级别、又非旅行热点的地方,农家乐和小旅馆可能是唯二的选择了。它们都是普通老百姓开的,通常是一楼门面房作为商店、饭馆对外营业,院内和其他楼层的房子简单装修,整理干净后接待住宿。关中各地小吃有名,也有一些美食村吸引了外来游客,这里的农家乐以吃为主,但也具有基本的住宿条件。

选择这些住宿,可以多一些与当地人的互动,对民风民俗也会有更多的了解。而在这里享受安静庭院、友好主人的同时,还要尽量尊重主人家的作息和生活习惯。通常无独卫的普通间60元左右,自带卫浴设施的房间80~100元,有的也提供包吃住的套餐。

高端酒店

西安是陕西省省会和国家中心城市,有很多四、五星级宾馆。四星级价位一般在400元左右,五星级通常价格高于800元。建议你了解一下酒店的新旧程度,一家新开的全季、麗枫酒店与一家装修了10年的四星级酒店相比,前者很可能是更舒适的选择。

通过网上预订可以获得高星级酒店的折扣价,携程、去哪儿和天猫等国内知名旅行网站都能找到,有时还会提供一些更便宜的套餐。也可以请当地旅行社代订,或是直接去酒店官网预订,折扣或许更大。

度假村

度假村自然要选在远离市区、山清水秀之地,西安附近的度假村通常就在秦岭一带。临潼骊山、蓝田及太白山的汤峪等地都有一些温泉度假村,可作为经济条件和时间都较为宽裕的旅行者的选择。

露营

秦岭区域一些徒步线路需要扎营,基本上都要从西安市区自带帐篷背过去。在西安开有好几家分店的迪卡侬可以买到露营装备,也可考虑联系户外俱乐部租赁。终南山多寺庙,寺院可以作为安全方便的营地,当然前提是征得僧人的允许,适当随喜也是基本礼仪。

短期租房

"分享住宿"的概念越发普遍,但也敌不过投资酒店式公寓、民宿的热门经济方式。如今在Airbnb爱彼迎上仍能找到不少短租房的资源,其中有不少是和房东共享一套公寓。如果碰上对西安熟悉的房主,很可能获得不少有用的旅行信息。

住哪儿

区域	特色体验	其他优点	缺点
钟鼓楼和回坊	➡ 早上去回坊体验礼拜、吃泡馍，晚上继续夜宵 ➡ 在易俗社的百年戏楼听秦腔，或去曲艺社听相声 ➡ 在钟楼广场听夜间露天"音乐会"	作为古城的"最中心"，逛街和交通都很方便，地铁和钟楼东、西、南、北的公交车覆盖市区主要区域；回坊有不错的青年旅舍。	游人密集，周边环境比较嘈杂，大多数住宿空间比较局促，尤其在回坊内部。
永宁门和碑林	➡ 清早去环城公园，加入市民们的晨练队伍 ➡ 赶着开门时间步入碑林，清晨这里的氛围更舒服 ➡ 书院门淘文房四宝，南门外看灯光秀 ➡ 晚上在顺城南路闲逛，泡酒吧或者听相声	毗邻南城墙，充满了古城韵味；南门的交通四通八达；永宁门东南角的高层大厦有不少酒店式公寓，永宁门内有不错的青年旅舍。	临近酒吧的地方夜晚可能不够安静；顺城南路多为老旧城区，部分住宿建造年份较早，设施不够新。
五路口周边	➡ 骑行去永兴坊吃饭，酒足饭饱后可沿着顺城东路溜达回来 ➡ 早上去革命公园逛相亲角，再去参观八办的四合院	火车站就在附近，适合赶火车的旅者；五路口商场云集，逛街吃饭也方便；地铁1、4号线交会，其他公交也多，包括去兵马俑、华山和法门寺等地的始发车。	火车站人流量大又复杂；大部分住宿有一定年头，环境要看最新装修年份和日常维护水平。
小寨和大雁塔	➡ 赶着预约时间出门，进入陕西历史博物馆刷国宝 ➡ 尽情享受大唐不夜城的梦幻夜景，玩到几点都行 ➡ 随时逛人气最足的赛格购物中心，在悬空玻璃上的餐厅吃饭	城墙外的景点多在南郊，从这里去很方便；地铁2、3、4、5号线覆盖全城，还有去兵马俑的307路；大雁塔周边是重点打造的新唐风街区，干净又上相。	大雁塔和大唐不夜城挤满了外地游客，商业化的住宿、餐饮价格都要贵一些；小寨商圈也是人头攒动，略显吵闹。
其他区域	➡ 住城东，自在骑行，沿途观赏灞河和园博园的水景 ➡ 住高新，喝西安最好的咖啡，逛言几又旗舰店 ➡ 住城西，就不会错过汉长安城未央宫遗址公园 ➡ 住城北，早上在大明宫晨练，再去逛万邦蓝海风书店	除了高新和浐灞，住宿性价比更高，楼下餐厅也多为当地人平价之选；几条地铁线让这些区域和钟楼、大雁塔间的距离也不算远；如果要去市区外的景点，住在相关客运站附近会很方便。	若玩到很晚才离开大唐不夜城，返程交通可能会有些麻烦；旅行氛围较淡，不适合喜欢热闹和打卡"网红"景点、美食的旅行者。

最佳住宿

名字	区域	介绍	实用信息	类型	价格
市井民宿	钟鼓楼和回坊	原木材质和禅意元素运用得恰到好处，民宿主人的品味可圈可点。坐落在树荫蔽日的小马路上，但再穿过一道大马路就能从"后门"步入回坊。	（见96页地图；☎89625588；莲湖区青年路91号；房间278元起；❄️🛜；Ⓜ️北大街）	民宿	¥¥
古城青年旅舍	钟鼓楼和回坊	离回坊很近，步行10来分钟即到大皮院。客房更像快捷宾馆，但舒适度要高一些。公共区域酒吧提供免费台球桌、乒乓球桌和健身仪器。	（见96页地图；☎87365339；莲湖区莲湖路4号；铺40元起，标单/双140/130元；❄️🛜；Ⓜ️北大街）	青年旅舍	¥
钟楼饭店	钟鼓楼和回坊	就在钟楼西南角，位置优势明显，一些房间享有钟楼景观，机场大巴有一条线路也由饭店停车场发出。硬件设施很符合"老四星"的标准。	（见96页地图；☎87600000；碑林区南大街110号；标单/双310元起，含早餐；❄️🛜🅿️；Ⓜ️钟楼）	高端酒店	¥¥
撒哈拉青年客栈	钟鼓楼和回坊	高家大院旁的小巧住处，整座院落充满生活趣味。房型多元，床位房分男女混住和分性别入住，也分公卫和独卫，以及木质老宅和普通水泥房。	（见98页地图；☎87255218；莲湖区北院门180号；铺40元起，标单/双238元；❄️🛜；Ⓜ️钟楼）	青年旅舍	¥
隐居草舍	钟鼓楼和回坊	和化觉巷清真大寺只隔一道巷子，楼上就能看到寺里前后相连的灰色飞檐。取自《山海经》的每一间房名文艺又奇特，注意最便宜的房型需使用公共卫浴，独卫房149元起。	（见98页地图；☎83799951；莲湖区化觉巷147号；房间118元起；❄️🛜；Ⓜ️钟楼）	民宿	¥
都市春天酒店	钟鼓楼和回坊	酒店招牌上还有青旅的蓝三角标志，但已打造成标准的快捷酒店。房子间的隔音有些不好，但朝向街道的窗户用了双层玻璃，较好地降低了噪声影响。坐在窗边可欣赏钟楼景致。	（见96页地图；☎87259988；新城区北大街1号；标单/双200元起；❄️🛜🅿️；Ⓜ️钟楼）	快捷酒店	¥¥
湘子门国际青年旅舍	永宁门和碑林	老牌青年旅舍，邻近南城墙是最大优点，门外的街道也是古槐成荫、古意盎然。除了常规的标间，这里还有特色的炕房（158元），但部分房间在地下室，略显压抑。露天区域充满关中趣味，待起来很惬意。	（见96页地图；☎87370456；碑林区湘子庙街16号；铺50元起，标单/双138/188起；❄️🛜；Ⓜ️永宁门）	青年旅舍	¥

续表

名字	区域	介绍	实用信息	类型	价格
云裳精品酒店	永宁门和碑林	仿古建筑里的酒店式客栈，房间标准明亮，但公共区域更让人印象深刻，尤其是楼顶露台可近距离观赏城墙垛口。不妨试试书院观景榻榻米（200元），窗外对着关中书院的石牌坊。云裳家还经营有西唐青年旅舍，继续向东70米即是，提供床铺（40元起）。	（见96页地图；☎8822 8262；碑林区书院门40号；标单/双178/228元；❄❂；Ⓜ永宁门）	客栈	¥¥
猫舍青年旅舍	永宁门和碑林	与碑林仅一墙之隔，充满书香墨韵的氛围。正如其名，和住客做伴的还有很多可爱的猫咪，但对猫毛敏感的话就不适合了。还可以试试炕房（128元），大红大绿很喜庆。	（见96页地图；☎183 9243 9027；碑林区咸宁学巷25号；铺40元起，标单118元；❄❂；Ⓜ永宁门）	青年旅舍	¥
君乐城堡酒店	永宁门和碑林	和永宁门广场仅隔一条马路的五星级酒店，朝北的房间能欣赏城墙灯光秀。房顶为中国古代宫殿样式，内里是回廊式结构。建造年份较早，2008年有过一次装修，设施维护得还不错。	（见96页地图；☎8760 9888；www.parkhotelgroup.com/xian；碑林区环城南路西段12号；标单/双578元起，含早餐；❄❂Ⓟ；Ⓜ永宁门）	高星级酒店	¥¥¥
唐韵公寓	永宁门和碑林	典型的酒店式公寓，房间宽敞，装修时尚，配有现代化的厨房设施，适合喜欢自己做菜或享受居家氛围的旅行者。使用密码锁，入住前酒店会将房号和密码发给住客。	（见96页地图；☎180 92030147；碑林区环城南路东段336号珠江时代广场世纪金花A座；房间288元起；❄❂Ⓟ；Ⓜ永宁门）	酒店式公寓	¥¥
玺韵假日大酒店	永宁门和碑林	就在卧龙寺对面，外观仿唐虽不到位，但也足够气派。有比普通房间贵上30元的城墙景观房，面积也要大一些。	（见96页地图；☎8738 5888；碑林区柏树林19号；标单/双218/198元起；❄❂Ⓟ；Ⓜ永宁门，和平门）	商务酒店	¥¥
七贤国际青年旅舍	五路口周边	这里属于七贤庄的北院，白墙青瓦、木质窗格、院落相连的旅舍也曾为八路军办事处所有，接待过不少来自北平、上海滩的进步青年。步行到火车站约15分钟。七贤在钟楼还设有分店。	（见96页地图；☎8744 4087；新城区北新街七贤庄2号；铺40元起，标单/双128/168元起；❄❂；Ⓜ五路口）	青年旅舍	¥

名字	区域	介绍	实用信息	类型	价格
索菲特传奇酒店	五路口周边	毗邻陕西省政府，西安最奢华昂贵的酒店，也是索菲特旗下顶级品牌"传奇"系列全球5家酒店之一，目前还是国内唯一的一家。酒店2014年开业，占据了西安近代历史建筑中水准最高的人民大厦，本身就是个大艺术品。	（见96页地图；☎8792 8888；新城区东新街319号；标双1620元起；❄ 🛜 P M五路口）	高端酒店	¥¥¥
朝内轻舍	五路口周边	离永兴坊很近的青年旅舍，沿着顺城东路的城墙根步行前往只用不到10分钟。旅舍位于半地下室，不过房间里都开有小窗户。这里还有一个精酿酒吧。	（见96页地图；☎133 7950 9893；新城区东五路102号；铺66元起，标单/双180/168元起；❄ 🛜 M朝阳门）	青年旅舍	¥
老西安青年旅舍	五路口周边	距火车站约10分钟脚程。旅舍谈不上精致，但摆有各地收集而来的石刻，充满着一股怀旧的感觉。关中格格房（155元）摆的是一张雕花木床。	（见96页地图；☎8743 7763；新城区东八路32号；铺45元起；❄ 🛜；M五路口）	青年旅舍	¥
阳光国际大酒店	五路口周边	能用价格实惠来形容的老牌五星级酒店，就在火车站正南方200米左右。建议要高层朝北的房间，能看到火车站和大明宫的丹凤门博物馆。	（见96页地图；☎8735 8888；新城区解放路177号；标单/双378元起；❄ 🛜 P M五路口）	高端酒店	¥¥
雅致酒店	小寨和大雁塔	上海美豪旗下的雅致品牌五星级酒店，紧邻西影园区，朝西的房间基本都拥有大雁塔景观。离南、北广场有一些距离，称得上闹中取静。除了高大上的硬件设施和贴心的客房服务，由机器人配送外卖也很有趣。	（见144页地图；☎8796 1111；yazhi.mehoodhotels.com；雁塔区芙蓉西路106号；房间749元起，含早餐；❄ 🛜 P M大雁塔）	高端酒店	¥¥¥
一间森林青年旅舍	小寨和大雁塔	位于陕师大东门附近，步行前往大唐不夜城南端的开元广场只用5分钟。整体风格年轻时尚，公共空间更像一个漂亮的咖啡软饮吧，多人间也要比大多数青旅的要宽敞。	（见144页地图；☎181 9270 2446；雁塔区翠华路1819号省人才交流服务中心8-1室；铺60元起，标单/双146/228元；❄ 🛜）	青年旅舍	¥

名字	区域	介绍	实用信息	类型	价格
威斯汀酒店	小寨和大雁塔	喜达屋旗下的五星级酒店，位于大唐不夜城北端入口旁。外观用现代建筑传达出盛唐风气，水疗中心、健身房、游泳池等高端配置不必赘言。入住酒店可免费参观负一层的曲江艺术博物馆。	(☏6568 6568；www.starwoodhotels.com/westin；雁塔区慈恩路66号；房间1069元起，含早餐；❉🛜P🅿；Ⓜ大雁塔)	高端酒店	¥¥¥
52赫兹多感元酒店	小寨和大雁塔	这家"网红"酒店的19间客房各有主题，而且各个天马行空。据称每个房间都代表着一类人的精神世界，入住其中可享受独特的沉浸式体验。譬如最便宜的房间竟叫"监狱"，铁链和栏杆的装修十足带劲。	(见144页地图；☏8522 2636；雁塔区长安中路65号金莎国际B座19层；房间325元起；❉🛜；Ⓜ小寨)	创意酒店	¥¥
喜客五间唐中式酒店	小寨和大雁塔	去陕西历史博物馆和大唐不夜城都在步行范围内，紧邻的红专南路是这一带颇有名气的美食街。酒店的公共区域有唐风绘画，房间的墙壁和床头柜上也有唐仕女的形象。	(见144页地图；☏8526 6600；雁塔区翠华路8号；标单/双232/305元起；❉🛜P)	客栈	¥¥
翠华园宾馆	小寨和大雁塔	长安大学的校办宾馆，从服务到房间都是国营风格，但胜在价格和位置。这里与大热景点陕西历史博物馆仅一街之隔，因此旺季时常爆满，最好提前订房。	(见144页地图；☏8233 9666；雁塔区翠华北路325号；标双158元起；❉🛜P；Ⓜ大雁塔)	宾馆	¥¥
印象南湖民宿	小寨和大雁塔	位于曲江池遗址公园东北角的四合院高端民宿，古色古香充满了传统趣味，但也提供便利的现代生活设施。曾在某民宿综艺节目亮过相，身价不菲，最便宜的680元房间位于地下室。	(见144页地图；☏8888 1205；雁塔区曲江池北路凤凰池商业街6号院；房间680元起，含早餐；❉🛜P；Ⓜ大唐芙蓉园)	民宿	¥¥¥
好家商务酒店	小寨和大雁塔	房间中规中矩，还算干净；扫二维码查询床上用品是否更换，算是这里的亮点。步行5分钟即到大兴善寺。	(见144页地图；☏8537 8885；雁塔区兴善寺西街101号；标单/双143/182元起；❉🛜P；Ⓜ小寨,吉祥村)	快捷酒店	¥

续表

名字	区域	介绍	实用信息	类型	价格
旮旯青年旅舍	其他区域/含光门	含光门内的一家青旅,硬件上没什么特色,但服务和氛围都很好,其位置可以让背包客体验本地特色,西南城角外的环城公园适合闲逛,夏家什字有好些家开了多年的小吃馆。	(见146页地图;☎8761 2657;莲湖区火药局巷21号;铺30元起,标单/双146/156元;❄🛜)	青年旅舍	¥
宜必思酒店(交通大学店)	其他区域/城东	如果想住得离兴庆宫公园、交大老校区和长乐坊近一些,可选择这家不会有什么偏差的国际品牌连锁酒店。	(见146页地图;☎8982 1666;碑林区兴庆路32号;标单/双202/220元,含早餐;❄🛜Ⓟ;Ⓜ长乐公园)	快捷酒店	¥¥
空港商务酒店	其他区域/城西	位于西稍门,楼下有机场大巴始发站,最早一班在4点20分发车,有些房型会赠送机场大巴车票。步行至大唐西市约15分钟,去老机场巷吃烧烤也很方便。	(见148页地图;☎8132 3322;莲湖区劳动南路207号;标单/双268元起;❄🛜Ⓟ)	快捷酒店	¥¥
美豪酒店(高铁北客站店)	其他区域/城北	城北新区高楼林立却和西安的调性不搭,去高铁站比从古城出发也只能节省约20分钟。这家酒店对面是漂亮的城市运动公园,如确实需要住得离北客站近一些可考虑。	(见143页地图;☎6852 0888;未央区未央路199号;标单/双358元起,含早餐;❄🛜Ⓟ;Ⓜ行政中心)	商务酒店	¥¥
龙首源商务酒店	其他区域/城北	和近些年来私人投资的其他经济型酒店区别不大,但这里距地铁口很近,印象城购物中心的美食广场也够方便,还能一大早从右银台门进入大明宫遗址公园免费区晨练。	(见147页地图;☎8987 8203;未央区龙首北路4号;标单/双188元起;❄🛜Ⓟ;Ⓜ龙首原)	快捷酒店	¥¥

出行指南
证件

在中国大陆出行一定要带好身份证，西安也不例外：住宿登记以及购买机票、火车票和大部分长途汽车票都会用到，一些景点的老年折扣票，查验标准也是身份证上的出生日期。学生、军人等群体的优惠门票，则是根据学生证、军人证等出售的，不过现在研究生证已被大多数景点排除在享受优惠之外。

保险

购买保险是旅游计划的一个重要组成部分。不少保险公司都有旅游意外险的险种，能够对旅行者在旅行中因人身意外、财物丢失、医疗急救等造成的损失进行一定比例的赔偿，尽可能地降低旅行中所要承担的风险。

如果你在旅行中需要参团游览，团费中一般都已包含旅行社为你购买的旅行社责任保险。但这个险种只承担因旅行社的过错给旅行者带来的损失，却不包括因意外或旅行者自身过错造成的损失，因此即使在参团的时候，也别忘了自行购买旅游意外险。

旅行者在购买长途汽车票的时候，不少车站在售票时会主动搭售保险，根据保险自愿的原则，旅客有权拒绝（最好在购票时提前声明）。即使没有另外购买保险，但票面已经包含了承运者的保险责任。因此如果发生意外，依然有权进行索赔。一路上的各种票据请妥善保管，以备不时之需。

另外，旅游意外险通常包括了航空意外，有时候比单独购买航空意外险更加优惠，而且保额更高。对于自驾游的旅行者，建议为汽车购买全车盗抢险或车辆损失险，比较昂贵的相机之类的装备，也可以考虑购买财产险。如果租车自驾，建议事先了解车辆已上保险的范围。

银行和无现金支付

西安市区的银行、ATM随处可见，关中各地也不用担心取钱的问题，乡镇一级的地方最起码有农村信用社或中国邮政储蓄。同样不用担心的是手机支付，只要有游客和手机信号的地方，哪怕是一个小山村，食宿处和商店也乐意接受微信或支付宝付款。不过为了防止手机没电等各种意外，还是建议你在出发前准备好一定的现金。

电话和网络

无论是移动、联通还是电信，在西安及周边县市都有良好的4G手机信号，县城和大一些的镇子都有这些运营商的营业厅。秦岭山区只要有人类生活的地方，哪怕再偏僻的小村落都会有手机信号，而且一般会率先覆盖电信或者移动的信号。其他诸如高山草甸之类的"无人区"，或者山谷深处之类的信号盲区，经常

秦岭户外贴士

参加当地俱乐部或官方组织的活动，是相对省心且安全的选择。西安的户外俱乐部很多，旺季周末常用各种经典路线，一日轻装或多日重装都有；往返集体包车，价格平摊下来也不贵。西安绿蚂蚁户外俱乐部口碑不错，可关注微信公众号（greenantsshendu）了解相关信息。

也可在**华商网论坛**（bbs.hsw.cn）的"户外活动"版块、**户外资料网论坛**（bbs.8264.com）的"陕西"分区寻找活动召集令。注意参加这些活动通常要在行前签署免责声明，这意味着此次活动的个人安全完全由自己负责。

购买户外保险必不可少。传统的旅游意外险大都不包括户外运动造成的损失，可考虑美亚保险（400 820 8858；www.aig.com.cn）的"畅游神州"险种，或磨房网（400 600 9995；www.doyouhike.net）的"拉磨无忧"险种。同时也请记住尾号为"救救我吧"的求救电话：

蓝豹救援西北大队（400 038 9958）
陕西蓝天救援队（400 623 9958）
陕西曙光救援队（400 615 9958）

会遇到手机无信号的情况。

除了使用手机流量上网，几乎所有的住宿（包括农家乐）和绝大部分饭馆（除了简单的早点铺）都能提供免费Wi-Fi。机场和一些景点也有免费的WLAN覆盖，但大都需要用中国的手机收取验证码才能接入。

一些宾馆、旅馆和中国电信有合作，在客房有免费畅打国内长途的座机。像全国其他地方一样，网吧正在迅速衰落中；仍在营业的网吧基本为网游爱好者而设，硬件设施改良很多，但客人素质参差。

购物

抛开义乌流水线批发、国内所有景点都雷同的纪念品，西安仍然有不少特色商品可以购买。最推荐的购物地点是各大博物馆的礼品部，会有一些充满特色的文创产品。

古都西安多古董，各大古玩市场以及碑林外的书院门文化街都可以淘到字画、铜像、茶壶等玩物，但真假不明，这一行的行情又是水深莫测，万一碰上文物贩子倒手盗墓古物更有可能身陷法律制裁的图圄，不建议新手试水。相比而言，碑林博物馆内现场制作的拓片更有收藏价值，或者干脆在书院门买一套文房四宝，或是印刷品的碑帖，权当沾染些文化气息。

食物是令许多旅行者盛赞西安的亮点。酸梅粉、绿豆糕、甑糕、腊牛羊肉和各式果脯果酱适合带回家与亲友分享，可在回坊一站购齐。羊肉泡馍、凉皮、肉夹馍都已有速食包装和真空包装的选择，但口味都打了不少折扣。

西安所在的关中地区拥有极其丰富的民俗手工艺品，原产地几乎都在各县镇。西安市区的一些超市能找到鄠邑区农民画（印刷品）、版画、剪纸、皮影和虎头枕之类的布艺玩具，但都不是精品。若想买到好的，还得去鄠邑区、凤翔等原产地。兵马俑景区附近有许多小型泥俑售卖，不过大都粗制滥造，不建议购买。一些地方易于保存的农副产品也可做伴手礼，比如韩城的大红袍花椒，周至老县城的松子、榛子、巢蜜等山货，岐山的臊子肉也不错。

户外徒步旅行者如需购置装备和用品，可在西安先行购买，市区内有不少户外店，迪卡侬也开了好几处分店。

邮政和快递

县城一定有邮局，寄包裹不成问题。国家邮政局（www.chinapost.com.cn）的网站上可以查到供参考的邮政资费。包裹有普包、快包、EMS等多种服务，但有时邮局不太愿意给你普包的单子，要坚持一下。一些小镇仅有邮政储蓄而不提供邮寄服务。

民营快递在西安和关中的网络也很发达，顺丰、申通、圆通、中通、韵达等公司已在西安及周边各市县布有不少网点。

营业时间

受季节影响不大的人文旅游景点几乎全年开放，但是博物馆的周一通常为闭馆日。淡季景点的开放和关闭时间，相对旺季大多会推迟和提早半小时。太白山、华山等山岳景区在冬季或会因雪封山，夏季遇暴雨天气，也有可能闭门谢客。

各银行和邮局一般在8:30或9:00开始办公，17:00或17:30下班，周末会相应缩短工作时间。

气候

请参见42页"行前参考"的"何时去"部分。中国天气网（www.weather.com.cn）能查到西安及关中所有市县的天气情况，3~7天内的预报比较准确。

旅游信息

关中各县市的旅游局能提供最权威的旅游信息，但不免过于官方；有一些就算开办有新浪微博或微信公众号，也可能更新频率很低。华山、太白山、陕西历史博物馆等热门景点的网站经营得比较用心，关注它们的微信公众号或者新浪微博，获得的票务等实时信息更有帮助。

西安市区不少星级酒店和快捷酒店的一楼大堂有丰富的旅游资料供人免费取阅；大雁塔和北客站的地铁站、大唐不夜城等处，也能见到挂着"游客服务中心"之类

陕西旅游年票

陕西旅游年票一卡通（np.xtour.cn）有效期一年，含省内百余处景区及全国数百处景区的不同优惠，具体名单和政策可通过网站查询。调研期间的年票售价128元，可在钟楼邮局（见69页方框）等处购买，网购会再便宜一些。年票需贴1寸肖像照，可在地铁站找到自助拍照机。

招牌的岗亭——不过这些信息大都为旅行社提供，对自由行游客的直接帮助不多。相比而言，还是从青年旅舍的酒吧和布告板获得的旅行信息更有用，民宿、客栈老板（如果他熟悉旅游的话）的推荐也是一些实用信息的来源。

在华山、兵马俑、陕西历史博物馆、西安城墙、碑林、太白山等景区的游客中心，通常都能拿到免费的彩页资料册和地图，具有一定的收藏价值。当然，跟当地人沟通也是更直接的方式，比如出租车司机、导游、户外向导、商贩等，但你要分辨哪些是和他们利益相关的，获得的资讯可能会有些偏差。

团队游

这里的团队游指的是在西安当地报名参加的团队游，以一日游为主。团队游最大的好处是可以简单解决交通问题，普遍的问题是，可能浪费不少时间在购物上。所以报名前了解口碑很重要。在西安市区很容易找到旅行社，可选线路也较多。淘宝上会有一些一日游的套餐，可以结合旅行社的资质、评价来做选择。

摄影和摄像

和国内其他地方一样，很多宗教场所的室内场景都禁止拍照，僧人等宗教人士一般也不允许随便拍摄。请务必遵守，不要因为宗教人士的友善而放纵你的快门肆意"咔嚓"。如今大部分博物馆都允许拍摄展品，但使用闪光灯是一万个禁止的。

在地形复杂之处拍照需量力而行，不要到危险的悬崖攀爬取景，自驾车经过风景壮美的高速路桥也不要随意停车拍照，以免影响来车。在沉迷于美景的时候，别忘了珍重自己与他人。

拍摄人物照的时候，要事先征得对方同意，拍完之后要表示感谢，若答应寄照片，请言出必行。在一些偏远地区，带拍立得相机或随身手机照片打印机，可以即时将照片分享给当地人。

危险和麻烦

整体来说，西安和关中是一个对旅行者友好的地区。不过作为大城市的西安人员繁杂，可能会有安全隐患；另外，山岭荒野交通不便、通信不发达，也须小心为上。

交通安全

陕西近年来对交通设施的投入很大，国道、省道、高速公路和高铁客专覆盖了大部分县城。县乡公路的路况也得到了很大程度的改善，但在秦岭和靠近陕北的黄土丘陵地带，公路常有回弯和坡道，

假景点

世界八大奇迹馆、鸿门宴遗址、秦陵地宫、大雁塔地下宫……如果你不想在西安之旅中，看到那些明显是粗制滥造的彩色兵马俑，或者是让人啼笑皆非的刘邦逃跑的厕所，最后还要奋力穿过乱七八糟的特产销售柜（你已经为这个"景点"付过不算便宜的门票！），那么请一定要避开这些假景点！

经过整治，专门拉客去几个假景点的假游5路公交车已被取缔，但骗术总是层出不穷。请一定要运用自己的常识去判断，陕西重大的地宫考古肯定有相关新闻可寻（目前只有法门寺、唐昭陵和乾陵的几座陪葬陵、唐桥陵旁的唐惠陵、宝鸡大唐秦王陵有地宫对外开放），诸如千年前开会场地的景点肯定也是骗局。如果不幸中招，请毫不犹豫地拨打陕西省文化和旅游厅的投诉电话（☏85261437）。

雨季冲毁道路也时有发生,自驾者需小心驾驶,包车或者不可避免搭车时,也要尽量选择状况较好的车子和稳重有经验的司机。冬、夏两季出行可能会遇到雨、雪天气,请务必提前关注路况新闻,并给自己的旅行时间留些余量。司乘人员大都了解第一手路况信息,不妨向他们打听,或打电话直接咨询景区也是不错的方式。

捐客

捐客在西安火车站、高铁华山北站较为泛滥,游客模样的人只要一出站,就难免遭到他们的打扰。少数情况下他们是有帮助的,更多情况下,他们会将你引向一趟私营并拖拉等客的旅游班车,或者物无所值的一日游。简单的谢绝是合适的处理方式。

如果一位出租车司机过分努力地向你推荐某一家宾馆,同时诋毁你所预订的住宿,那你就要有所提防了。

偷窃和欺诈

不少旅行者反映,青年旅舍的多人间已经成为小偷喜欢下手的地方,所以现金与重要财物如电脑、相机等一定不要随意留在房间,在背包上加一把锁或者寄存前台都是可取的办法。公共场合同样要看好财物,以防被扒窃。西安的偷窃重灾区包括:火车站、地铁、公交车、回坊、钟楼地下通道和广场、大雁塔广场等人流密集之地。天黑后勿入偏僻地方行走。欺诈主要是看中你兜里的钱,只要不贪小便宜,不轻易掏钱,也就让人无从下手了。在部分寺庙和道观,会有人纠缠游客索要"香火钱",你可不予理会,并和算命、抽签之类的活动保持一定距离。

独自旅行者

独自旅行可以和当地有更多的互动,也有更多思考和感受的时间,不过需要独自解决路上所遇到的问题,对旅行经验的要求稍高一点。西安有几家青年旅舍提供宿舍铺位,在这些地方也更容易找人结伴包车,尤其是去稍微偏远而交通不便的目的地,约伴不仅有利于个人安全,还能分摊包车费用。一个人在路上,记得及时把自己的行踪告知家人或亲友。西安有很多营业至深夜的酒吧,最好选现场开盖的瓶装饮料,多留个心眼。

关中是面食爱好者的天

旅行健康提示

2020年,2019冠状病毒病(COVID-19)疫情全球大流行。截至本书出版时,疫情尚未结束。我们建议旅行者结合实际情况谨慎出行,在做好自身防护的同时遵守当地的防疫要求,保持良好的卫生习惯。针对疫情期间的个人防护,可参考世界卫生组织(www.who.int/zh)的详细建议:

- 勤洗手。经常用含酒精成分的免洗洗手液清洁手或用肥皂和清水洗手。
- 保持安全距离。与他人保持至少1米的距离,尤其是与咳嗽、打喷嚏和发热的人保持距离。
- 避免触摸眼、鼻、口。如果用被污染的手触摸眼、鼻、口,就可能会被留在物体表面的病毒感染。
- 保持良好的呼吸卫生习惯。打喷嚏或咳嗽时,需用弯曲的肘部遮挡口鼻,或用纸巾并立即妥善处置用过的纸巾。
- 如果发热、咳嗽和呼吸困难,请及早就医。发热、咳嗽和呼吸困难可能是呼吸道感染或其他严重疾病导致的症状,因此,及时就医很重要。伴有发热的呼吸道症状可能有多种原因,应根据个人旅行经历和环境具体分析。
- 随时了解情况并遵循医务人员的建议。遵循医务人员、国家和地方公共卫生部门或雇主提供的关于你和他人如何防范2019冠状病毒病的建议。

堂，西北菜量大，可酌情点餐，或关照店家给的分量少一些，避免浪费。在一些青年旅行者云集的地方，搭伙也是不错的选择。

无障碍旅行

就目前情况来看，无人陪护的残障人士，只在西安市区自助旅行是可以考虑的，西安周边则便利度欠佳。机场、四星级以上的酒店和4A级以上的景区会有一些无障碍设施，各大博物馆做得尤其不错。不过最好还是在到达西安后雇请旅行社协助。记得带上残疾证，大多数景区都有优惠。

女性旅行者

整体来说，关中人对女性旅行者是友好、尊重的，甚至还会提供更多的关照。但有些风俗需要注意，比如一些清真寺会拒绝女性入内，即使允许也必须穿着长袖、长裤或长及脚踝的裙子，而且最好按穆斯林习俗佩戴头巾。住在农家乐、小旅馆等处，不要把女性的裤子和内衣晾到院子里（主人会觉得不吉利）。入乡多问问习俗就好。

旅途容易让人产生浪漫的感觉，人与人的距离也很容易拉近，但和陌生人打交道，还得留个心眼，注意事项跟你平时生活中一样。

西安的青年旅舍基本都按性别分床位，但偶尔有陌生男女被安排混住到一个宿舍的情况，如果你不习惯，可以请旅舍给你重新安排。

同性恋旅行者

在西安也如中国其他城市一样，一般来说只要不太张扬，同性恋旅行者不会遇到太多麻烦。西安市区还有一些较隐蔽的面向同性恋人群的酒吧和聚集地，新浪微博@西安RELAX同学社会提供一些LGBT（女同性恋者、男同性恋者、双性恋者与跨性别者）人群交友聚会的信息。Aloha和Blued等交友APP在西安市区的热度也很高。

相比而言，关中各县和村镇还是十分保守的，对同性恋者的包容程度会低很多。

交通指南
到达和离开
飞机
机场

西安咸阳国际机场（XIY；📞96788；www.xxia.com）是我国西北地区最大的空中交通枢纽，和国内各主要城市都有航班往来。机场建在咸阳原上，距离咸阳市区和西安市中心分别有15公里和36公里路程。机场规模较大，目前投入运营了3个航站楼，位于中间位置的T2与两侧的T1、T3各有走廊连接。T2、T3旅客出口处都设有旅游咨询中心。

航空公司

经营往返西安航线的主要航空公司有：

中国东方航空（MU；📞95530；www.ceair.com）的西安航班最多，主要目的地有上海、南京、杭州、无锡、宁波、沈阳、昆明、西宁、乌鲁木齐，还有前往拉萨、敦煌、延安、榆林的航线。

中国国际航空（CA；📞95583；www.airchina.com.cn）有北京、天津、大连、成都等地往返西安的航班。

中国南方航空（CZ；📞95539；www.csair.com）有广州、深圳、长沙、武汉、乌鲁木齐等地往返西安的航班。

中国海南航空（HU；📞95339；www.hnair.com）有海口、三亚、广州、深圳、乌鲁木齐等地往返西安的航班。

机票

直接在航空公司官网上查询和预订机票，一般可以获得更低的折扣和特价票，关注各航司微信公众号可第一时间收到相关信息。也可通过**携程旅行网**（📞95010、400 830 6666；www.ctrip.com）等代理商预订出票。

长途汽车

西安的长途客运比较规范，但车站人流量大，需留心财物。部分班次可通过**西安公路客运网上售票系统**（www.xaglkp.com）预订，或加**微信公众号"xciweixin"**查询和预订，bus365、畅途、携程等网站也可预订部分车票。

陕西省西安汽车站（见96页地图；📞8742 7420；新城区解放路354号；Ⓜ五路口）位于西安火车站广场西南侧，主要运营跨省班次，也有去蓝田、咸阳、宝鸡、华山、太白山、商洛（商州）等地的高速大巴。

三府湾客运站（见147页地图；📞8313 6088；新城区长缨西路353号；Ⓜ朝阳门）位于西安火车站东1公里处，主要运营跨省班次，也有去蓝田、鄠邑的904、930路。调研期间，去往兵马俑的914/915路也由这里始发。

西安市汽车站（见148页地图；📞8426 1907；莲湖区丰庆路13号；Ⓜ边家村）又称"水司汽车站"，位于西南城角外，主要班次是前往周至和楼观台方向。调研期间，前往佛坪和鄠邑（911路）的车次已经停运。

纺织城客运站（📞8951 2022；灞桥区长乐东路283号；Ⓜ纺织城）位于城东，主要方向是关中东府，包括兵马俑、华州（华县）、华阴、潼关、韩城、蒲城等地，去宜川（壶口瀑布）也可在此坐车。

城西客运站（见148页地图；📞8463 0000；莲湖区枣园东路92号；Ⓜ汉城路）的班次覆盖西府各地，高速巴士可到兴平、礼泉、袁家村、乾县、郴州（彬县）、扶风、眉县、岐山、凤翔等地，去宝鸡的班车走西宝北线（104省道）。

城北客运站（见147页地图；📞8651 3019；未央区北二环西段9号；Ⓜ大明宫西）可乘坐发往三原、富平、铜川耀州的高速班车，去黄陵、延安、榆林等陕北大部分县市也在这里乘车。

城南客运站（见144页地图；📞8935 3120；雁塔区朱雀南路近南三环路；Ⓜ三爻）有车发往柞水、汉中、安康等陕南目的地，也有去鄠邑、汤峪（蓝田）、咸阳、袁家村的车，旺季可能开通牛背梁的直通车。

火车

西安是中国铁路的重要枢纽之一，为西安铁路局的驻地，也是陕西铁路网的中心。

西安站（见96页地图；新城区环城北路44号；Ⓜ五路口）有发往全国各地的快速、特快、直快等车次，包括去银川、敦煌、喀什等西北热门旅游城市的始发车，和宝鸡、彬州、耀州、榆林、韩城、潼关、丹凤、安康等省内目的地之间也有管内车次。需要注意，西安站在寒暑假旅客很多，开车前45分钟以上到达比较保险。

西安站在各枢纽大站中以设施老旧、规模偏小而声名不佳。呼声很高的西安站站改终于在2018年启动，按计划将于2023年完成改建并投入使用。未来西安站将拥有南、北两个广场，且由地下通道连通；由北广场出站可直达大明宫国家遗址公园，地铁4号线的火车站也将和北广场一起开通。站改期间可能有临时调整，可关注新浪微博@西安火车站、微信公众号"西铁资讯"或当地媒体的实时信息。

西安北站（见147页地图；未央区元朔路近文景路；Ⓜ北客站）位于北三环外，集中了郑西、西宝、大西、西成等多条高速铁路，可乘坐G/D字头的列车直达华山北、咸阳秦都、岐山、宝鸡南、鄠邑、佛坪、汉中、大荔、延安等省内目的地，到洛阳龙门、天水南、兰州西、西宁、张掖西、嘉峪关南、成都东、平遥古城等站也有车次。

沿线设有礼泉南、乾县等车站的**西银高铁**于2020年底开通运营。关中城际铁路的西法北线、西阎韩线也从这里发出，2022年有望乘坐C字头列车直达法门寺、富平、蒲城、韩城等地。

注意西安北站的地铁站**北客站**2号线、4号线之间并不互通，需站外换乘步行近10分钟。

西安南站（长安区引镇汇通路）是西康铁路上的车站，停靠少量列车。需要注意本站位于市区东南，距市中心30公里，虽有公交连通，但建议尽量不要选择在这里上下车。

阿房宫站（长安区王寺镇站前三路）位于西成客专，停靠少量列车。城区西部的西咸新区前往这个车站较为方便。

调研期间，西安市规划了两个新的高铁站。**新西安南站**位于市区西南的长安区兴隆乡境内，2022年有望在此乘C字头列车到达重阳宫、楼观台、太白山、法门寺等地。**新西安东站**位于灞桥区纺织城火车站周，为西武、西延高铁的始发站，也将接替如今西安南站的功能。

自驾车

陕西省的公路网建设良好，西安周边的秦岭环山线、关中环线都很适合开车探访。神州租车、一嗨租车在机场、火车站、西安北站、钟楼、大雁塔等多地都有提车点。

当地交通

抵离机场

西安咸阳机场和西安市区之间有多条机场大巴路线，终点包含火车站、钟鼓楼、陕西历史博物馆、西稍门、南稍门、纺织城客运站等地，票价25元/人；也有发往咸阳市区的线路，票价15元/人。机场大巴的线路变化较频繁，建议提前电询（96788）或关注微信公众号"西安咸阳国际机场服务平台"了解信息。

从机场打车到西安城内需120元左右。也可在**神州租车咸阳机场店**（T3一层到达大厅304出口外）第一时间提车进城。

T3一层设有长途客运中心（8879 6015），有发往临潼、华山、韩城、铜川、宝鸡、太白山等周边城镇的班车。

公交车

西安城内大多数公交线路2元，几乎都是无人售票的空调巴士。调研期间，刷微信或者支付宝的"长安通"乘车码，可减免1元车资。

西安市公共交通集团有限公司（www.xagj.com.cn）可查询西安的公交线路和站点信息，也可咨询**西安公交热线**（965315）。微信公众号"西安公交"提供一些车次的实时进站信息。

地铁

西安地铁单程票6站以内2元，7~10站3元，11~17站4元，可刷微信或者支付宝的"西安地铁"乘车码。2020年底前开通路线如下：

地铁1号线 横跨东西，西起位于咸阳地界的沣河森林公园，东至纺织城，其中洒金桥站可从后门进入回坊，五路口站步行1公里到火车站，和2、4、3、9号线分别在北大街、五路口、通化门、纺织城换乘。按计划，1号线还将继续向西延伸到咸阳秦都站。

机场城际铁路

西安机场城际已于2019年9月底开通运营，从T2、T3都可直接进入机场西站，乘车到达地铁4号线的北客站，车费16元，耗时33分钟，调研期间首末班各在6:00、23:00对发，大约每10分钟一班。这段铁路也是关中城际铁路的一部分，2022年有望从机场乘车直达乾县、法门寺、太白山、韩城等地。

机场城际穿过咸阳原且主要为高架线路，可在车上远眺汉哀帝义陵、汉惠帝安陵、汉高帝长陵、汉景帝阳陵等封土。不妨提前在网络地图上标注好这些汉家陵阙，在刚下飞机后就来一场长安穿越之旅。

地铁2号线 贯穿南北，从西安北站一直通往长安区的韦曲南站，其中安远门站可到大明宫，永宁门站可到碑林，南稍门站可到小雁塔，小寨站可到陕西历史博物馆。按计划2022年2号线南延段开通，终点常宁站可到蒋介石西北行宫的常宁宫。

地铁3号线 连通市区西南的高新区和东北的浐灞新区，和其他重要线路可直接换乘，沿途可直达大雁塔、青龙寺、园博园。西端终点站鱼化寨有公交车前往昆明池，小寨和大雁塔之间可能是西安地铁最繁忙的区段。

地铁4号线 也是南北纵贯线，连接西安北站和航天城。在北客站可以和机场城际线不出站换乘，与各重要线路也设有换乘站。沿线可到达大明宫、大雁塔、大唐芙蓉园等景区。注意火车站站将在2023年西安站站改完成后开通。

地铁5号线 呈东西走向，2020年底先行开通部分区段，其中阿房宫南站可到阿房宫遗址，西北工业大学站可到大唐西市，并在西工大、南稍门、建科大、青龙寺站和地铁6、2、4、3号线换乘。

地铁6号线 的二期工程将在2023年开通，2020年底开通的为一期，从西工大经高新区沿西南方向通往郊区，对旅行者用处不大。

地铁9号线 即**临潼线**，从1号线东端终点纺织城站延伸，穿越灞河后沿着骊山北麓行驶，途经华清池站后在距兵马俑4公里的秦汉大道站收尾。

更多的地铁线路，包括横穿东、西大街的6号线二期，环线走向的8号线都在建设之中，将于2021~2025年陆续开通。

出租车

3公里起价9元（夜间10元），之后每公里2/2.4元（夜间2.3/2.7元）。城墙内打车价格一般不超过20元。在火车站和一些客运站外等客的出租车，通常不打表而是拼客议价，而且要价也不合理。

滴滴等网络约车平台在西安比较普及，也更受市民喜欢。

自行车

调研期间，哈啰单车、青桔单车等共享单车（无须押金）在西安三环内（除了汉城）运营情况良好。

三轮摩的

俗名"蹦蹦"，虽然是黑运营，但在打不到车的情况下能帮帮忙。根据路途远近议价，经常坐地起价，比出租车还要贵不少，3公里可能就要15~20元。

幕后

作者致谢

孙澍

乡党们总是特别热情!感谢名单包括且不仅限于:常立为、潘鸫、朱春梅、靴子、余乐、成夏葳、马新利、余龙、成叔叔一家、兰慧平、杨汉昭、孟凯、王玺和虞茜倩、李彭玲、袁亮、李昕等人。

袁亮

感谢CE李昕给了我这次寻访关中的机会,感谢我的"前任"孙小树同学提供许多有效的意见并带我品尝地道的扶风臊子面,感谢西安"地陪"张子涵和梅姐的热情接待,感谢亲同学刘岩替我介绍当地名人,感谢刁老师和骠骑校尉为我介绍秦岭徒步种种,感谢于涛和范国元老师提供的帝陵情况,感谢昭陵博物馆的娄老师和建陵文管所的张老师,感谢旅途中遇到的热心人,最后感谢我的父母一如继往地支持我的出行。

声明

本书地图由中国地图出版社提供,审图号GS(2020)2497号。

封面图片:在西安的城墙上骑行,图虫创意提供。

关于本书

这是Lonely Planet《IN西安》的第2版。本书的作者为孙澍、袁亮,在此一并感谢张世秋、谢滢。

本书由以下人员制作完成:

项目负责 关媛媛
项目执行 丁立松
内容策划 李 昕
视觉设计 李小棠 陈斌
协调调度 沈竹颖

总　　编 朱 萌
执行出版 马 珊
责任编辑 叶思婧
执行编辑 周 琳
编　　辑 戴舒 朱思旸
地图编辑 刘红艳
制　　图 张晓棠
流　　程 孙经纬
终　　审 杨 帆
排　　版 北京梧桐影电脑科技有限公司

感谢肖潇为本书提供的帮助。

说出你的想法

➡ 我们很重视旅行者的反馈——你的评价将鼓励我们前行,把书做得更好。我们同样热爱旅行的团队会认真阅读你的来信,无论表扬还是批评都很欢迎。虽然很难一一回复,但我们保证会将你的反馈信息及时交到相关作者手中,使下一版更完美。我们也会在下一版中特别鸣谢来信读者。

➡ 请把你的想法发送到**china@lonelyplanet.com.au**,谢谢!

➡ 请注意:我们可能会将你的意见编辑、复制并整合到Lonely Planet的系列产品中,例如旅行指南、网站和数字产品。如果不希望书中出现自己的意见或不希望提及自己的名字,请提前告知。请访问lonelyplanet.com/privacy了解我们的隐私政策。

索引

A
阿房宫遗址 136

B
碑林博物馆 15, 23, 58, 66~67
半坡博物馆 26, 128~129

C
翠华山 168~170
草堂寺 177~178
柴窑博物馆 122
重阳宫 178

D
都城隍庙 74
大明宫国家遗址公园 107, 130~131
大唐不夜城 121
大唐芙蓉园 122~123
大唐西市博物馆 132, 134
大兴善寺 118
大雁塔 11, 106, 118, 120~121
东岳庙 80

F
法门寺 222~224

G
高家大院 74
广仁寺 76~77

H
汉长安城长乐宫遗址博物馆 135
汉长安城未央宫遗址公园 27, 134~135
韩城古城 231~232
回坊 13, 22, 70, **98**
汉武帝茂陵 211~212
华山 12, 200~204, **207**
汉景帝阳陵博物院 181~182
寒窑遗址公园 123

L
梁带村芮国遗址博物馆 232~233
临潼博物馆 164
老潼关 205~206

M
明秦王府城墙遗址 80~81

N
南五台 28, 170, 172

P
普照寺 235~236

Q
曲江池遗址公园 123
曲江艺术博物馆 121~122
桥陵国家考古遗址公园 238~240
青龙寺 27, 126~127
岐山 224~226
秦始皇帝陵博物院 10, 28, 160~161

S
陕西历史博物馆 8, 24, 110
三原城隍庙 212~214

T
太平国家森林公园 179
唐高宗和武则天乾陵 198~199

W
卧龙寺 78~80
五星街天主教堂 77

X
西安博物院 116
西安城墙 14, 23, 58, 62~65
西安电影制片厂旧址 120
兴庆宫公园 125~126
咸阳博物院 182~183
西岳庙 204
小雁塔 117
湘子庙 77~78

Y
云居寺 74~76
杨虎城将军公馆 76
永兴坊 80

Z
周公庙 224
昭陵 208~210
钟楼 22, 68

地图页码 **000**

如何使用本书

以下符号能够帮助你找到所需内容：

- ◉ 景点
- ✈ 活动
- ⊙ 课程
- ⊙ 团队游
- ✱ 节日和活动
- 🛏 住宿
- 🍴 就餐
- 🍷 饮品
- ★ 娱乐
- 🛍 购物
- ℹ 实用信息和交通

这些图标代表了我们的推荐和特别策划，帮助你获得最佳体验：

- 🔍 当地人推荐
- ↪ 另辟蹊径
- 🍃 深度了解
- ℹ 实用信息
- ☑ 不要错过
- ★ 值得一游
- 🚶 步行游览

下列符号所代表的都是重要信息：

- ★ 作者的大力推荐
- 🍃 绿色或环保选择
- **免费** 不需要任何费用

- ☎ 电话号码
- ⊙ 营业时间
- Ⓟ 停车场
- ⊘ 禁止抽烟
- ❄ 空调
- @ 上网
- 📶 无线网络
- 🏊 游泳池
- 🥗 素食菜品
- 🍴 英语菜单
- 👪 适合家庭
- 🐾 允许携带宠物
- 🚌 巴士
- ⛴ 轮渡
- 🚊 轻轨
- 🚆 火车

景点
- 佛寺
- 城堡
- 教堂
- 清真寺
- 纪念碑
- 孔庙
- 道观
- 世界遗产
- 博物馆
- 遗址
- 酒窖
- 动物园
- 温泉
- 剧院
- 一般景点

活动、课程和团队游
- 潜水/浮潜
- 划艇
- 滑雪
- 冲浪
- 游泳/游泳池
- 蹦极
- 徒步
- 帆板
- 其他活动、课程、团队游

住宿
- 酒店
- 露营

就餐
- 就餐

饮品
- 酒吧
- 咖啡

娱乐
- 娱乐

购物
- 购物

实用信息
- 银行
- 使馆
- 医院/药店
- 网吧
- 公安局
- 邮局/邮筒
- 公共电话
- 卫生间
- 旅游信息
- 无障碍通道
- 其他信息

交通
- 机场
- 过境处
- 公共汽车
- 渡船
- 地铁
- 停车场
- 加油站
- 自行车租赁
- 出租车
- 火车站
- 有轨电车
- 索道缆车
- 其他交通工具

境界
- 国界
- 未定国界
- 省界
- 未定省界
- 特别行政区界
- 地级界
- 县级界
- 海洋公园界
- 城墙
- 悬崖

行政区划
- 首都
- 省级行政中心
- 地级市行政中心
- 自治州行政中心
- 县级行政中心
- 乡、镇、街道
- 村

道路
- 高速公路
- G213 国道
- S203 省道
- X013 县、乡道
- 铁路
- 地铁
- 收费公路
- 高速公路
- 一级公路
- 二级公路
- 三级公路
- 小路
- 未封闭道路
- 广场/商业街
- 台阶
- 隧道
- 步行天桥

水系
- 河流、小溪
- 间歇性河流
- 沼泽
- 礁石
- 运河
- 湖泊
- 干/盐/间歇性湖
- 冰川

地区特征
- 海滩/沙漠
- 基督教墓地
- 其他墓地
- 公园/森林
- 运动场所
- 重要景点(建筑)
- 一般景点(建筑)

地理
- 海滩
- 灯塔
- 瞭望台
- 山峰
- 栖身所、棚屋

注：并非所有图例都在此显示。

我们的作者

李昕

内容策划 十几年前曾到访过西安,那里丰富的面食给她留下了深刻的印象,经由作者们的文字,又勾起了她故地重游的念头,这次期望能发现一个不一样的西安。她还参与过Lonely Planet《甘肃和宁夏》《贵州》《中国自驾》《中国西北自驾》《海岛旅行手册》等多本指南及读物的写作与内容策划工作。

孙澍

城墙内、城墙外、长安、华山 作为关中西府人,他有太多的亲朋好友在省城,这也给了他再一次接下陕西调研任务的信心和勇气。"自古华山一条路"已是那么的熟悉,长安区也让他意外地收获着连连惊喜;更多的感动在西安城爆发,缠绵的夕阳过后是耀眼的灯光,每一处角落都能让人遥想到汉唐旧事,关于长安的念想不再飘零。

袁亮

西安近郊、西安周边 曾参与过多本LP旅行指南的调研和写作。人生第一次出四川越秦岭就是到西安,这一次更是有机会走遍关中平原,领略汉唐帝陵的西风残照,欣赏关中石塔的简朴沧桑。

西安

中文第二版

© Lonely Planet 2020
本中文版由中国地图出版社出版

© 书中图片由图片提供者持有版权,2020

版权所有。未经出版方许可,不得擅自以任何方式,如电子、机械、录制等手段复制,在检索系统中储存或传播本书中的任何章节,除非出于评论目的的简短摘录,也不得擅自将本书用于商业目的。

图书在版编目(CIP)数据

西安 / 澳大利亚LONELY PLANET公司编. -- 2版. -- 北京:中国地图出版社,2020.9(2021.9重印)
  (IN)
  ISBN 978-7-5204-1865-2

  Ⅰ.①西… Ⅱ.①澳… Ⅲ.①旅游指南-西安 Ⅳ.①K928.941.3

中国版本图书馆CIP数据核字(2020)第173330号

出版发行	中国地图出版社
社　　址	北京市白纸坊西街3号
邮政编码	100054
网　　址	www.sinomaps.com
印　　刷	北京华联印刷有限公司
经　　销	新华书店
成品规格	197mm×128mm
印　　张	8.5
字　　数	424千字
版　　次	2020年9月第2版
印　　次	2021年9月北京第2次印刷
定　　价	79.00元
书　　号	ISBN 978-7-5204-1865-2
审 图 号	GS(2020)2497号
图　　字	01-2016-6112

*如有印装质量问题,请与我社发行部(010-83543956)联系

> 虽然本书作者、信息提供者以及出版者在写作和储备过程中全力保证本书质量,但是作者、信息提供者以及出版者不能完全对本书内容之准确性、完整性做出任何明示或暗示之声明或保证,并只在法律规定范围内承担责任。

Lonely Planet 与其标志系Lonely Planet之商标,已在美国专利商标局和其他国家进行登记。
不允许如零售商、餐厅或酒店等商业机构使用Lonely Planet之名称或商标。如有发现,急请告知:lonelyplanet.com/ip。